航空港规划丛书

机场规划与运营
如何打造一座五星级机场

刘武君 著

同济大学出版社
TONGJI UNIVERSITY PRESS
·上海·

航 空 港 规 划 丛 书

图书在版编目(CIP)数据

机场规划与运营：如何打造一座五星级机场/ 刘武君著
. ——上海：同济大学出版社，2022.11
（航空港规划丛书）
ISBN 978-7-5765-0418-7

Ⅰ.①机… Ⅱ.①刘… Ⅲ.①机场-运营管理-研究
Ⅳ.①F560.81

中国版本图书馆 CIP 数据核字(2022)第190871号

责任编辑：胡　毅
责任校对：徐春莲
封面设计：赵　军
排版制作：南京月叶图文制作有限公司

航空港规划丛书

机场规划与运营：如何打造一座五星级机场
刘武君　著

出版发行　同济大学出版社　　www.tongjipress.com.cn
　　　　　（地址：上海市四平路1239号　邮编：200092　电话：021-65985622）
经　　销　全国各地新华书店
印　　刷　上海安枫印务有限公司
开　　本　787 mm×1092 mm　1/16
印　　张　14
字　　数　349 000
版　　次　2022年11月第1版
印　　次　2022年11月第1次印刷
书　　号　ISBN 978-7-5765-0418-7
定　　价　128.00元

如有印装质量问题，请向本社发行部调换　　版权所有　侵权必究
地图审图号：GS(2022)5024号

航 空 港 规 划 丛 书

内容提要

  机场是人类创造的世界上最复杂的基础设施之一，它是临空产业的龙头，是推动地区经济发展的核心设施，同时它又是一个系统高度耦合的公共基础设施。本书作者把机场看作一个高速运转、不断成长的"生物体"，认为只有做好基因工程、完善顶层设计；搭建五星级平台、管控好固定资产投资；成就搭档双方、缝合空地网络；拓展临空产业链、建立强大的朋友圈；把勤奋变成每一个机场人的本能，坚持精益运营、流程再筑、创新转型，坚持走可持续发展之路，才能实现机场的最终目标——打造枢纽功能、服务区域经济。

  全书结合实际案例，以生动的语言深入解读了打造一座五星级机场、保障其可持续发展的精髓，并创建了机场规划与运营一体化评价指标体系，适合机场规划、投资、建设、运营领域的技术、管理、咨询人员阅读参考。

航 空 港 规 划 丛 书

前言

　　机场是一个复杂的城市型综合体，甚至可以说是一座功能明确的城市——航空城，有其出生、成长、成熟的规律。只有掌握了这些规律，我们才能游刃有余、事半功倍。我们的研究发现，机场是一个系统高度耦合的公共基础设施，同时又是城市发展的动力源；机场在为城市和区域创造巨大社会效益的同时，自身又能通过实现社会化管理和市场化经营，创造良好的经济效益；同时机场还是各种商业、服务业、娱乐业等经营活动的平台，是临空产业的龙头，是推动地区经济发展的核心设施。因此，对于一座机场来说，一个长期稳定又与时俱进的总体规划和运营体制是必需的；而一批有知识、有激情、有理性、有格局的，工作兢兢业业、认认真真，把勤奋变成本能的规划建设者和运营管理者，是机场持续发展的基本保障。要学习并掌握机场规划建设和运营管理的那些规律并不容易，需要一个好的切入口。

　　人类是大自然创造的最高级的生物体，而机场是人类创造的最复杂的基础设施之一，也可以看作是一个高速运转、不断成长的"生物体"，二者有异曲同工之妙。现在，大家普遍认为失败的人生各有各的不幸，但成功的人生大体一样，需要具备五个方面的条件：①良好的基因；②合格的平台；③互补的搭档；④强大的圈子；⑤持续的勤奋。其实，我们发现民航机场的成功与我们人生的成功非常相似，也需要从这五个方面去努力，才能成就一座五星级机场，才能保障机场的可持续发展。本书就从这五个方面，阐述我对机场规划与运营管理的一些粗浅的认识。

　　第一，基因很重要。现代科学已经证实我们的生老病死很大程度上取决于我们从父母那里得到的基因。也就是说，在出生的时候我们身体的生长就已经确定，不可能再更改。这听起来很无助，但这是科学。对于机场来说，基因就是我们对机场所做的功能定位、机场公司的股权结构和治理模式、CEO 的性格和作风等。首先是要通过对市场的深入研究分析为机场做好功能定位。不同的机场定位会导致不同的机场规模预测，就会产生不同的旅客和货物构成，从而对应不同的设施规划需求和不同的投资规模。这样的市场分析是一个伴随机场全生命周期的动态过程。其次是机场公司的股权结构和治理模式，不同的股权结构就会带来不同的治理模式。单一股东的、多元化的、国有的、民营的、合资的、合作的等，都会直接导致完全不同的治理模式。这些不同的治理模式又会带给公司不同的价值取向，从而使该公司在航站楼里提供不同的服务产品，给旅客带来不同的感受。再次，机场的基因还包括 CEO 的性格和作风。"一把手"的性格和作风必然影响公司的气质，赋予公司独特的特征，也会给机场带来独特的风貌，并在机场的运营管理中体现出来。这种性格和作风的特征，还会随着 CEO 在任时间的不断加长而愈加明显。

讲到基因问题，大家往往会觉得很无奈，很难有所作为。面对先天的基因问题，我们去逐步改进它们需要很长的时间，就像人类基因的变异往往是以多少万年为单位演进一样。但是，科学告诉我们，基因改良的最快办法就是"混血"。对于机场公司来说，就是合资、合作，让我们与"巨人"站在一起，最好是能够"站在巨人的肩上"。

第二，平台很重要。过去三十年的机场发展已经使我们认识到了平台的重要性，我们对机场的硬件设施进行了大量的投入。通过这些年对机场运营管理的调研，我们已经非常明确地认识到比"不能输在起跑线上"更重要的是"不能输在平台上"。由于机场运营管理平台不一样，尽管有些机场处在同一起跑线上，但其实起跑时所处的平台就决定了最后的结果是不一样的。

对于一个机场运营管理平台的评价，行业内是有评判标准的，比如国际航空运输评级组织 SKYTRAX 每年都会给机场评一个星级。需要注意的是，这些评价标准都具有完整的指标体系，不是只有一两个指标。过去三十年，我们关注了土建设施平台的建设和机电设备平台的搭建，建成了一批富丽堂皇的机场，我们引以为豪。但是今天，我们需要进一步关注系统平台的规划建设、关注互联网时代的机场系统平台的发展。

通过修建房子和场道，机场规划建设为企业搭建了未来运营管理的"舞台"，实际上建设的是机场的未来。要知道，搭建什么样的"舞台"就只能演什么样的"戏"，话剧舞台不可能演歌剧，时装秀的T台上也不可能演京剧。房子也是这样的，住在农宅、城市公寓、别墅里的人们的生活方式是不一样的，甚至会塑造出不一样的人。就如丘吉尔所说："我们塑造了环境，环境也塑造了我们。"因此，机场高管们应该最大限度地关注和参与基础设施的规划建设，实实在在地把"机场发展战略"和"企业发展规划"落实到机场规划建设的一砖一瓦和每一套设备、每一个系统中去，做好投资管控。"基建"是在塑造我们的未来，所以必须"以战略为指导""以运营为导向"。

回到我们的正题，结论就是：如果要在机场里为客户提供五星级的服务，我们就必须规划建设一个五星级的机场平台。

第三，搭档很重要。人们常说不怕狼一样的敌人，就怕猪一样的队友！的确，无论你做任何事情，你的那个搭档——合伙人、帮手、朋友、老师、秘书等是很重要的，选对了搭档就成功了一半。对于机场来说，搭档就是基地航空公司，它们是很重要的。放眼世界，几乎所有成功的枢纽机场在其发展过程中，都有一个给力的基地航空公司与之同舟共济。反过来说，没有基地航空公司的鼎力相助，要想成就一座五星级机场就很困难了。

对于机场来说，基地航空公司有两种模式，一种是以一个航空公司为主基地航空公司构建空中运输网络，如亚特兰大机场、丹佛机场、巴黎机场、法兰克福机场等，这种类型成功的例子较多；另一种是两个以上基地航空公司共建空中运输网络，如洛杉矶机场、旧金山机场、仁川机场、成田机场等。

过去三十年，我们民航人主要关注的是空中运输网络的规划与运营，这是有缺陷的。因为旅客出行是一个完整的链条，是从出发地到目的地，并返回的一个完整过程。因此民航运输应该分为两部分，一部分是飞机的运输组织，主要是靠航空公司，特别是基地航空公司来完成；另一部分是我们以前重视得不够的地面集疏运系统，这应该是由机场牵头来做的。过去我们对地面运输网络的规划建设关注不够，以后要在规划建设和运营管理好地面集疏运系统方面增加投入才行。

天上的航空网络和地面的集疏运系统都搭建好以后，就要规划建设好这两个网络系统的对接系统，这就是本书所要重点强调的"综合交通枢纽"① 的规划与运营问题。打通旅客出行链的关键就在于这两个网络之间的换乘要特别顺畅，也就是要求综合交通枢纽的换乘越便捷越好。为此，我们需要做很多很多的事情，面临许许多多的困难。

第四，圈子很重要。对于个人来说，你生活在什么样的"朋友圈"里，你就是一个什么样的人。圈子也就是环境，既可以为你的成功搭桥，也可能堵塞你的成功之路。据我们初步统计，在浦东国际机场工作的单位约有1 000家，在航站楼内工作的单位也有几百家，他们每一家的成败都直接影响机场的星级评价，可能是加分，也可能是减分。因此，圈子很重要。其实换一种说法就是："团队很重要。"

我们需要把民航机场的圈子做强、做大、做好，并通过把圈子做强、做大、做好使机场的规划建设与运营管理走向投建营一体化和港产城一体化，进而追求机场与周边地区，以及所在城市的可持续发展，这才是我们对机场发展规律的认识和追求。

当前，机场临空产业正孕育着一场伟大的变革。特别是临空商务产业链和临空物流产业链发展迅速，为我们利用这两大产业链去整合临空产业群，促进航空城发展提供了绝好的机遇。我们必须抓住机遇，推动我国临空产业的发展，使其走上全生命周期、全产业链一体化、可持续发展之路。

第五，勤奋很重要。当你具备了上述四个方面的条件后，你自己不努力那也是不行的。通过勤奋工作，积少成多、积小成大，我们就能不断进步。细节决定成败，小动作大服务。只有全体机场人日积月累、永不止息

---

① 本书所说的"综合交通枢纽"是指机场旅客"航站主楼"与"交通中心"形成的综合体，"交通中心"是指机场陆侧交通中心，"航站楼"由"航站主楼"和"候机廊"组成。

地改进我们的设施、系统和运行、服务，我们的机场才能不断地提升品质，从而早日跨入"五星级机场俱乐部"。

之所以用"勤奋"这个词，是因为它蕴含了从大处着眼、从小处着手、持之以恒、艰苦奋斗的精神和行动。只有机场人的精神、大脑、身体都勤奋，并且能够持之以恒，我们才能迎来成功。机场人就是要把勤奋变成每天的"食宿"，变成生活的必需，变成每一个人的本能。

在机场规划与运营上，机场人就是要精益运营、长于改进、适时转型，就是要在不断的变革中成长，让机场走上可持续发展之路。机场可持续发展最硬核的是"财务状况良好"。

总之，要成就一座五星级机场，上述五个方面的努力都是必不可少的。本书就分上述五个方面来讨论机场的规划建设与运营管理问题，并阐述我对机场建设运营一体化的认识。因此，本书不是一部关于机场规划与运营的理论性著作，它仅仅是把我个人所总结的机场规划建设与运营管理的经验教训，以及个人的感想体会放进了五个"箩筐"里。因此本书主体只有5章：

第1章"良好的基因"。提出了民航机场的三大基因，即基于市场的功能定位、融资模式与公司治理、CEO的性格和作风，并着重讨论大家比较关注的"基因改良"问题。

第2章"高效的平台"。分别讨论了"空侧平台""陆侧平台"和"系统平台"的规划建设与运营管理问题，并指出这些平台规划建设与运营管理成功的关键是做好投资管控。

第3章"优秀的搭档"。主要突出空中航空运输网络和地面集疏运系统的构建，然后讨论天上、地面两大网络在机场的对接，即航站主楼与陆侧交通枢纽的一体化课题。

第4章"强大的圈子"。分航站楼、机场、临空地区这样小、中、大三个圈子进行讨论，最后讨论了机场的规划建设与运营管理必然走"港产城一体化"之路的技术和经济逻辑。

第5章"持续的勤奋"。从精益运营、流程再筑、创新转型三个方面阐述机场规划建设与运营管理者们的勤奋努力、凤凰涅槃，终将让机场走上可持续发展之路的必然归属。

机场规划与运营问题复杂多变，绝不是上述五个方面就能够全部概括说明的。但是为方便记忆和传播，我们不妨试试从这五个方面开始去理解和突破，从此处打开机场的知识宝库，开启我们的探索和研究。

需要说明的是，本书想要阐述的既不是机场规划建设问题，也不是机场运营管理问题，而是机场规划建设与运营管理一体化的问题。本书更关注机场规划与机场运营的关系，更多地强调机场规划建设与运营管理的结合，更着眼于规划建设期间应该考虑的运营问题和运营管理中的设施规划建设问题。我想通过本书的讨论，找出机场规划与运营之间的联系要素，并研究这些要素的发展规律，提出机场规划与运营的理念和方案。这才是本书的主题和我写本书的初衷。因此，本书还可以有另一个名字，叫作"机场建设运营一体化研究"。

请大家批评指正！

刘武君

2022 年 2 月 28 日　于世博花园

目录

航空港规划丛书

前言　4

第 1 章　良好的基因　13

1.1　基因一：基于市场的功能定位　15
1.2　基因二：融资模式与公司治理　26
1.3　基因三：CEO 的性格和作风　41
1.4　基因改良　45
本章小结　51

第 2 章　高效的平台　53

2.1　空侧平台的规划与运营　59
2.2　陆侧平台的规划与运营　69
2.3　系统平台的规划与运营　74
2.4　平台建设的关键是投资管控　80
　2.4.1　无效资产　83
　2.4.2　功能性设施　85
　2.4.3　经营性资产　89
　2.4.4　负资产　95
本章小结　96

第 3 章　优秀的搭档　97

3.1　空中运输网络的构建　99

3.2　地面集疏运系统的构建　115
3.3　航站主楼与交通枢纽的一体化　121
本章小结　129

第 4 章　强大的圈子　133
4.1　航站楼是个小圈子　134
4.2　机场是个中圈子　139
4.3　临空是个大圈子　148
4.4　走港产城一体化之路　157
4.4.1　用货运物流产业链整合临空产业园区　158
4.4.2　港产城一体化的规划与实践　159
4.4.3　走可持续发展之路　165
本章小结　167

第 5 章　持续的勤奋　169
5.1　精益运营，精准考核　170
5.2　长于改进，流程再筑　175
5.3　与时俱进，适时转型　184
5.3.1　智慧机场建设将彻底改变旅客服务模式　184
5.3.2　新冠肺炎疫情正改变着机场的商业经营模式　191
5.4　资产增值，财务可持续　198
本章小结　204

第 6 章　结　语　205

案例索引　210
图表索引　212
参考文献　217
后记　220

航 空 港 规 划 丛 书

第 1 章

良好的基因

首先，我想要讲的是一个良好的"基因"的重要性。一般而言，成功学书籍里，"大师"们都是讲你要勤奋努力、刻苦耐劳。其实，在我排的五个方面努力的顺序里，勤奋是放在最后讲的。勤奋固然很重要，但是还有很多东西更加重要，是我们以前重视得不够的。我认为基因其实是最重要的因素。现代科学告诉我们，人一出生，很多事情就已经基本定了，比如会得什么病、什么时候会老死等，许多事情可能根本就没有办法改变。如果说要改变基因，那是要花很长时间的。科学告诉我们，人类基因的变异是以万年为单位来计算的。因此，基因问题我们必须正视，正确地对待它。我们的教育在这方面是比较欠缺的，老师常会告诉你比尔·盖茨非常了不起，他有什么发明创造，作出了多少贡献，还会说比尔·盖茨很勤奋努力，但是，很少有老师会告诉你：比尔·盖茨的父母都是IT行业的大牛，他的母亲是IBM公司的高管，他5岁就有机会接触到个人电脑，并且开始编程了。还有，莫扎特5岁生平第一次坐在钢琴上弹的第一首曲子，就是现在小孩子学钢琴练习用的"莫扎特练习曲"，他是个天才，6岁开始欧洲多国巡演，8岁创作首部交响曲，11岁写出第一部歌剧……所以有很多事情是由基因决定的，而基因是有优劣之分的。当然为了获得优秀的基因，我们可以做很多工作。现代的基因科学研究方兴未艾（图1-1）。

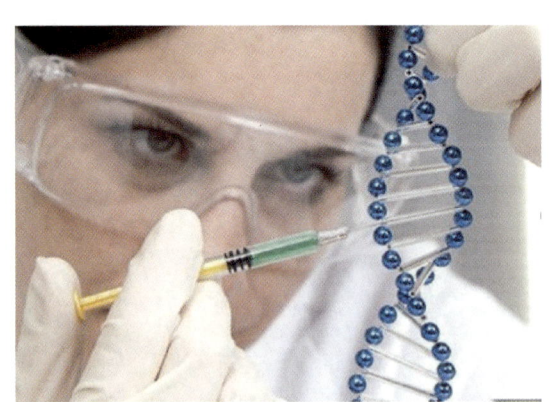

图1-1　现代的基因科学研究方兴未艾

其实，我想要表达的是我们的民航机场也是有基因问题的。机场的基因主要包括三个方面：第一个是基于市场的功能定位；第二个是融资模式和公司治理；第三个是整个规划与运营团队的作风和性格，团队的作风和性格主要取决于我们的领导，特别是一把手的作风和性格会给整个团队带来决定性的影响。

如果这个一把手是第一任,且在职时间很长,他对整个团队的影响就会深入骨髓,从而完成对机场基因的初步塑造。以上三个方面我觉得是影响机场发展的"内因"中最重要的三个方面。

在讨论完这三个方面之后,我还会与大家一道讨论一下基因改良的问题。机场的基因形成以后,如果我们发现"不良",也不是就无能为力了,我们还可以考虑对基因进行"重新编辑"和"改良"。在基因改良方面,我们还是可以做很多事情的。

1.1 基因一:基于市场的功能定位

首先要讲的是"基于市场的功能定位"。在这里需要着重强调的是我们在给某机场进行功能定位之前,一定要认真研究其市场环境,一定要基于市场调研、市场分析来确定其功能定位。尤其是市场分析,一定要对机场所处的市场环境做非常深入细致的调查研究,对机场未来的发展进行非常理性的科学预测。这其实是研究机场基因的形成环境。

以上海机场为例,先讲一下怎样做市场研究。我在上海机场工作了20多年,在这段时间内,我们做市场分析的广度、频度和深度不断增加,越来越广,越来越频繁,越来越深入。记得我刚从日本回国的时候,国内在做客货量预测时是不做航线分析的,我从国外带回来的那套航线分析的方法,很多人认为没有必要。可是到今天,上海机场每个部门做市场分析时,不仅会做详细的航线分析,还从原来的几年做一次发展到一年做一次,甚至是一个季度做一次的经常性分析,而且各分公司子公司、每个模块主体都有专门的市场部门。特别是沪港机场管理(上海)有限公司(简称:沪港公司)成立以来,带来很多好的分析方法,他们用数据说话的作风给我们带来了更多理性和科学的启迪。

虹桥国际机场过去也跟很多以国内航班为主的机场一样,商业不太好做,于是上海机场就把商业交给沪港公司经营管理。港方经营管理人员来了之后,我就发现他们做商业市场调查的频率一直在加快,从一年、一个季度、一个月,到现在几乎从不间断、一直都在做。大家可以去虹桥国际机场二号航站楼看看,航站楼里面的商业设施是根据市场的需求一直在变的,所以航站楼商业设施的效益越变越好。这样一来,浦东国际机场国内商业的运营压力就大了,因为原来浦东国际机场国际区域的商业运营做得很好,但国内部分做得一般，大家认为国内部分的商业运营就是这样，不太好做的。现在虹桥国际机场二号航站楼告诉我们，其实国内商业运营也能做得很好，而且收益并不比国际区域的商业设施差。当然，这里面最根本的是观念的变化和经营管理模式的变化。不断进行的市场分析、结合市场的设施功能定位，就是保证商业运营长盛不衰的基因。

有的人说东北机场的商业运营不好做，因为东北的消费能力不如上海。但市场调查告诉我们：虹桥国际机场高档商品的消费群体里面，第一大群体是到北京去的旅客，第二大群体就是来自东北的旅客。可见东北旅客在虹桥国际机场二号航站楼的消费能力很强啊！问题是机场的商店能否做到让旅客愿意去，很放心地去消费。如果旅客没有这个冲动，可能一个很重要的原因就是机场方对市场把握得不够，卖的商品不对消费者的胃口。航站楼内的商品应该不断地适应消费者需求的变化，所以商品应该是一直在变的。比如，上海迪士尼乐园刚开园的时候，虹桥国际机场二号航站楼内就开了很大的迪士尼专卖店，但半年以后我们就发现它的店面开始变小了。任何东西都不可能一直热卖下去，永远好卖的产品是没有的，所以航站楼内的商业设施需要不停地跟随市场的需求而变化。这是因为旅客的构成在变化，旅客的消费能力、消费兴趣等都在变化，机场就只能去适应这些变化。所以我说：市场分析是很重要的。

回到我们的主题，对于一个新的机场项目来说，无论是在规划建设之初，还是在改扩建的重要关头，首先必须要做的就是为机场定位。前面讲的是一些机场的局部设施，比如商业设施，而整座机场也有同样的要求，就是要对机场所处的环境进行"市场分析"，然后基于市场实际进行"功能定位"。

一座机场的市场范围也是变动的，除了天上的航空网络之外，最重要的就是机场的地面集疏运系统。地面集疏运系统中最重要的是高速公路和城际铁路。机场必须与高速公路对接好，让汽车能够直接开到航站楼门口来，这是大家的共识，没有疑问。但是铁路、尤其是高速铁路该不该进到航站楼前来，就有不同的认识了。有许多机场的领导问过我，他们的航站楼前该不该引进铁路，我总是反问他们两个问题：你们想让这条铁路的沿线成为机场的市场吗？这条铁路沿线的市场值得你们花这么多钱吗？说到底，还是市场分析与机场定位的问题。

下面看看现实中我们是怎样做的。

案例 1-1

厦门机场的功能定位与规模研究

厦门机场隶属元翔集团,我觉得也许它是中国民航机场里面市场化程度最高、经营管理做得最好的,也是企业管理做得最好的。有些机场的领导想去考察国内的优秀机场,我都是首推厦门机场,因为元翔集团是一个真正的现代企业,经营管理各个方面都做得很好。

厦门机场是非省会机场,但它是福建省最好的机场,通过做好市场分析、功能定位逐步成为区域"老大",它把福建的其他机场一座座收购了(注意,不是通过行政发文的办法——由省里成立一个机场集团把全省的所有机场管起来,而是逐个去收购的)。位于台湾海峡西面的福建省,其西部的崇山峻岭把它与其他省份隔开,形成了一个相对来说比较封闭的经济区。而厦门机场的北面是福州机场,东面还有一座桃园机场,就是说在"台湾海峡经济区"内有这样三座大型枢纽机场(图1-2)。所以,在讨论厦门新机场(翔安国际机场)应该有多少旅客量的时候,我就跟机场方讲:必须把厦门机场、福州机场、桃园机场

图 1-2 厦门新机场市场分析示意图

这三座机场放在一起考虑,而且还要考虑南面有一个珠三角机场群,北面有一个长三角机场群,不过这两个大的机场群,实际上对厦门机场来说是壁垒,是铜墙铁壁,去把那边的旅客拉过来是不太可能的,能够不被它们把旅客拉走就不错了。另外西北面还有座长沙机场,但是有闽西的崇山峻岭阻隔,交通很不方便,其实对厦门机场的客流量没多大影响。虽然国家可能要建一条从长沙到厦门的铁路,但是这条铁路因为在山里头走,走不快,只是一条普通铁路,加之路途遥远,影响应不会太大。另外,当前海峡两岸之间的旅客吞吐量不太可能有大规模的增长,而有2 000多万人口的台湾已有一个年旅客吞吐量达6 000万人次的桃园机场,所以在福建这个相对封闭的经济区内,主要考虑全省的3 000多万人口(2015年厦门新机场规划时的数据)和厦门新机场、福州机场两座大的机场就可以了。即使福建全省未来每年人均乘3次飞机,每年旅客吞吐量也只有9 000万人次,再加上旅游客人,每年一共12 000万人次,所以两座机场各自的旅客吞吐量可按每年6 000万人次来考虑。

机场的容量还与机场的定位直接相关。有人认为厦门机场还可以承担一些门户功能,多开一些国际航线,中转国内航线。甚至还有人设想国内航班到了厦门以后,可以转机去台湾;或者台湾的旅客飞到厦门后,再转机去大陆各城市。说到这里,就要考虑桃园机场跟厦门机场的竞争,而因为桃园机场的国际网络非常好,它倒是有可能把厦门机场的国际旅客都拉走的。实际上,科学严谨的市场分析的结论是上述这些可能性都不大,就是说未来厦门机场中转市场非常小,不具备发展前景。因此,厦门机场最后确定的规模是每年6 000万人次旅客吞吐量和规划4条跑道,也没有强调自己是"国际枢纽"。这个定位就比较实在了,相应的机场建设投资也就因此确定下来。

案例讲评:

我全过程参与了厦门新、老机场的规划设计,看到机场的领导对投资控制非常严格,就是对为什么要投资、什么时候能收回投资等问题研究得非常清楚。厦门机场在市场分析与功能定位方面科学务实的态度是很值得我们学习的。对市场分析得越透,对机场功能就定得越准,机场所能提供的服务就越好,机场公司的盈利就越高,机场对于临空产业的带动就越大,跟周边城市一体化发展就越和谐。

我接触过很多东南沿海的机场,这些机场和城市其实都比较理性,市场分析做得比较透彻,所以机场的功能定位都比较科学合理,像深圳机场、珠海机场、揭阳潮汕机场、厦门机场、福州机场、杭州机场、青岛机场等都发展得很好。而内陆地区的一些省会机场过于追求"高大上",功能定位大都奔向每年 12 000 万人次旅客吞吐量。要知道一座每年 12 000 万人次旅客吞吐量的机场和两座每年 6 000 万人次旅客吞吐量的机场的基础设施投入是很不一样的,其占用的各种资源和带来的经济效益、对环境的影响也很不一样。我时常在想:对于一座城市、一个区域来说,是一座每年 12 000 万人次旅客吞吐量规模的机场好呢,还是两座每年 6 000 万人次旅客吞吐量规模的机场好呢?

案例 1-2

大连机场的功能定位与规模研究

大连机场在辽东半岛的端头,市场腹地很小,但它在金州湾填海做了一个每年旅客吞吐量达 8 000 万~10 000 万人次、4 条跑道的新机场规划。当然对城市来说,大连的海洋面积很大,但是对于民航来说,广袤的陆地才是民航的市场。

我们看一下附近的沈阳机场,它位于大连以北、辽东半岛的根部(图 1-3)。沈阳机场比长春机场和哈尔滨机场更有优势成为东北地区的枢纽机场,如果它再引进铁路,就可以在东北三省组织起范围广阔的空铁联运,也就顺理成章地成为东北的空铁枢纽。当然把铁路引进沈阳机场还有很多困难,但工程上没有做不到的事,关键是市场分析好了以后,决策者们觉得这个事情值不值得干,如果值得干,还是可以干的。这边大连机场过去发展得比较好,实际上是抢了沈阳机场的一部分市场份额,把辽阳以南的盘锦、鞍山、丹东等城市的客人都拉过来了。但是这一块的市场依然是很小的,只有 1 000 多万人口。大连是旅游城市,但是旅游资源的承受能力现在已经基本处于饱和状态。虽然如果降低服务质量,大连机场的旅客量还可以再加一块上去,但是最后到底能成长到什么程度呢?看来,对大连旅游市场的预测很重要,这会支撑大连机场的设施规划,支撑大连机场到底要做多少规模的旅客吞吐量规划,特别是要决定初期规划建设要投入多少资金,这是一个需要周到考虑的大问题。

另一方面,大连机场在国际航线网络开辟方面,也面临很多不利因素。东面不远有一个仁川国际机场,西面不远有一个首都国际机场,大连机场有什么"武器"能拿出来从这两家碗里抢饭吃呢?自身有什么核心竞争力?这些问题一定要认真地琢磨琢磨,不能仅靠自己主观意愿就做出如此重大的决策。记得十多年前去大连时,我就跟机场方讲:"你们新机场的定位太危险,如果按这么大规模建设完成以后,你们可能就天天给银行打工了。这

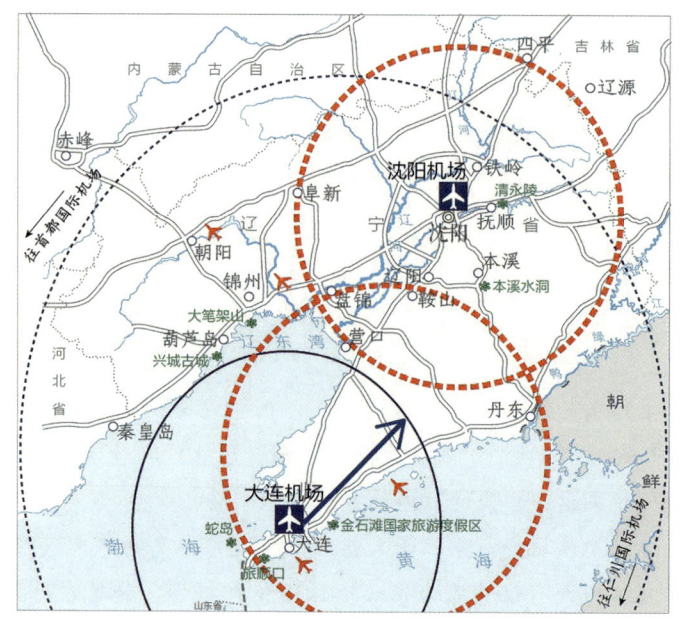

图 1-3　大连新机场市场分析示意图

么多钱投下去以后,后续怎么办呢?市场很难拓展出来的。"那个时候沈阳机场干劲很足,正处在快速增长期,它毕竟是省会机场,有很多行政资源大连是没有的。过去,我们国内有些主要经济城市的机场要好于省会机场,比如大连、青岛、厦门、桂林等机场都曾比省会机场发展得好,但是慢慢地省会机场就赶上来了,因为它有很多行政资源会被调动起来,所以在做市场分析时要特别注意。

仁川国际机场作为东北亚的门户机场,对我国东北、华北枢纽机场的发展,特别是想打造国际门户功能的机场,带来很大的压力。我们的机场要跟仁川国际机场竞争,现在应该是非常难的。现在,仁川国际机场与我国50多座机场通航,在全世界恐怕也很难找到这样的案例。世界上国际航线都是对等开的,那我们为什么要给仁川国际机场开这么多航线呢?只能说是我们"支持他们的枢纽建设"。仁川国际机场对首都国际机场的建设也是有很大压力的。那大连机场夹在北京、仁川这两大枢纽机场中间,要去抢门户功能,岂不是难上加难?同时,韩国不仅有一个好的仁川国际机场,它还有两家基地航空公司,即大韩航空和韩亚航空,都是非常有竞争力的。大韩航空和韩亚航空在国际航空市场上给同行的压力都很大，因为它们既便宜、服务又好。浦东国际机场的枢纽建设都能感受到这种压力，很多旅客都被这两家航空公司拉到仁川国际机场去换乘飞机了。我侄女从美国回来，我问她："你为什么总是在仁川机场中转啊？"她说"机票特便宜"。还有就是在仁川国际机场转机买一些化妆品等都很方便，世界各地的品牌都有，服务态度好，价格也有竞争力。所以，我认为处在这样一个严酷的市场竞争环境里，大连机场应该排除一切干扰，科学地分析市场环境，理智地确定机场定位。

案例 1-3

青岛新机场的市场范围研究

青岛位于大连对岸，所在的胶东半岛与辽东半岛遥相呼应。改革开放初期，伴随着两个半岛上的两座明星城市对日、对韩开放的步伐，两市的机场发展都走到了省会城市机场的前面，甚至在很长一段时间里，青岛机场都比济南机场发展得要好。

但是，近些年青岛机场遇到了来自省会机场的竞争，也进入发展的瓶颈期。因此，青岛新机场的规划建设成为青岛机场的一次历史性机遇。机场将从市区往外面移，移出来做一个大型枢纽型机场。细节就不讲了，青岛机场做了很细致的市场分析，还请了很多单位做了发展战略规划。最后，青岛新机场定位为年旅客吞吐量达6 000万人次的枢纽机场。由于青岛新机场在胶东半岛中的市场非常有限，选址就往西、往济南方向移，它必须要在自己与济南机场之间的竞争中找到一个平衡点，即两个枢纽要竞争地处青岛、济南中间的同一块市场。青岛新机场希望胶东半岛地区、北面的莱州、西面的东营、淄博，甚至南面的日照、临沂都成为自己的市场（图1-4）。

为了实现这一目标，青岛新机场把济青高铁引入机场，并让它从航站区下面通过，在航站楼前设站，且把铁路和地铁等三条轨道交通全部引入航站楼前的综合交通中心。这样一来，济南周边的客人到青岛新机场来乘飞机，实际上比去济南机场还要方便。

顺便讲讲济南机场。济南的城市发展轴是东西向的，而济南机场在这个发展轴的北面，距离很远。我到济南市规划院时曾说："你们可能忘记你们还有一个重要的发展动力源在北面。"济南的高铁枢纽在西面，机场在东北面，而且机场与城市交通网络衔接得不够好。青岛新机场看准这个竞争对手的失误，就出手了。其实，济南应该调整城市空间规划，让城市大体上沿黄河发展，使高铁枢纽和机场枢纽成为城市发展的两个"发动机"。

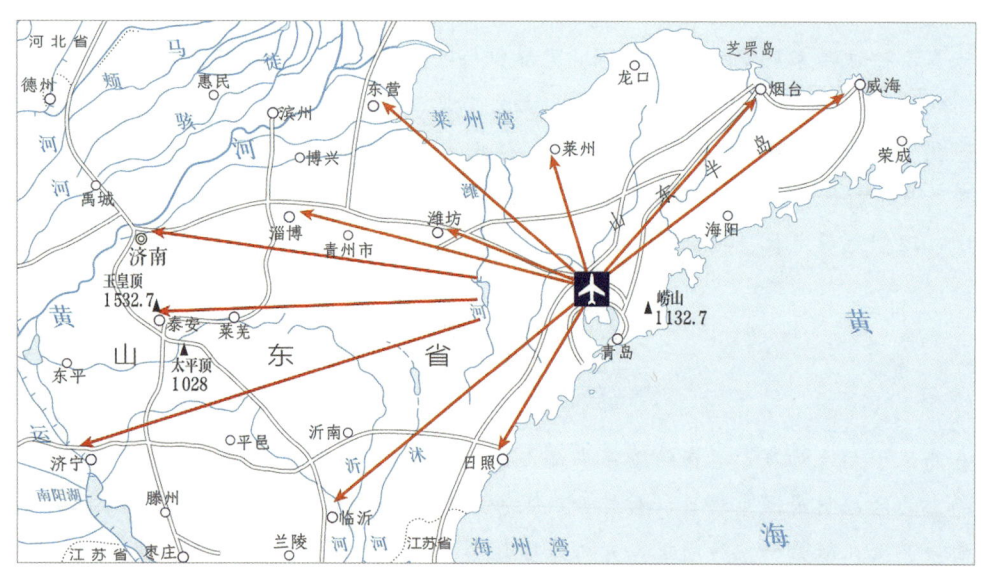

图 1-4　青岛新机场市场分析示意图

通过这个市场分析，大家应该了解青岛新机场一定要坚持济青高铁进机场的原因了，因为它会把济南的旅客吸引到青岛新机场来。另外还因为济南的地铁网络、公共交通网络与济青高铁的枢纽站对接得很好，但是它们跟机场的对接就差了一大截。济南城市交通网络与机场的衔接不够好，会导致济南的旅客通过高铁去青岛机场，比去济南机场更方便。因为旅客出行是从他的家门口开始算起的，而不是仅仅看航空那一段怎么方便，他是要看整个旅程的方便程度。基于对市场的充分认识，青岛新机场采取了很多吸引旅客、拓展市场的措施。

青岛新机场对市场的分析是比较客观的，基于对所在市场的充分调研，对自己机场的功能定位也是比较科学合理的，他们没有走假大空、高大上那条"不归路"。有很多咨询单位会跟机场方讲得天花乱坠，但其实它们往往并没有认真地分析市场。我讲这些是想说：如果机场方确定了一个超出实际市场需求的定位，会带来很多的问题，最起码对基础设施（土地、市政、房屋和场道等）的大量投资会被长期空置，或导致设施低效运营，甚至机场永远亏损。机场一旦运营亏损是很大的问题，不要认为机场公司是公共设施的运营企业，提供了公共服务就成功了，这是不对的。我经常讲"一个亏损的企业是不可能提供一流服务的"。例如那些在机场提供各种服务的员工们，拿不到工资奖金，你让她们天天微笑服务，怎么笑得出来呢？这是不可能的嘛。所以，机场公司一定要做成一个良性的、可持续发展的企业。如果机场方不想长期给银行打工，那就一定要把准机场的功能定位，管控好自己机场的规划设计，绝对不能超出市场需求投资固定资产。

请一定要记住：适合你的，才是最好的。

案例 1-4

西安机场的功能定位与规模研究

现在我们遇到的机场规划问题多数是功能定位过高、规模过大，而西安机场是另外一种案例。图 1-5 所示是西安机场早期的总体规划方案，规划图上两条主跑道之间东部的那一片土地没用做航站区。实际上那边是一些现存的行政管理和生产配套建筑，舍不得拆，也可能是拆起来有困难，于是就做成了这样一个规划方案，但这个规划文本在民航局审了两次都没通过。后来国家民航局机场司领导建议他们到上海来，他们就把这张图给我看了。我就跟他们讲：这张图一看就知道最多只能做每年 6 000 万人次旅客量，主要瓶颈是站坪不够，其次是航站楼及其相关设施不够。

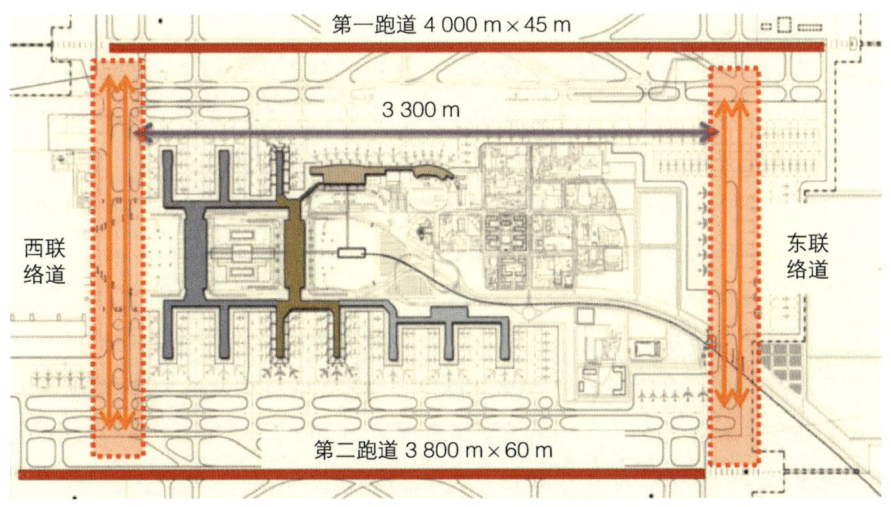

图 1-5　西安机场总体规划图（原方案）

按照国家发改委和民航局的要求，西安机场作为西北最大的枢纽机场，必须要有年旅客吞吐量达8 000万～10 000万人次的规模，这个方案中航站区用地不够。要求西安机场做到8 000万～10 000万人次的年旅客吞吐量规模，是因为它在西北地区是唯一且不可替代的国家级枢纽机场，规模不能做得太小。

多数机场总体规划项目在审批中遇到的困难大都是规模做得太大了，会被民航局、国家发改委要求缩减规模，而西安机场的原规划方案被认为是规模做得太小了是不多见的。为什么会对西安这么要求呢？因为在我国辽阔的西北地区，西安机场是公认的唯一的航空枢纽，近期没有其他机场能跟它竞争。不像在西南地区，有成都、重庆，还有昆明、贵阳都争着要做枢纽机场，不怕规模做小，总会有别人替代你去做大做强。西安机场不做大做强不行啊，我说："西安如果不把这个航空枢纽和地面枢纽做好，那对不起整个国家呀。因为你是整个国家综合交通系统网络中不可缺少的那个综合交通枢纽。"

于是，我帮他们重做了这个规划。我说：你们把全世界做8 000万人次以上年旅客吞吐量的机场规划图同比例地打印出来对比看看，与你们的这个规划图有什么不同。其实最大的不同就是机位数和站坪规模。机场容量的瓶颈往往首先是机位，这是因为飞机是不能拥挤的，人可以调整服务标准、挤一点，但飞机不能挤。如果要做8 000万人次以上的年旅客量，没有300多个机位是不可能的。首都国际机场现在9 000多万人次的年旅客量，就有400个机位，而且它大飞机的比例还是全国最高的。如果是以C类飞机为主，那需要的机位可能就更多了。而且我们国家有一个特点，飞机很多都是在大城市、在枢纽机场过夜的。美国就与我们不同，它的飞机大多数是在小城市过夜的。我们的飞行员比较喜欢住大城市，所以机场的机位就很紧张，特别是枢纽机场必须有足够的过夜机位。

做了这样的市场分析以后，就能够明确自己机场的功能定位，也就知道自己该做多少站坪和多少机位了。确定这些机场规划的前提后，就可以做机场的总体规划了，可以做技术方案了。基于这些机场规划的前提，我们还要做机场的资金投入方案、建设分期方案、航线组织方案、综合交通规划方案等，以及一系列投资、建设、运营课题和市政配套方案。最后就得到了如图1-6所示最终获批的西安机场总体规划方案。大家可以看到，4条跑道中间的区域被全部拿出来做了航站区，真正具备了每年8 000万～10 000万人次旅客吞吐量的运营条件，成为中国西部的枢纽机场应该是问题不大了。

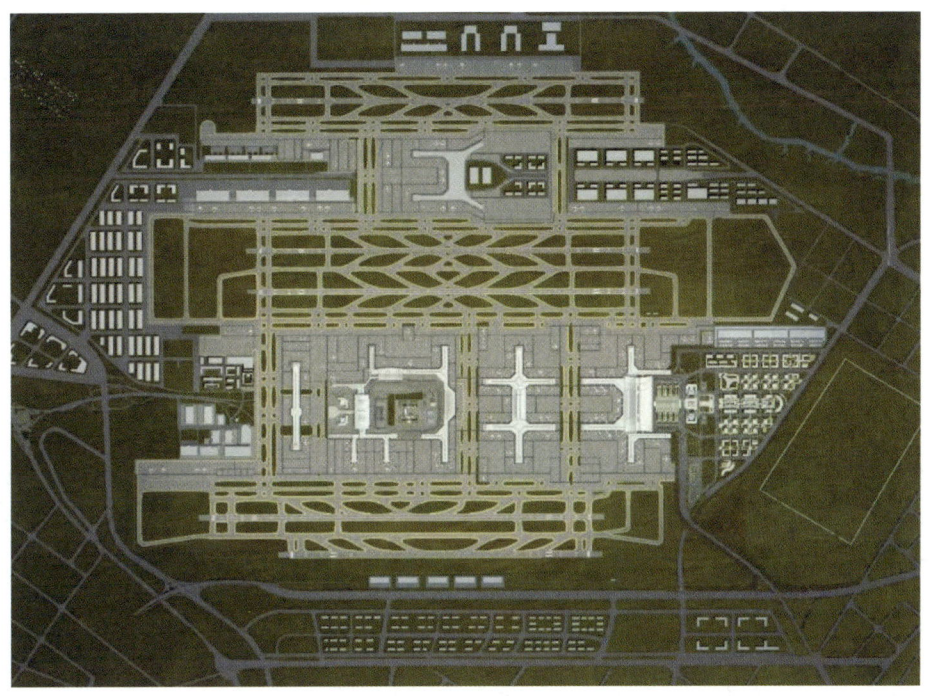

图 1-6　西安机场总体规划图（最终获批方案）

我们分析机场所处的市场环境，确定机场的功能定位，其结论也不是永远不变的。机场的战略规划一般按 15 年做，但每十年必须更新一版，每五年要调整一次。尤其是对市场环境的分析需要做得很频繁才行，而且要做得很周到细致。我们既要适时对整座机场所处的政治经济环境和产业背景做分析，也要对每一条航线做具体的市场需求分析，要做仔细的预测和对策分析，更要对每个核算主体的市场未来进行研究，而且要把它们变成生产任务下达到班组和员工，作为他们的年度考核指标。只有这样，我们的发展战略才能够被解码，并落地实施。例如枢纽机场航班波的组织，就是需要通过对市场环境的研究，决定什么时候开通哪个航线，并将它作为生产任务分派给市场部，如果今年该开的航线没开出来，那就要扣奖金。

最后，我要强调，市场分析也不是万能的，特别是对未来的预测，往往是计划跟不上变化。因为做预测，大都是用过去的数据去推测未来，但有些事情是无法由过去推算出来的。例如开辟一条新的航线，就没有过去数据可用，于是就要借用其他相关资料和数据，包括空中网络数据、地面交通数据，以及贸易、GDP等相关资料来分析预测。我们要把市场分析与功能定位结合好，要多讲一点市场，多用一些分析的方法和手段；功能定位要讲理性、讲科学，要用数据说话，要不断地做、细致地做，从而确保我们所做的定位是科学合理的，而不仅仅是"领导拍板的"。

对机场功能定位的研究是具有高度创新性的。没有充分的科学依据就让领导拍板，领导的压力是很大的，领导不是神仙啊！领导拍板的时候，我们提供的功能定位报告一定要是做了详尽的市场分析后提出的。这个世界上其实没有多少事情是一定需要领导拍板的，那些逻辑严密的、相当于"1+1=2"的事情是不需要领导拍板的。现实中许多拿给领导拍板的事情，其实是专业人员自己还没有研究清楚的事情，就拿给领导拍板，这不是给领导"挖坑"嘛！一般而言，真正需要领导拍板的是"一题两解"的事情，是不同权重的问题，是由于我们与领导之间的信息不对称导致价值取向不同的问题。只有这种情况才需要领导去拍板。千万别大事小事都叫领导拍板，那往往是没有结果的。上海市原副市长、浦东新区原区长在中国人民大学新闻学院当院长时有一句著名的话："有些事情，想干你就干，不想干你就去请示领导。"这是他在总结浦东新区改革开放的经验教训时，作为一条重要的经验来讲的。其意就是：遇到新生事物，你想干你就探索，你不想干就去请示领导。因为领导是按已有的法规决策的，而法规是从过去的经验教训中产生的，你要创新、你要做前人没做过的事情，就会遇到许多障碍，就很难得到具体的指示，没有担当是做不成的。

1.2 基因二：融资模式与公司治理

机场融资方案的制定过程，就是机场基因的编辑过程。接下来，我重点讨论机场的融资问题，这是一个非常重要的基因问题。我前面讲，人一出生基因就定了，那么一家公司、一个团队的"出生"是指什么呢？应该就是机场新建时的融资方案和公司治理模式的形成。一般而言，融资方案会决定公司治理模式，同时不同的公司治理模式会要求不同的融资方案。

2009年7月1日起施行的《民用机场管理条例》第三条明确指出："民用机场是公共基础设施。各级人民政府应当采取必要的措施，鼓励、支持民用机场发展，提高民用机场的管理水平。"这是因为机场作为公共基础设施都有很好的社会效益,能够提高整个社会的运作效率,从而政府的税收和社会的就业就会增加,政府、企业、社团、市民等都能得到好处。既然存在较好的社会效益,那么政府对机场建设就应该有足够的投入。当然,政府用什么方式投入是可以商量的,图1-7只是从理论上告诉我们:政府投入理所应当。机场方如果拿不到政府的投入,可以拿这张图去跟政府讲道理。

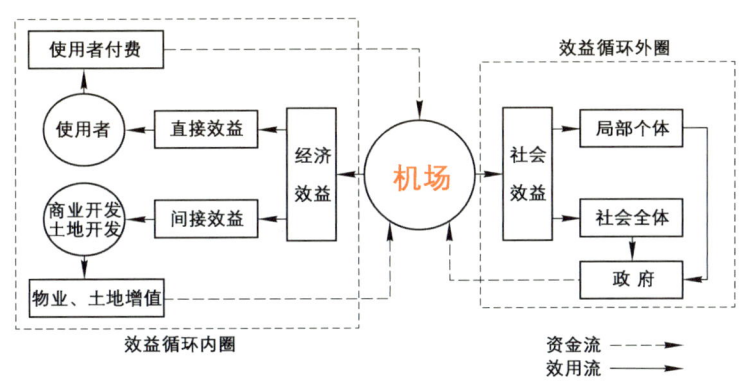

图 1-7 民航机场的开发利益循环模型

其实,民用机场是一个准公共基础设施,提供公共服务的同时又具有明显的经营性。因此,所有民用机场都有社会和经济两个方面的效益。

我们先说机场的社会效益。实际上机场带来的社会效益是很多的,对城市经济的发展带来两个方面的好处:一个是为城市提供就业,一般认为机场单日旅客量与机场所能提供的就业岗位相当;还有一个就是为城市提供税收。这些税收主要是指机场所在城市和区域的企业提供的,但是这些企业又享受了机场提供的服务。机场有一个特点,即机场的收费是下一级产品的成本,费用收得越多,那些企业的成本就越高,所以不适合多收费,机场的公益性就体现在这里。就像城市地铁一样,不能按成本收费,就是亏损也要运营,因为它要支撑整个城市经济的发展,机场也类似。

我们再看机场的经济效益。经济效益可以分成两类:一类是直接经济效益,即机场按照财政部、民航局规定的收费标准向使用者收费、获得直接收益。这一块是自然垄断的,通过使用者付费,基础设施可以获得直接的经济效益。但大家不要以为直接经济效益获取很简单、很容易就可以拿到手,其实不是的,有时候机场就是拿不到这部分直接的效益。

另一类就是间接经济效益。机场建成后，就会对周边区域、对临空产业链的发展产生影响，最直接的反映就是机场周边土地会升值。所以，如果机场的经营延伸到周边地区，参与临空产业链，那么它在这一块的利益就循环起来了。直接经济效益带有自然垄断的特征，需要机场集团把它做大做强；而难度相对更大一些、需要动脑筋多一些的是间接经济效益的取得，很大程度上这一块就是机场的土地开发问题，这个领域的市场是开放的，这一块收益需要机场通过市场竞争的方式去获取。

因此，机场要从下述三个方面获取经济效益。第一方面，找政府要钱。机场为城市提供公共服务，政府就应该投入，而政府不会说不投入，肯定会投入，只是投什么、投多投少的问题。第二方面，是自然垄断的收益，即按标准收费，这方面没有竞争对手。少有一个城市两座机场的情况，即使是一个城市有两座机场，往往也是同一家机场集团在收费。所以这方面的重点是提高服务质量，以吸引更多的航空公司和旅客。第三方面，参与市场竞争，获取更大利益。这一块收益要靠机场去竞争才能获得，要看机场有多大本事，就挣多少钱，看机场自身的能耐。

针对上述效益来源，即社会效益、直接经济效益、间接经济效益，我认为机场公司的基因其实就是三种：第一种叫"公益性基因"，即机场公司要负责去做公共服务，获得社会效益；第二种叫"垄断性基因"，即以从事航空主业为主的机场运营管理公司（或股份公司），负责获取自然垄断那块的经济收益，而且必须把服务做好；第三种叫"竞争性基因"，即机场集团为参与临空产业开发而建立各种合资合作公司，与各行业一流企业合作，参与市场竞争，争取最大收益。显然这三大基因差异巨大，甚至是相互排斥的。

因此机场集团应该按其基因差异，分别组建三种类型的公司最为有利（图1-8）。因为如果一个脑袋要同时做好这样三项完全不同的工作，那实在是太难了。

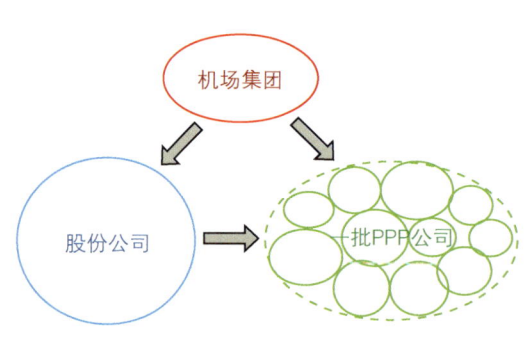

图1-8　机场集团的三大融资平台

第一，应该成立机场集团公司，主要用来体现机场的公益性特征，并从政府那里得到资本金。因为把政府该给的那部分投资拿过来这件事不是市场行为，所以只能用一个百分之百国资的机场集团公司作为平台去做。因此，机场集团公司要为政府做好"营销"，处理好各种公共关系，维护好机场区域内市场环境的公平、公正，并能够引起适度的竞争。集团公司还要运营好大量公益性国有资产，在机场及其周围地区把投资环境做好，为临空产业链的形成和发展发挥作用。

具体的工作安排上，可以把那些不盈利、又必须做的事，以及公益性资产放在机场集团公司里，例如路、水、电、绿化等，机场提供这些服务是在替城市做事，政府理应、也会给以投入。不过这种公益性的国资公司通常市场运营效率不高，不具备很好的市场运作能力，马克思在《资本论》里就讲到：资金放在公共机构里，都是效率最低的。这样做的好处是能够获得政府的支持，所以集团公司要出面向各级政府、国资委"要资金、要土地、要政策"。同时，机场集团公司不宜做大，要学会抓大放小，只要"管战略、管干部、管资产"就行了。因此机场集团公司的基因就应该是"要会巧管"。

案例 1-5

某机场集团多元化融资模式及推进路径研究

某国际机场三期扩建工程 2017 年正式完工投入使用以后，机场集团公司面临较大的运营及财务压力。同时，根据政府的要求，机场集团还要推进临空土地开发利用、航空辅营新业务培育和以航站楼、第四跑道为核心的新一期机场改扩建工程等多重任务。在此背景下，我们承担了"某机场集团多元化融资模式及推进路径研究"课题，希望通过为机场集团提出具有针对性和操作性的多元化融资创新模式与推进路径，实现其投资融资匹配、融资渠道多元、融资成本合理、融资风险可控、机场运营可持续发展的目的。我们做了以下工作。

1. 现状与问题分析

在机场集团层面：政府以企业负债充当资本金投入，出资不到位。机场集团直接经营、管理各具体的业务板块，缺乏对各专业类平台公司的统筹，不利于业务风险隔离。机场集团整体业务经营情况不佳，净资产收益率与资产周转率不高，集团大部分资产的运营收入来自新建的航站楼与飞行区。折旧成本占总成本比例偏高（超过 1/3），部分资产闲置，不宜大规模扩建。资金来源单一，未建立集中的资金管理机制，机场集团短期偿债压力较大，可能影响信用评级。

在机场运营层面：整体收入偏低，非航收入提升空间大。东西区业务发展定位不清，航站楼利用率较低。省会机场公司资产尚未明确，业务界面不清。

在专业类平台公司层面：航空货运物流板块——货运站管理主体分散，产业链未打通，集聚效应不强；临空开发板块——临空开发公司承担过多职能，定位不清，资金需求大；支线机场板块——支线机场持续亏损，地方政府职能缺位。

2. 多元化融资模式的顶层设计

首先，该机场集团的定位应该是战略管控型，同时可兼顾具体经营（如重大机场建设项目）和股权投资，打造多机场、多业态的大型航空产业集团。

其次，基于集团战略的业务分层与管控策略是：根据业务与航空主业的关联度，将集团业务分为保障类、经营类（核心非航业务和新兴非航业务）、拓展类、投资类，打造专业化运营公司，实施分类管理，采用相应的管控策略（表1-1）。

表1-1 基于集团战略的业务分层与管控策略

业务分层		管控策略
保障类业务	A 航空主业	**战略管控** ➢ 集团本部承担战略规划、资源预算和计划、重大营销推广与协调、标准制定、改扩建重大建设管控等职责 ➢ 机场管理和运营管理及过程管理职能全面下放，打造保障机场运行的经营性业务平台
经营类业务	B 基础业务、旅客服务	**偏运营的战略管控** ➢ 未来以集团战略为准绳制定业务发展战略，执行并实施过程管理，提高机场运营能力
	C 货运物流	**积极介入式战略管控** ➢ 集团进行战略规划、公共硬件平台建设、各类承运人及合作主体引进及普货业务发展及政策保障、资源协调，对货运发展公司进行战略实施督导，以及功能性和经营性业务的差异化管理
拓展类业务	D 临空开发	**介入式战略管控** ➢ 集团在土地获取、储备、管理、政策支持上需要集权以加强业务支持，做好一体化规划，将土地的规划开发放权给临空开发平台公司
	E 支线机场	➢ 集团在机场建设、运行、管理、政策上加强支持，做好一体化规划，将规划、发展、运营放权给支线机场投资平台公司
投资类业务	F 财务投资类业务	**财务管控** ➢ 投资业务不介入运营管理，采取财务管控，集团把握总体业务方向和社会稳定因素，对于重大投资决策和产业基金、资产清退等职能进行干预

第三，战略实施的推进路径是：明晰航空主业、做强经营性业务、适度延伸至投资性业务，形成分层、分类的管控界面，建立与之相适应的投融资模式与体系。具体来说就是：

①组建机场股份有限公司（简称：股份公司）；②明确集团职能与定位；③构建专业类业务经营平台。

3. 多元化融资模式的建议方案和推进路径

1）组建机场股份公司

股份公司应该是机场集团航空主业资产的证券化平台，机场主业及相关经营性业务的开发、运营平台，机场集团后续资本运作的操作平台。

一是要做好机场集团与股份公司的业务与资产配置。股份公司要包括全部主业资产，要成为机场集团面向资本市场的投融资平台和后续资本运作的操作平台。应围绕航空主业配置相应业务和资产，优先考虑保障股份公司做到盈亏平衡、适当盈利。机场集团要关注现金流和信用评级，以现金流和资产运营为基础，配置相应业务和资产，承担财务层面的部分亏损，保现金流，保信用评级。

二是要做好股份公司的业务切分。股份公司要聚焦机场的航空主业；要确保航空主业业务链条完整，航空主营收入通过相关方式与集团进行分成；经营部分与主业资产不可分割的经营类业务，如航站楼场地租赁、特许经营等。

三是在向股份公司注入资产时，要保证股份公司业务链条的完整，同时消除同业竞争（表1-2）。未注入但与股份公司业务联系紧密的资产可由股份公司向集团租赁经营，并按照协议支付租金，如跑道、站坪等资产。同时，股份公司委托集团对航站楼内的动力能源系统、信息系统等设施进行日常维护保养，签订维护保养协议，明确服务价格，并支付委托管理费。

表1-2 股份公司注入项目建议

序号	注入项目	注入说明
1	全部航站楼	含楼内所有的设备设施，如土建、机电、能源等系统，以及信息系统和相关经营设施
2	现场指挥、飞行区保障、安检、消防、应急救援等	含跑道、滑行道、站坪系统，以及车辆、机电设备等
3	土地使用权	航站楼外侧立面垂直投影所对应的土地
4	人员	根据股份公司业务需要进行调配，原则上人随业务走

最后要明确股份公司的投融资模式与推进路径，可分为上市前和上市后两个阶段。上市前，可考虑引入战略投资者，以优化资本结构、提高经营管理水平、缓释资金压力。引

入的战略投资者建议满足这些条件：符合国家和区域发展战略，能够为航空枢纽建设提供战略支撑的行业龙头企业；具有资本合作的战略协同属性，拥有机场投建营等行业投资与运营经验；认可机场集团发展战略，有资金实力，具有民航产业背景最佳。股份公司在上市以后，将打造对接资本市场的公众融资平台，形成多渠道、多品种的资本市场融资体系，满足机场生产经营和改扩建工程等所需的资金。具体融资方式包括：股权融资——发行股票、配股、增发、分拆等；债权融资——公司债、可转债、可分离债、股票质押、项目融资、商业信用、租赁等。

2) 重新组建机场集团

在组建股份公司的同时，应进一步梳理机场集团的其他业务、资产，确定装入机场集团的业务和资产类型，并构建相应的管控体系与投融资平台，重新组建机场集团。要做好以下三个方面的工作：

一是要明确机场集团的功能定位。集团要承担的职能是对接国资管理、对集团所属资本的管控和履行社会责任。因此可装入的资产是其他未装入股份公司的主业资产、需要集团统筹的重大项目与经营性资产，以及市政基础设施、公共设施等非经营性、公益性设施和机场红线范围内的预留土地。集团的管控要点是对外向政府"要资金、要土地、要政策"，对内"管战略、管资本、管干部"。

二是要建立机场集团的业务、资产、管控体系。如图1-9—图1-11所示，业务、资产、管控体系相互之间要有严谨的逻辑关系，并能很好地相互对应。业务、资产、管控界面明晰是多元化融资的基础和前提。

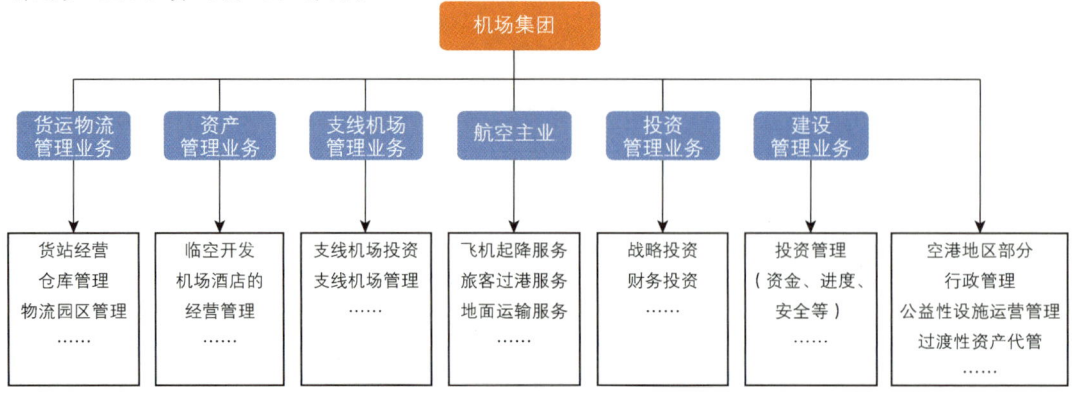

图1-9　机场集团的业务体系

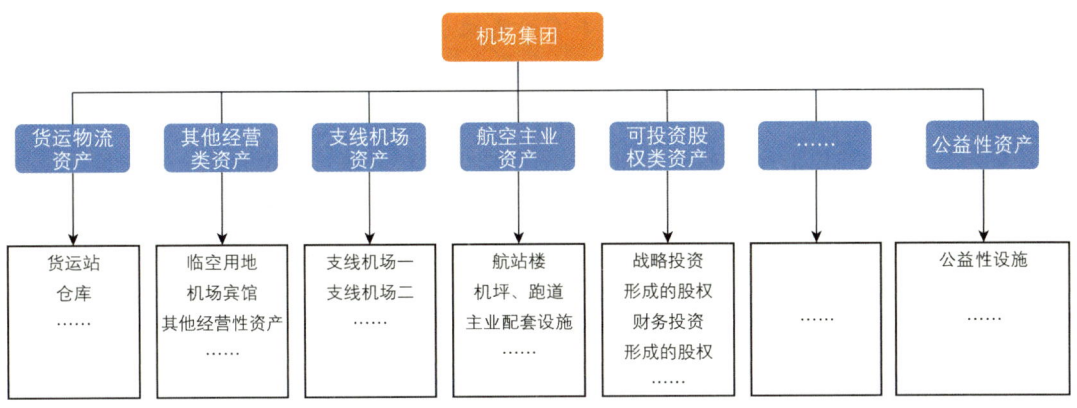

图 1-10　机场集团的资产体系

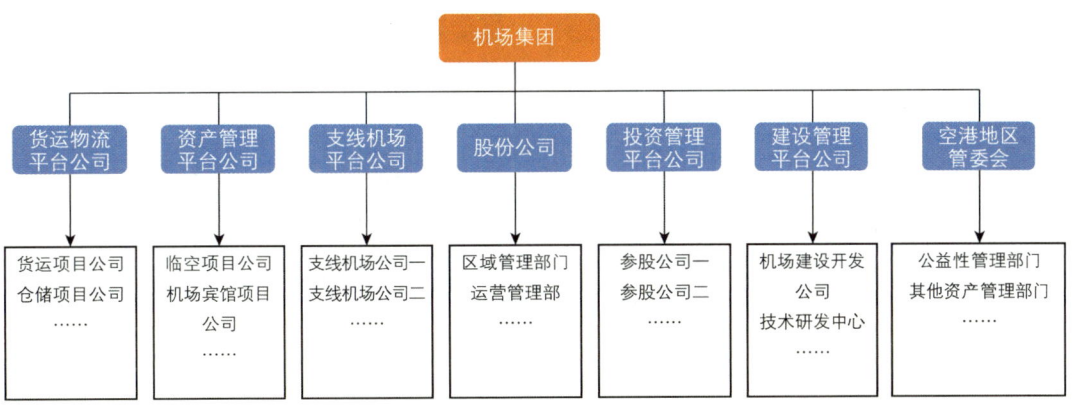

图 1-11　机场集团的管控体系

三是要明确机场集团投融资模式与推进路径。建议机场集团对接国资管理，对接国资管理体系，吸收各级政府（国资委）及其所属平台公司的投入，调动政府资源和承接各种政策支持。首先要申请项目资金和财政支持：申请国家、直辖市、市辖区等各级政府和民航局民航发展基金等对机场发展项目的资金支持；利用好专项债、企业债等各种方式拓宽融资渠道，推进重大建设项目；争取政府对机场集团承担公共职能的财政支持。其次要争取立法支持，比如争取出台"市机场管理条例"，将机场用地范围内的规划编制和前置管理授权给集团。最后，建议实施如下资本运作策略与路径：尽快推进以核心资产上市为前提的改革重组；利用上市平台筹集建设资金；优化配置股权资源，提升投资收益；

探索混合所有制改革，放大资产价值；丰富投资渠道，释放现金价值；建设一体化资金结算中心。

3）择机组建若干专业性业务平台公司

专业化经营领域要打造业务平台公司，划小业务单元，加大业务授权，形成多元化业务发展格局。为此需要建立经营性业务、拓展类业务、财务投资类业务（股份公司以外）规划、管控平台；还需要建立相关业务后续资本运作平台。根据目前机场集团业务发展的实际，应该重点打造货运物流、临空开发、支线机场管理板块的平台公司（图1-12）。

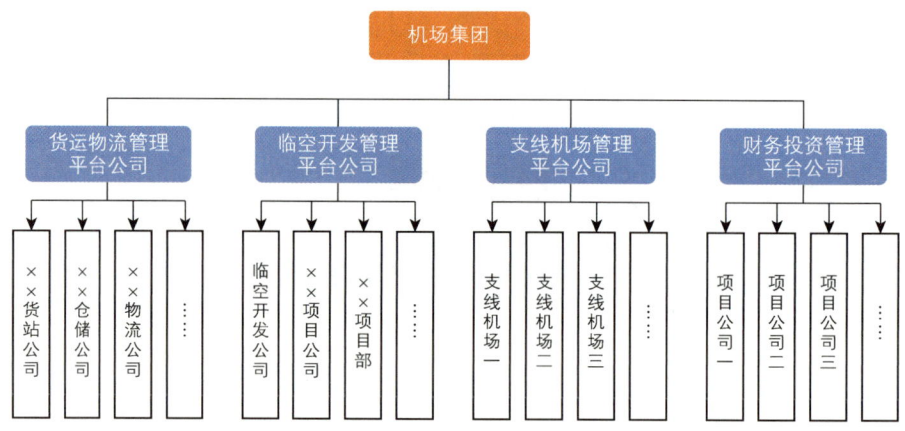

图1-12　机场集团专业板块的平台公司体系

4. 结论与建议

综上所述，我们以"搭股份，定集团，建平台"为总体思想和行动指针，通过梳理和界定业务类型、区分和组合资产，提出与之相匹配的管控体系和投融资平台，为机场集团建立了一体化、多层次、多元化的融资模式体系；再以业务发展策略、资本运作策略、组织管控策略启下承上，支撑起机场集团可持续发展目标的实现（图1-13）。

我们详细规划出了基于机场集团不同的专业平台，建设多元化、多层次、一体化的投融资模式和推进路径：

（1）股份公司的投资模式："能买就买。"通过引入战略投资者、上市等方式引入市场资金，不断向集团购买经营性资产。

（2）其他可经营性资产的融资模式："能赚就赚。"进行市场化、商业化开发与经营。

(3)支线机场的融资模式:"能要就要。"向政府要政策、资源。

(4)临空公司的融资模式:"少投多挣。"只投资本金(土地),充分利用社会资本和市场优势,滚动开发。

(5)公益性资产的融资模式:"能交就交。"交给政府、交给专业运营管理机构,隔离风险。

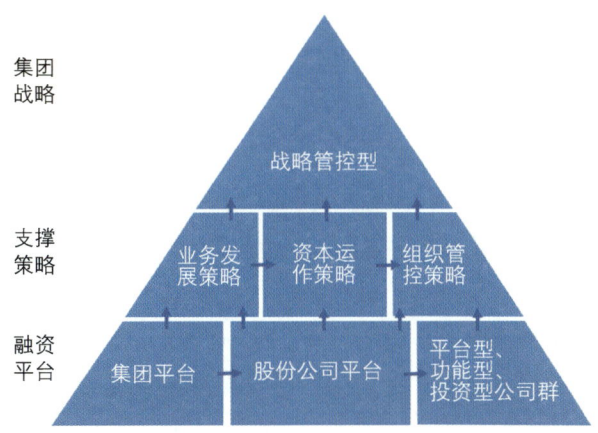

图1-13　机场集团多元化融资模式与推进路径的战略框架

第二,机场集团成立机场运营管理公司,把航站楼和飞行区这些机场自然垄断的资源放进去,希望能够做大做强航空主业。然后通过出售部分资产,吸收社会资本来共享机场的主业资源,将机场运营管理公司改造成股份公司,成为机场集团的融资平台。机场运营管理公司、股份公司做的是航空主业,天生具有自然垄断的基因。旅客增加、航空公司增加会带来稳定的收益增长,因此股份公司具有可靠的成长性,是非常适合上市交易的。

既然机场运营管理公司的基因是垄断,我们就应该尽量把民航局规定价格的项目及相关资产放进去。但是有些资产是拆不开的,比如航站楼里面的商业服务设施,也只好一起放进去,因为如果把商业服务设施再拿出来,其经营管理界面就不清楚了,最终就会影响其效率。把一部分非垄断性设施放进去以后,这些设施也会具备一定的自然垄断属性,这会增加运营管理公司的收益,到底增加多少收益合适,这就需要算一笔账了。垄断性的收益,可以算得很准,还需要增加多少其他收益也可以算得很准,这是在引进战略投资或上市之前必须要认真精算的。总之,要把运营管理公司设计成一个可预期性、成长性非常好的公司,这种公司最适合上市。当然也可以去找一个战略投资者,但无论做何选择,"以上市为目标的改革"都是非常有益的。

案例 1-6

上海国际机场股份有限公司上市与融资

1998 年 2 月,上海国际机场股份有限公司上市(股票代码:600009,当时的名称为:上海虹桥国际机场股份有限公司)。资产重组上市前,上海机场集团将机场资产分成了两部分:第一部分是候机楼及国际贸易、广告、实业、航空服务、餐厅、安检、医疗、消防等部门及资产,即设施组合上市;第二部分是职工住宅、学校、托儿所、培训中心、公安分局等资产;维修管理、飞行区及场内道路、绿化等设施及资产。第一部分资产首先被打包上市。

上海国际机场股份有限公司上市时的融资达 19 亿多元,其将市场上融得的资金用于浦东国际机场航站楼等设施的建设。20 多年来,上海机场每一次的改造扩建,都从证券市场上不断地融资(图 1-14),到 2014 年资产已达 200 多亿元(图 1-15)。上海机场一直在证券市场上找钱,就是集团公司将已有的资产不断地往上市公司注入,实际上这也是在不断地改良上海机场的基因。

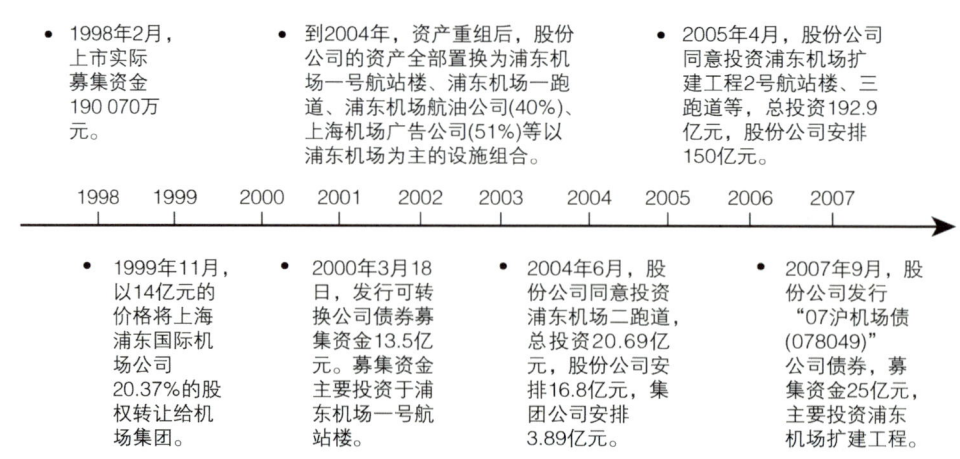

图 1-14 上海国际机场股份有限公司在证券市场的融资

我的体会就是，集团公司在把国有资产不断地卖给上市公司的过程中，集团公司和上市公司的基因都越来越强大了。上市公司一直是国资控股的，原来的股权是100%，现在是51%，其实上市以后，有34%就可以控制住股权了。

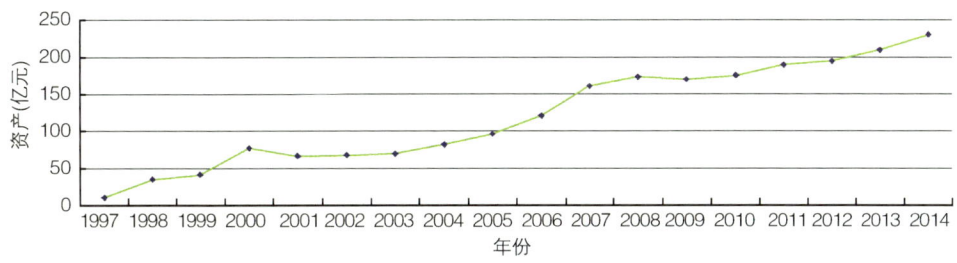

图1-15　上海国际机场股份有限公司的资产增值过程

案例讲评：

还有一些机场，比如杭州机场、西安机场，是通过找一家企业合作来改良其基因的。杭州机场找了香港机场，西安机场找了法兰克福机场。其实就是找一个战略投资者，给它一部分股份（等于是卖掉一部分自己的资产），把资金引进来，这部分资金就可以用来进行扩建。这种方式也是可以的，但是我觉得机场公司是一个公共性质的公司，它主要提供的还是公共服务，引入战略投资者容易产生矛盾。比如西安机场引入法兰克福机场以后就遇到一个问题，即法兰克福机场方不愿意做长远的投资，但机场的投资还是要有一定的超前度，有时候不得不做一点没有回报或回报不好的投资，提高服务质量也要投入成本，而社会资本通常是短视的，都是追求效益的，这就会产生一些矛盾。如果西安机场是西部机场集团控股的上市公司，这个矛盾就没有了。但与上市相比，引入战略投资者的好处是法兰克福机场能给西安机场带来良好的管理模式和市场经验等。在上海机场，浦东国际机场货运站的运营管理模式就是德国汉莎货运航空公司带过来的，上市就没有这个好处。上市的好处是它很好控制，因为机场集团作为大股东能够按照自己的思路发展，能够着眼于公益性，做出很多长远的战略性的投资。

所以股份公司这个平台，实际上是把机场的一部分设施分拆出来，将其经营性包装好，最后采用投资多样化的办法，找到合适的投资者或者上市。我们可以把主业资产组织起来，用现在的话说就是做PPP的改造，用它与别人合资合作。股份公司成立以后要将其作为一个融资平台来发展壮大，不断地融资。这个过程从融资和公司治理的角度来说，就是一个国有资产不断变现的过程，所以说这个公司的基因就是四个字"能卖就卖"，靠融资求发展。

上述资产买卖实际上就是为机场注入新的基因。新的基因注入以后，股份公司与集团公司的基因就完全不一样了。集团公司必须处理好与股份公司的关系，不能再直接指挥股份公司的日常生产和运营，而是要在股份公司这个平台上学会资产管理。当年我做上海磁浮示范线工程的时候，有一次与西门子的总裁冯皮尔先生交流，我就问他："西门子公司太大了，仅中国分公司就有10万人，你作为总裁，是怎么管理下属的？"他说："我不管具体的工作。"我又问："那你管什么？"他说："我就管买公司、卖公司、做公司。我的买卖是买卖公司，不管那些技术上的事。"他还说："我就是把好的公司做大做强，把不好的公司卖掉。"我又问冯皮尔："不好的公司怎么能够卖给人家呢？"他说："对我来说不好的公司，对人家也许就是好的呀。"想想还真是，经常就有这种情况，把看起来不好的公司买过来，换个环境，加以改造，这公司马上就兴旺起来，成为一家好公司。

第三，股份公司以外的都是纯市场化的公司，一切必须按市场规律来做。这些公司应该都位于四大临空产业链（商务，物流，航空，文娱）上，其基因就是到市场上去挣钱，它们做得好、挣了钱，就接着做下去，挣不了钱就应该撤退。按照这个说法，我认为除了集团公司有可能是亏损企业，其他公司都不应该是亏损企业，因为亏损的资产已经都放到集团公司里面了。这样一来，就不能说因为机场有公益性，这些市场化的公司经营亏损是理所应当的了。经营一家商店，如果亏损还要继续做下去吗？当然是不要做啊！机场只有一件事情是无论如何都要做的，就是机场运行，即股份公司的主业，所以为其配置的资产应该是稳赚的。

在这些非自然垄断的领域，可以利用机场设施的产业龙头地位和区位优势，通过一系列合资合作的方法来组建各种各样的双赢或多赢的机构（有限责任公司），参与市场竞争，争取利用市场上的资金把机场发展为周边地区带来的经济效益拿回来一部分。对于货运、航空食品、机务、地服等项目，因为跟航空主业关联度高，明显具有产业链龙头的优势、土地的优势，那机场就应该发挥这些优势深度参与。

原则上，与航空主业联系越紧密，机场集团就越有优势，就越应该深度参与；反之，离航空主业越远,就越没有优势,参与的程度就可以越少。例如宾馆项目,机场方面的优势在于可以把宾馆规划建设在航站楼的边上,与航站楼资源对接,那一定比其他地方的宾馆的收益更好。但是机场方面没有经营管理宾馆的优势,那就应该交给专业的人去经营管理。所以,这些市场化的公司必须针对不同的经营项目注入不同的基因,即采用不同的融资模式和运营管理方式去参与产业链上的竞争,以期实现机场集团利益的最大化。

案例1-7

上海波音航空改装维修工程公司

2006年10月,由波音公司、上海机场(集团)有限公司(简称:上海机场集团)和上海航空有限公司共同投资组建的上海波音航空改装维修工程有限公司机库(图1-16)在浦东国际机场机务维修区内开工建设。合资项目总投资为1.03亿美元,公司注册资本为8 500万美元,波音公司、上海机场集团和上海航空有限公司股权比例分别为60%、25%和15%,合资年限为30年,这是当时中国唯一一家外方控股的民航维修单位。

上海波音航空改装维修工程有限公司主要经营飞机改装(包括客机改货机、机舱升级改装、客舱内部和机载娱乐系统升级改装等)、飞机维护和修理(包括D检及以下各级别检修,与改装相关的维修及配件修理和其他航空服务业务)、航线维护,航空器材销售与修理,提供相关的工程技术服务。

图1-16 位于浦东国际机场机务区的波音机库

案例 1-8

浦东国际机场佳美航空食品配餐有限公司

上海机场集团在浦东国际机场建设航空食品配餐设施，是为了保证机场服务的完整性、维持机场市场平台的有效性，即航空公司在浦东国际机场新开航线寻找配餐企业时，至少有两家合格的配餐企业可供选择。

上海机场集团由于缺乏从事航空配餐的人才、资源和市场，于是决定引进航空配餐专业服务机构。当时，新机场工程中的所有项目都由机场方自己建设完成。因为机场内的这些项目，为了满足建设管理程序中能够快速获得审批，都与主体工程一起立项。项目法人都是机场方，而且以后不管谁管理、谁经营，最终机场方还是要承担主体责任。

浦东国际机场一期工程中就建设了航空配餐中心，建设完成后上海机场集团就将其出让给由上海机场（集团）有限公司（占20%股份）与瑞士佳美国际集团（占80%股份）合资成立的上海浦东国际机场佳美航空食品配餐有限公司运营（图1-17）。

图1-17　上海浦东国际机场佳美航空食品配餐有限公司

1.3 基因三：CEO 的性格和作风

接下来我们讲第三个基因，即"一把手"的作用。电视剧《亮剑》里，我们常对主人公李云龙印象深刻，他是个团长，调到哪个团，哪个团就能打胜仗，战士们个个能征善战。李云龙作为团长，性格鲜明，能够把自己的工作作风很快传递给团里的每一个人，把整个团都带动起来，这就是"一把手"的作用，"一把手"的性格和作风也是根植于团队的基因。

我常常思考，美国人的公司为什么要搞 CEO？CEO 往往是董事长兼总经理，其实目的就是要减少团队的内耗，利用 CEO 个人的性格和作风把团队带强大。如果一个团队有两个以上的"一把手"，就容易产生内耗。"一把手"对一支队伍的影响也非常重大，"一把手"是什么性格、有什么样的理念、有什么样的工作作风，都会被作为基因植入他所领导的团队之中，特别是首任"一把手"的影响极其深远。

案例 1-9

浦东国际机场运营管理体制的改革

浦东国际机场二期工程建设和运营筹备时，上海市委、市政府调派了一位新的"一把手"到上海机场集团主持工作，他身兼党委书记、董事长、总经理，以及二期工程建设总指挥和市政府空港地区管理办公室主任五个职务。上任以后，他借浦东国际机场大规模扩建的契机，对上海机场集团的运营管理体制，按照他的思路做了很多改革。

由于浦东国际机场的总体规划是将其按国际枢纽机场定位的，格局比较大，第二条跑道建成后，机场的骨架就会拉开，将由原来的一条跑道一座航站楼扩建成多跑道多航站楼，会导致土地使用规模增加，机场运营成本直线上升，这就要求其运营管理体制也要做出相应的改变。如果继续沿用原来的思路和办法就没法管好，例如原来的一号航站楼（T1）的登机桥是统一指挥的，扩建后新增二号航站楼（T2）的 40 座登机桥，管理上应该怎么协调？是各管各的，还是合在一起管理？如果各管各的，那么一边的登机桥不够用了，而另一边的登机桥可能还空着，这该怎么办？所以还是必须一起管理。后来大家达成了一个共识：拥有的资产资源都增加后，就必须分类集中管理，以提高效率，降低运营成本。

于是浦东国际机场被分成航站区、飞行区、场区三个区域来管理，围绕机场的保障机构——能源、机电、安检、消防成立机场的四个最基本的运营支撑分公司。在此基础上上海机场集团提出了新的"三大区域＋四大专业支撑"的运营管理体制（图1-18）。三大区域分别跟四大运营支撑分公司发生契约关系，区域管理部门全权管理区域内的一切生产活动。另外还有航空服务和商业服务两家商业性的公司，它们完全面对市场。四家运营支撑分公司是保障性的，是必须要有的，做强了以后，它们可以走出上海为其他机场和客户提供服务，例如上海机场的安检公司就参与了上海世博会的安检工作。

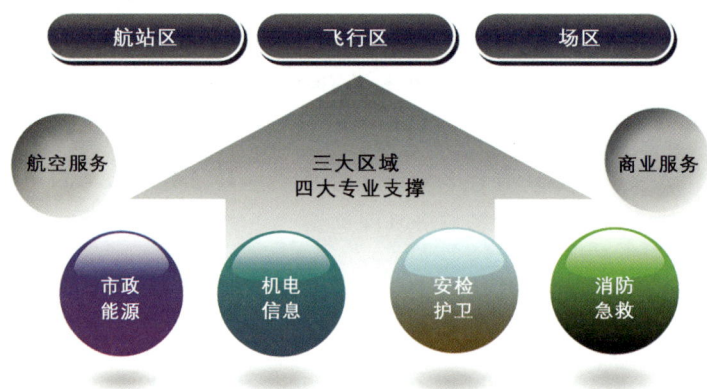

图1-18　浦东国际机场"区域化管理＋专业化支撑"模型

上海机场集团基于这个认识进行了体制重建（图1-19）。这种重建看起来是条块式的简单划分，但其实不简单，关键是划分的思想，即通过"区域化管理＋专业化支撑"的划分，改变过去的管理行为，提高服务意识。首先必须明确客户是谁，即：飞行区的客户主要是航空公司和一些地面服务公司；航站区的客户主要是旅客和陆侧旅客集疏运承担单位；场区的客户主要是驻场单位，特别是地面交通、市政配套单位。这样一来，客户的概念建立起来了，客户群明确了，管理模式的最大转变就开始了。

CEO要做什么事情，首先是要把他的意图告诉大家，即改变机场原来像行政管理机构一样的运营管理模式，让它往市场化的模式转变。他让大家先有了客户的概念，然后就有了市场的概念，有了市场概念就要求有统筹市场管理和运营的部门。所以，浦东国际机场从那时起开始有了市场部，开始有了为客户提供服务的理念，这是很大的转变。

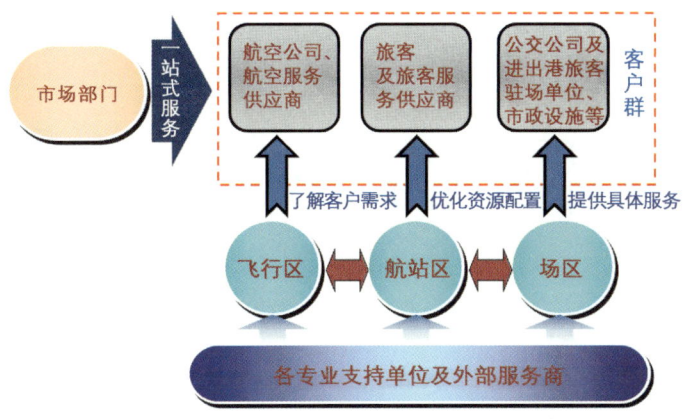

图 1-19　浦东国际机场"以客户为导向的运营管理"理念

当时,我对领导说:这样转变后,我们的运营制度、运营信息平台都需要做相应的改变,不仅仅是制度要改变,更困难的是观念要改变。这种改变很大,有些老同志老干部是适应不了的。我记得有一年的机场集团党政务虚会上,董事长亲自讲了"大家要抓紧学习,在二期工程建成投运之前一定要转变观念,要换脑子,适应新的岗位。不能换脑子的,组织上负责给你换位置"。这就是机场集团后来流行的"不换脑子,就换位置"这一说法的出处。为此,浦东国际机场在二期工程建成投运之前出台了一个政策,即男同志满55岁,女同志满50岁的,可以自愿退到二线。机场集团成立了两个部门,一个叫安全监督部,一个叫服务监督部,这些自愿退下来的年纪大一点的同志可以到这两个部门去,负责监督检查,把位置让给年轻的一代。

管理体制改革完成以后,上海机场集团又建立了一套基于计算机平台的完整的运营指挥系统,即运营指挥平台(简称:OC平台)。过去,机场拿着800 M对讲机进行运营指挥,现在把运营管理的经验规范化、程式化,很大程度上转移到计算机平台,很多工作由计算机帮助完成。于是,机场集团组建了飞行区运行管理中心(AOC)[与机场运行指挥中心(AOC)合署办公]、航站楼运行管理中心(TOC)、场区管理中心(OMC)、交通信息中心(TIC)和公安指挥中心(PCC)(图1-20)。

这样一来,董事长的改革思想就被完善成为"区域管理、专业支撑、市场导向、统一指挥"。这个理念的内涵是非常丰富的,对上海机场股份公司的治理结构、经营管理的理念和体制等都做了大幅度的改革。

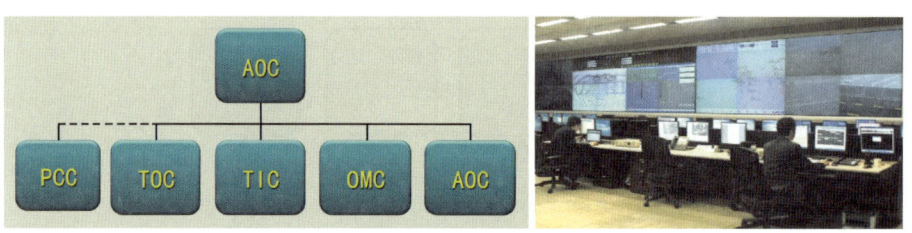

图 1-20　浦东国际机场运营指挥平台体系

第一，通过区域化管理，实现责权利统一。所谓区域化管理，就是将机场的运营管理在物理上划分为飞行区、航站区、场区这三个不同的区域，并对各自的管理部门承担什么责任、具有什么指挥权力作出非常明确的界定。各区域管理部门承担的工作都可以通过社会化、市场化的办法进行外包，这样一来，管理主体和服务机构的关系就非常明确了。因此，区域管理部门应该叫作"管理部"。

第二，通过专业化支撑，实现整体效益提升。所谓专业化支撑，是指机场必备的安检、消防、机电和能源四个支撑保障机构，以及航空服务公司和商业服务公司。这六大公司通过专业化的服务来支撑三个区域的管理部的工作。当然，这些提供专业化服务的公司不仅仅可以支撑浦东国际机场这一座机场，它们有了强大的专业服务能力以后，就可以通过市场竞争到其他机场去提供服务。

第三，通过管理角色转换，实现客户化导向。区域化管理与专业化支撑并不是目的，根本目的是通过区域化管理与专业化支撑来实现机场从经营角色向管理角色的转变，实现客户化导向，把机场的服务做得更好。服务对象明确后，机场再通过社会化、市场化的方式来提供服务，服务水平自然也就提高了。

第四，通过构建运营指挥平台，实现有序高效运行、统一指挥。建立了上述运营管理架构以后，首先要强调的就是统一指挥。于是就需要一个高效、便捷的运营指挥平台，即机场的指挥中心，它是机场的最高运营管理指挥平台，要对机场所有的重大事件，特别是紧急事件、生产或安全事故进行处理。

总之，在新董事长兼总裁的领导下，按照他的性格和作风，上海机场集团搭建完成一个新的运营管理架构，建立起当时领先全国的"分区管理、专业支撑、服务导向、统一指挥"的浦东国际机场运营管理模式，从而达到了"市场导向、高效运行"的目的。这些充分体现了 CEO 的性格和作风对一家企业发展的重要性。

1.4 基因改良

基因这么关键,而且基因问题不易改变,那么大家是不是觉得很无奈?以前我讲到这里,有的朋友就会问:我们机场基因已经不好了,那怎么办呢?我说"其实基因是可以改良的"。

现代科学告诉我们,人类的基因突变是以万年为单位来一点点发生的,太慢了,现代人受不了啊!要想快,其实也很简单,找个外国人结婚,基因马上就改变了。而且人类父母双方的基因越强大、亲缘关系越远,第二代的基因就越好。其实我们研究的企业也是一样的。

案例 1-10

上海浦东国际机场货运站有限公司的基因改良

从事货运业务的同仁肯定都知道上海浦东国际机场货运站有限公司(简称:PACTL),目前它毫无疑问是境内最好的航空货运站运营管理者。但上海机场集团在浦东国际机场一期工程建成之前,其虹桥国际机场的货运站经营管理是非常不理想的,长期处于亏损状态。也正因如此,浦东国际机场一期工程建成之后,针对货运站运营管理的大尺度的改革方案才能很快获得集团通过。毕竟,没什么可输的了。

PACTL 是由上海机场(集团)有限公司(占 51%股份)、德国汉莎货运航空公司(占 29%股份)和上海锦海捷亚国际货运有限公司(占 20%股份)共同投资成立,该项目公司用 41 495 万元一次性租赁上海机场集团所有的货运站设施 20 年,负责经营机场一期货运站(该货运设施总投资亦为 41 495 万元),其融资模式如图 1-21 所示。

上海机场集团引进德国汉莎货运航空公司是因为它能带来先进的航空货运站运营管理模式、经验和航空公司客户;引进上海锦海捷亚国际货运有限公司是因为当年它是上海最大的快递公司。也就是说,通过合资合作,机场集团建立了一个航空货运的完整物流链,实现了基因改良。

今天,PACTL 已经成为世界上屈指可数的优秀航空货运站运营管理公司,自成立 20 多年来,共为上海机场集团贡献了超过 40 亿元的股东红利,成为上海机场集团最优秀的投资

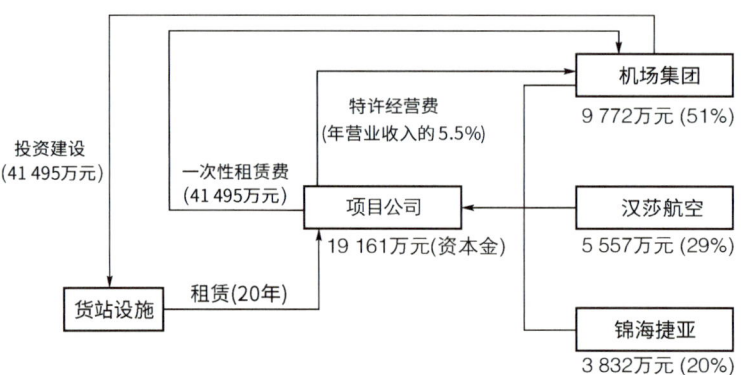

图 1-21　上海浦东国际机场货运站有限公司融资模式

项目，没有之一。在这 20 多年中，PACTL 无论是在经济效益，还是在社会效益方面都为上海机场集团、为上海市作出了巨大贡献。如今，它已成为航空货运行业的典范，也成为上海机场集团一张亮丽的名片。

这个故事还没有讲完，随着浦东国际机场二期工程的建设，浦东国际机场西货运区形成（图 1-22）。上海机场集团又通过 PACTL 投资组建了上海浦东国际机场西区公共货运站有限公司（简称：PACTL WEST）。PACTL WEST 位于拥有 38 个货机停机位的浦东国际机场西货运区最北端，毗邻浦东国际机场第三跑道，总占地面积约 36.51 万 m^2，年设计货物处理能力为 120 万 t。货运站周边已规划建设自由贸易区、物流园区、转运中心、海关监管库及海关报关中心和检验检疫等一系列配套设施。

PACTL WEST 由上海浦东国际机场货运站有限公司（占 56% 股份）、中国国际航空股份有限公司（占 39% 股份）、新鸿基北京物流发展有限公司（占 5% 股份）投资组建，总投资为 33 亿元，融资模式如图 1-23 所示。浦东国际机场西货运区公共货运站自 2008 年 12 月 1 日起正式投入运营，并由 PACTL WEST 委托 PACTL 负责经营管理。对于上海机场集团来说，通过 PACTL 投资 PACTL WEST 不仅保证了货运专业业务的有序扩展延续，还达到了以最小投入控股机场西区公共货运站的目的。

PACTL WEST 就是浦东国际机场西货运区公共货运站投建营一体化实践的主体。上海机场集团再次引进新的基因，以成立合资公司的方式，整合了多方优势资源，相互取长补短，从投资到建设再到运营管理，完美演绎了投建营一体化的全过程。

图 1-22　上海浦东国际机场西货运区公共货运站

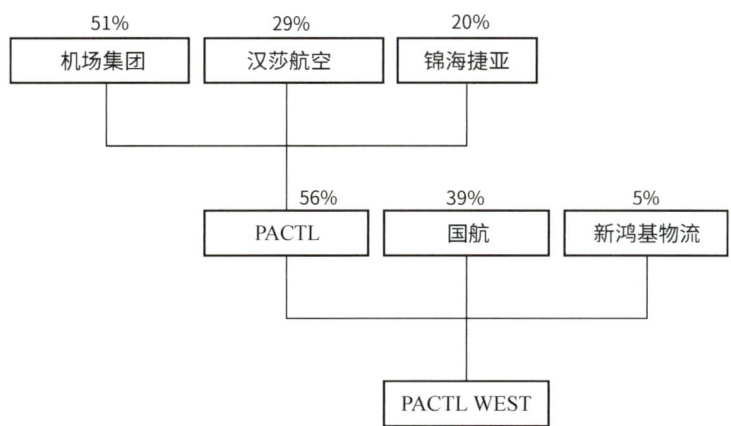

图 1-23　上海浦东国际机场西区公共货运站有限公司融资模式

案例讲评：

浦东国际机场货运站案例讲到这里，我们可以看到上海机场集团通过对货运站进行基因改良，使其经过一期工程后快速发展，上了一个台阶；后来，又借着二期工程再次引进新的基因，成立合资公司（PACTL WEST），攀上了货运量排名世界第三的新高度。上海机场集团用了不到1亿元的资本金，实际上控制了浦东国际机场整个货运市场，间接控制了浦东国际机场的大部分货运资产。

在从无到有的起步阶段，上海机场集团重视的是如何化解起步的困境，包括资金困境、运营和管理的困境，其实也就是可持续发展的困境。发展壮大之后，依然不断地引进新的基因，再创投建营一体化的成功之路，确保了再次成功。整个过程，上海机场集团思路十分清晰，能客观判断自己在不同的发展阶段缺什么、有什么、要什么，一直牢牢掌控主动权，蛋糕越做越大，虽然分蛋糕的人越来越多，但丝毫不影响自己分到的越来越多。是自己吃一个小小的蛋糕，还是合作做大蛋糕共享红利？上海机场集团给出了特别好的答案。

我们要思考和学习的是PACTL和PACTL WEST成立之初的思想方法和决策方式，是当时上海机场集团敢于大尺度进行基因改良的开创性思维和敢于变革的胆识，这也是现今绝大多数机场决策者们面临实际情况时最需要的。也许有些机场无法对标现在的浦东国际机场的货运体量，但现在是不是或多或少地有它20年前的影子？通过抽丝剥茧般的梳理，我们实际上已经看到上海机场集团摸着石头过河的样子，也看到它是如何成功上岸的。那我们还在等什么呢？上一轮的航空货运大发展时，很多机场因为各种各样的原因失之交臂。面对眼前新的机会，我们讲过去、讲经验教训，是希望能引发大家的思考、帮助大家抛弃基因改良带来的不安和恐惧，树立信心，大胆地去开拓创新、成就事业。这就是我要对这个案例多着笔墨的原因和目的。

案例 1-11

上海国际机场股份有限公司的基因改良

将机场的运营管理公司上市也是一种基因改良方式。看一下上海机场集团的上市公司上海国际机场股份有限公司2004年的前十大股东情况（表1-3），就会明白为什么说公司上市也是基因改良的一种方式。

表 1-3　上海国际机场股份有限公司股权结构（2004 年，前十大股东）

股东名称	持股数（万股）	持股比例	股份性质	增减变化
上海机场（集团）有限公司	102 617.79	53.25%	流通 A 股	—
香港中央结算有限公司	21 945.46	11.39%	流通 A 股	−11.14%
中国农业银行股份有限公司-富国中证国有企业改革指数分级证券投资基金	3 117.58	1.62%	流通 A 股	—
易方达资产管理（香港）有限公司-客户资金（交易所）1	1 981.29	1.03%	流通 A 股	−6.72%
易方达资产管理（香港）有限公司-客户资金	1 846.58	0.96%	流通 A 股	−54.67%
富达基金（香港）有限公司-客户资金	1 696.10	0.88%	流通 A 股	−14.34%
铭基国际投资公司-铭基 A 股精选基金	1 209.83	0.63%	流通 A 股	−41.17%
易方达资产管理（香港）有限公司-客户资金（交易所）2	1 174.04	0.61%	流通 A 股	—
YALE UNIVERSITY	1 147.70	0.60%	流通 A 股	−4.92%
UBS AG	866.13	0.45%	流通 A 股	−20.14%

证监会对上市公司的要求是很高的，例如财务报表必须完全公开等，其实就是逼着公司建立起现代企业制度。而那些股东，特别是基金公司的经理们，对公司的经营情况、财务情况考察得非常透彻，甚至对于签了什么合同，哪个合同金额签得高了、不合理，哪项业务有关联交易等，都了解得清清楚楚，甚至比上市公司的经营者们还清楚，在股东大会上他们还会提出各种尖锐的问题，这一切都会促使上市公司完善管理模式、改进治理结构、推动企业发展。对比而言，很多非上市企业的改革之路还很长很长。

此外，相较一般的合资合作企业，上市公司的运营模式也是不一样的，因为合资合作企业只是股东代表、董事、监事监督着公司的运营，而上市公司是成千上万的股东在监督着，这两种情况是完全不一样的，这就造就了不同公司的不同基因。因此，融资过程就是基因改良的过程，构建融资模式和公司治理结构其实就是一项基因工程。

> **案例 1-12**
>
> **上海机场广告有限公司的基因改良**
>
> 2004年以前，上海机场集团的广告业务都是上海机场广告有限公司经营的，它是上海机场集团整合虹桥国际机场和浦东国际机场的资源成立的，其中上海机场（集团）有限公司占49%股份，上海国际机场股份有限公司占51%股份。但由于经营业绩不如人意，机场集团决定引进外资改良其基因。
>
> 于是上海机场德高动量广告有限公司应运而生，它是由上海机场广告有限公司（占50%股份）、德高贝登户外广告有限公司（后改为梅迪派勒广告有限公司，占35%股份）以及上海动量广告传媒有限公司（后改为动量传媒国际有限公司，占15%股份）于2005年共同创建的合资公司。合资公司与上海机场集团签署了15年独家广告经营管理合约，拥有对上海浦东国际机场和上海虹桥国际机场所有户内外媒体的独家发布经营权。
>
> 这样一来，整个上海机场集团在广告业务方面就有了两块收入，一是将广告资源出租给上海机场德高动量广告有限公司的租金；二是参股公司上海机场广告有限公司作为上海机场德高动量广告有限公司的股东的分红。
>
> 合资公司运营之后，上海机场集团在广告收益方面发生了根本性的转变，广告业务利润在合资前为每年2 700多万元，而合资后的第一年就达8 400多万元，到2015年更是达到了5.5亿元，增长幅度惊人。

综上所述，我认为机场的基因问题其实就是顶层设计问题。解决机场基因问题的核心，就是解决机场集团"经营权和所有权"的问题。

所有权转移的时候，人们往往会有各种不同的认识，比如有人会说"国有资产流失"，这就会给我们的干部带来政治风险。所以可以看到，民航机场所做的"经营权和所有权"调整工作绝大多数不是所有权的调整，而是经营权的转移。例如上海机场集团就把经营权大量地转移出去，基本上把能外包出去的业务都外包了，在航站楼里面（除了安检）的一线工作人员基本上都是外包企业的人员，所有的商业设施、服务设施的经营管理、物业管理等的运营人员也大都是外包公司的工作人员，也就是说把经营权转移了。

前面讲到CEO的重要性，其实看CEO是否真地要改革，是否真地想把事情做实做好，就看他是不是把经营权、所有权的顶层设计做好了。如果没做好，那基本上就不可能有实质性的改革。一旦改进这两点，引进新的基因，企业的境况就会不一样了。已有太多的案例为证，只要我们把所有权或经营权做出调整，马上就会产生巨大的变化，这一方面是因为法人的责任心决定着事情的成败，更重要的是通过改革引进的是行业里的龙头企业，他们是相关领域的专业人士，比机场集团那些专业做机场运营的人更擅长做好餐饮、酒店、零售等行业的管理。因此，机场集团应该把其最好的处长派到机场一线的运营岗位去，而不是派他去当酒店的经理。如果你用的是不合适的人，他怎么可能做得好呢？

本章小结

现代科学技术的发展，已经非常明确地告诉我们：基因的重要性远远超出了我们的想象。

机场的基因问题一直都是企业的根本性问题。怎样植入优秀的基因，其实就是我们对机场公司做顶层设计时应该思考的问题。企业基因问题的核心是所有权和经营权问题，因此机场企业的改革必须直面所有权和经营权问题，不触及这一问题就不可能有大的作为。这实际上是"真改革"和"假改革"的试金石。

机场经营管理的本质是对资产和资源的经营管理。我们经营的是资产和资源，提供的是服务，机场的收益应该主要来自资产经营，来自资产增值。我们一定要弄清楚自己应该买什么、应该卖什么。

我要强调：只有企业收益增加了，才有可能提高安全和服务的水平。因此，我们必须拓展机场的产业链，必须为企业植入"狼性基因"，让机场的各个合资合作公司勇敢地面对竞争激烈的市场。

我一直坚信："一个亏损的企业，是不可能提供一流的安全与服务的。"

航 空 港 规 划 丛 书

第 2 章

高效的平台

平台很重要。在 1 h 里，自行车使劲踩只能跑出 10 km，开汽车一脚油门能跑 100 km，坐高铁看着风景能跑 300 km，而乘飞机吃着美食看着书能跑 1 000 km，可见"虽然同样付出时间和精力，由于平台不一样，几乎从一开始就决定了结果是什么样的"。所以说，不同的平台，提供的服务是完全不同的，也就是我常说的：一个三星级宾馆，是不可能提供五星级服务的，首先是因为它没有五星级宾馆的平台。

在机场层面，我们所说的平台通常是指广义的基础设施平台。该平台分为两个部分：一是指传统的钢筋混凝土等硬件设施构筑的设施平台；二是由各种机电与信息系统构成的系统平台。现在，机电和信息系统构成的系统平台越来越被重视，越来越重要了。

下面用一个例子来说明平台的重要性。

案例 2-1

虹桥国际机场二号航站楼出租车接客系统

大家都知道虹桥国际机场的一号楼（东边的 A、B 楼）前的出租车接送客难是一个老大难问题。出租车进不来，车等人；旅客上不了车，人等车。问题严重到什么程度？由于虹桥国际机场的航班很多都是走短途的国内航线，旅客从武汉飞过来 45 min，但是有时候下飞机后等出租车要一个半小时。上海的夏天热得不得了，到了冬天又非常冷，所以一到夏天、冬天，旅客就投诉不断。机场的出租车管理科科长是最辛苦的，很努力，但老挨批，谁都不愿意去干。所以那时候，虹桥国际机场的出租车问题总是被媒体曝光，尽管机场方面做了大量工作，但收效甚微，问题不断，从领导到员工都叫苦不迭。

后来上海机场集团做虹桥国际机场二号航站楼的时候，就特别重视出租车接送客这个问题，通过对出租车系统的仔细研究，认为其送客系统比较简单，就是把旅客送到航站楼门口，旅客下车后直接进航站楼就可以了，问题主要出在接客系统。出租车接客系统分为三个部分：第一个是蓄车场；第二个是接客处，就是旅客上车的地方；第三个是连接蓄车场与接客处的双通道(图2-1)。

经过认真研究以后，虹桥国际机场二号航站楼的出租车接客系统作了如下设计。

首先是蓄车场，将出租车排队方式由常见的"蛇形"排队，改成"梳形"排队，即像梳子齿一样，一排排地排队。驾驶员将出租车开进蓄车场排好队后，就可将车熄火，到休息室去休息，休息室里有座位、有吃的东西、有厕所，还有空调。因为有时候驾驶员要等很长时间，最长的要等两三个小时，所以非常需要一间休息室。休息室的广播和显示器会及时提示驾驶员每辆车的排队情况。传统的蓄车场往往因为管理不好，会非常乱，甚至连警察都不敢进去，采用"梳形"排队、增设休息室后，驾驶员们反响很好，比较愿意到休息室去休息等待，整个蓄车场的秩序就变得井井有条了。

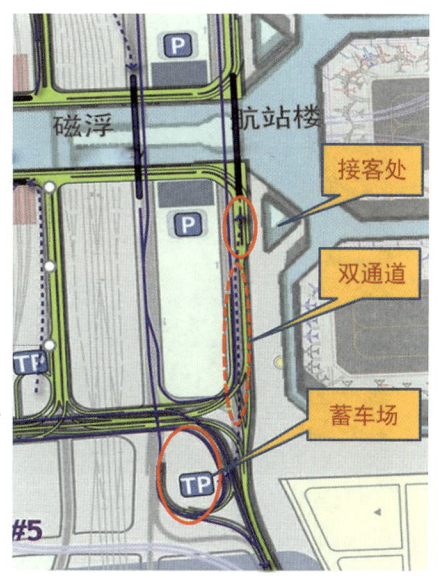

图2-1　出租车接客系统示意图

此外，蓄车场还通过种植香樟树来防暑降温、增添绿意。图2-2是虹桥国际机场二号航站楼蓄车场竣工后一年左右拍的照片，可以看到香樟树已长得郁郁葱葱，快要连成一片，变成了"车棚"为等候的出租车遮阳防晒。虹桥国际机场里面种了很多香樟树，一方面因为香樟树有一股异香，能够驱虫，它不生虫子也就不引鸟；另一方面，香樟树树冠大，一年四季常绿、不落叶，有助于美化景观。

其次是蓄车场与接客处间的联络通道。虹桥国际机场一号航站楼条件有限，蓄车场与接客处之间无法做出两条平行通道来，而二号航站楼在规划设计时，就做了两车道的联络通道（图2-3），而且为了做到与其他道路交通完全隔离，甚至还做了一个小立交桥，因为立交桥规模不大，所花费用并不多。工程完成以后，整个联络通道就封闭了，不需要很多人来管理。一号航站楼前的联络通道与其他道路交叉的地方，经常会因为有出租车插队导致驾驶员吵架、打架等而难以管理，而像二号航站楼这样将蓄车场与接客处间的联络通道封闭以后，只要安装足够的监控设备，就不用大量人员去管理了。

图2-2 蓄车场的香樟树和出租车"梳形"排队

图2-3 虹桥国际机场二号航站楼前的出租车联络通道

做两车道联络通道的原因是考虑到出租车车况不好，特别是夏天时容易抛锚，只有一条车道，一辆车抛锚就会造成拥堵，如果是两条车道则可以借道通过。国内有的机场从蓄车场到接客处的联络通道是没有封闭的，在通道旁就会出现各种买卖摊位，吃喝都有，但问题是附近没有厕所，那旁边的绿化带就会成为"重灾区"，这就太不好了。

最后是接客处。如图 2-4 所示，接客处的出租车是斜停的，一组停 9~10 个车位，每个车位上方有车位号。斜停的好处是每辆车都可以上好客就走，还方便待运空车补位。因为旅客上车有快、有慢，差距很大，例如年纪大、行李多的旅客会慢，而年轻人、行李少的旅客就快，出租车这样斜停着就可以先就绪先走，然后空车就可以迅速地补充过来。

图 2-4　虹桥国际机场二号航站楼前的出租车接客处

当时为了确定接客处出租车的停法，机场建设指挥做过多种试验，最终确定这种斜停法的效率最高。后来国内许多机场的出租车接客处都改用这种斜停法，不仅运行效率高，而且管理难度相对来说比较低，只要把栏杆围好，监控系统、广播系统做到位，就可以做到运营高效、系统可靠、管理轻松。

如图 2-5 所示，机场接客处的运营现场实际上只有一位管理人员在指挥，所有从联络通道入场的出租车在他身后必须停下来，等候场内前车的旅客上车后，再停在管理人员指定的带有编号的停车位上，然后管理人员再指挥旅客去指定的车位上车。整个现场只有一位管理人员，但井然有序、运行高效。

图 2-5　虹桥国际机场二号航站楼出租车接客处运营现场实景

图 2-5 所示的虹桥国际机场二号航站楼出租车接客点是上海市的出租车示范点，建议读者有机会去现场仔细看一下。原来在东面一号航站楼前老挨批评的出租车管理科，到二号航站楼来了以后，变成了先进集体。那个科长跟我说："太谢谢你们了，我们在那边天天累死，总是做不好，现在这边天天坐在办公室里看看监控就行了，人轻松，还总是得到表扬。"这就是我讲的"平台很重要"，没有好的平台，再努力也难有好的效果。现在，出租车管理科的人员需求比以前少，工作强度小，管理效果却变好了。旅客在这里等出租车，一般不超过 10 min，规划建设的两组接客车位，现在通常只使用一组就够了。

总结一下，虹桥国际机场二号航站楼前的出租车运营系统是一个非常好的平台，"梳形"停车、双车道联络通道、斜停接客车位等都是它的特色,而且信息化建设使出租车管理人员能够随时掌控全场情况,便于应急救援与事故处理,它做到了系统封闭、全程监控,还有一定的冗余度。系统投运以后,得到各个方面的好评,这一处出租车接客点被评为上海市出租车运营示范点,二号航站楼出租车运营管理科也获得了很多荣誉。

上面这个案例就是要跟大家说明一个高效平台的重要性。请思考这样一个问题:"同样还是这些人,为什么换个地方就变得优秀了呢?"

机场的规划建设就是为运营管理搭建平台。接下来,我分空侧平台、陆侧平台、系统平台和投资管控四个部分来讨论怎样搭建一个可靠、高效的机场运营平台。

2.1 空侧平台的规划与运营

我们常说,机场人吃饭就靠"跑道"和"航站楼"这两样东西,其实指的就是空侧平台和陆侧平台这两个平台。空侧平台要特别关注三大要素:跑道、滑行道、站坪。空侧的各种设施设备是高度耦合的,相互之间的逻辑关系非常严密、环环相扣。特别是跑道、滑行道、站坪,更是一个边界明确、逻辑清晰的封闭系统,规划设计好这个系统对于机场的运营效率来说至关重要。

跑道的运营效率受多种因素影响,但其基础设施规划与运营是非常标准化的,规范相当细致且刚性,而且通常跑道不会成为机场运营的瓶颈。深圳机场一条跑道的旅客吞吐量可以做到 2 700 多万人次/年,上海虹桥国际机场两条近距离跑道做到 4 000 多万人次/年,伦敦希思罗机场两条远距离跑道做到近 8 000 万人次/年,北京首都国际机场三条远距离跑道做到 1 亿人次/年。国内常见的情况是一条跑道的容量还远未用足,就又建了第二条跑道。

因此,真正成为机场空侧平台运营瓶颈的,往往是站坪的机位数量不足,还有就是滑行通道拥挤。

站坪往往是规划设计时最不被重视的设施,但是这个设施又非常重要,机位数量不足就会形成空侧平台运营容量的瓶颈,因为站坪不像航站楼,空间不足可以让旅客挤挤,站坪上的一个机位只能停放一架飞机,飞机没有"凑合挤挤"的可能性,少一个机位就少一架飞机的停放空间，就少一架飞机的运量。

而滑行道规划设计不合理、滑行方案低效等问题，也往往不容易被感知和关注。因此，在机场规划与运营上最体现水平的地方，也是最容易形成效率瓶颈的地方，即站坪机位的布置和站坪滑行道的设置。机场规划与运营中常见的港湾型站坪就是最能反映规划设计与运营管理水平的地方。

案例 2-2
虹桥国际机场二号航站区站坪滑行道的规划与运营

虹桥国际机场二号航站区规划近期建设约 25 万 m^2 的旅客航站楼，构形为主楼加东侧两条双侧候机指廊和南北两条单侧候机指廊；远期南北两条指廊将各自延伸。站坪被指廊分割为三个港湾站坪，南北两个港湾站坪基本尺寸为东西长 495 m，南北宽 427 m；中部港湾站坪东西长 408.8 m，南北宽 427 m，如图 2-6 所示。

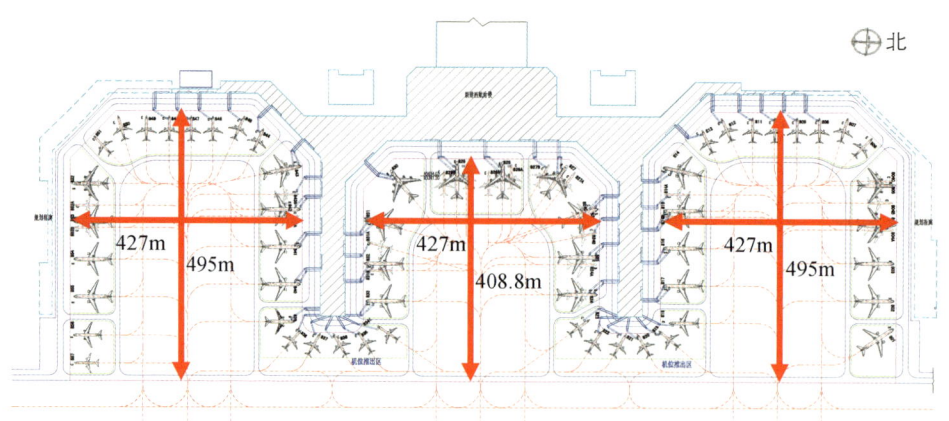

图 2-6　虹桥国际机场二号航站楼港湾站坪

二号航站区站坪的每个港湾都规划了 3 条滑行道，并以此来连接停机位和跑道西侧的平行滑行道系统，3 条滑行道的规划最大限度地避免了飞机滑行冲突，提高了站坪运行安全度，并降低了站坪区域的飞机延误。

为了确保二号航站区站坪布局能为飞机提供最有效、安全的运行环境，规划过程中对飞机使用 3 条滑行道进出站坪的 3 种运行方式进行了分析和评估，最后选定了中间滑进、两侧滑出的运行方式（图 2-7）。该方案能有效满足飞机进出停机坪的不同需求，即到港飞机通过中间的滑行道滑入指定机门位，而离港飞机从机门位被推出后，沿着外侧两条滑行道滑出停机坪。该方案中每条滑行通道仅有一个滑行流向，从而有效避免了潜在的运行冲突。该运行方式下，到港飞机使用指定的滑行路线，滑入机门位所需时间相对较少；离港飞机在推出停机坪时，临近机位需要停止推出，这可能会延误一部分飞机的推出，因而需要更多时间滑出停机坪。

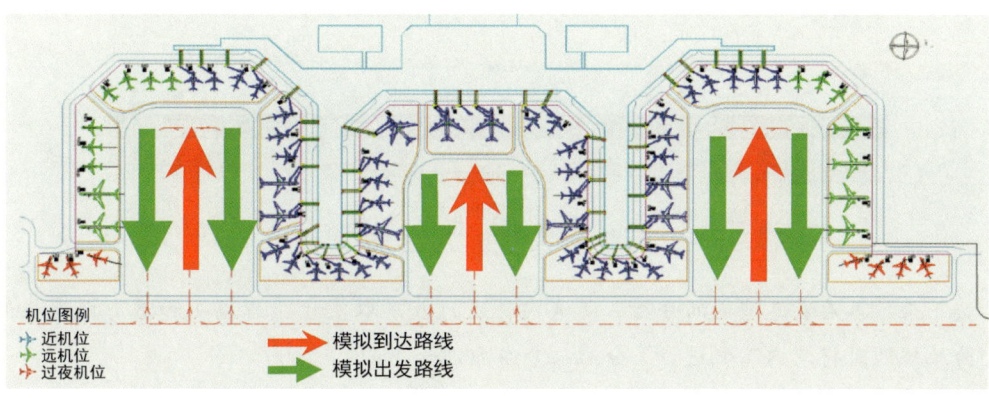

图 2-7　虹桥国际机场二号航站区站坪运行方案

此外，规划还建议保留在非高峰时段采用三条滑行通道自由进出的灵活运行方式，这样可以实现运行效率的最大化。空管和地面运行部门可制定灵活的引导方式，根据实际需要引导到港和离港飞机有效地选择使用滑行通道，尽可能避免延误和交通拥堵。

二号航站区规划的这三个港湾式站坪，由于设置了 3 条滑行道，飞机的进出都是很顺畅的。但港湾里的飞机推出时因相互影响导致站坪效率低下的问题依然存在。后来虹桥国际机场在二号航站区的站坪运行中，将机位分组变小，加上一系列运行规则，基本解决了港湾式站坪运行效率低的问题。

先看指廊端的机位运行（图 2-8）。指廊端的机位运行要尽量避免对 D 滑行道及站坪滑行道 M2、M3 的占用，还要尽量缩短推出路径，减少推出时间。于是，规划时增加了站坪推出空间（即滑行通道 L12），供 232 号—235 号四个机位使用，必要时 231 号和 236 号机位上的飞机推出时也可以使用。使用这一推出空间（即 L12）的飞机在得到开车指令后直接滑入 D 滑行道，避免对站坪滑行道（M2 及 M3）的影响。233 号、234 号机位的飞机机头推出方向要听从塔台指令,232 号、235 号机位的飞机存在顺风开车隐患时可将飞机直接推至 D 滑行道。但是要特别注意,这几个机位只允许翼展不超过 36 m 的机型使用。

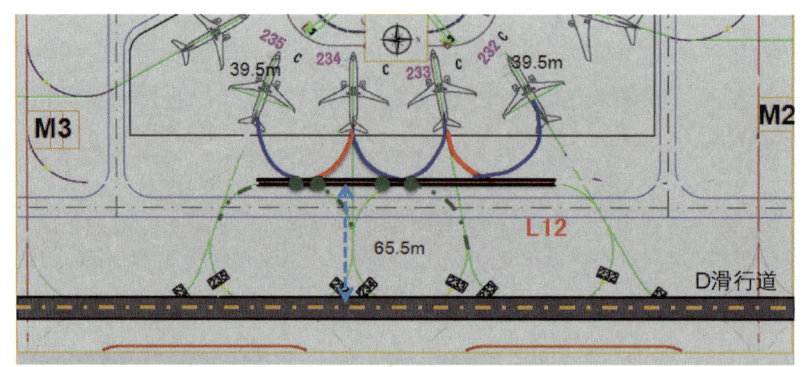

图 2-8　指廊端的飞机滑进与推出

接下来,再看看港湾内的分组。港湾内的运行效率取决于指廊端头和港湾内飞机的推出,为此规划时将湾内飞机进行了分组。分组原则如下:

① 同一组内各机位允许运行的最大机型限制保持一致;
② 每一组对应唯一飞机推出等待点;
③ 组内飞机的滑行路径尽量短;
④ 不相邻两组内的飞机可以同时推出;
⑤ 相邻两组飞机在同一时段请求推出时,后组内飞机在前组内飞机到达相应推出等待点后即可推出;
⑥ 同时考虑飞机尾喷的安全间距要求、推车及牵引杆长度等因素。

由于两侧港湾站坪对称,且比中部港湾站坪复杂,因此以北港湾为例说明,其具体分组情况和运行方案如图 2-9 所示。

规划时将港湾内的机位分成 5 组,这样分组后的运行规则有三条:

① 同一组内的飞机不能同时推出;
② 不相邻两组内的飞机可以同时推出;
③ 相邻两组飞机在同一时段请求推出时,后组内飞机在前组内飞机到达相应推出等待点后即可推出,相邻组先后顺序以 1(A/B)、2(A/B)、3 为序。

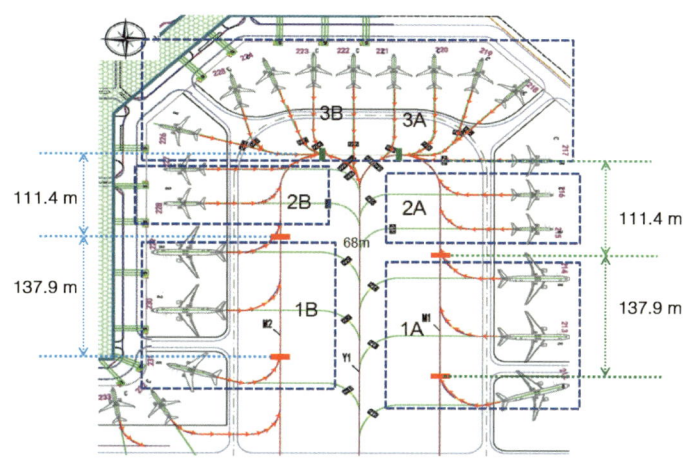

图 2-9 虹桥国际机场二号航站楼北港湾站坪机位分组

这样的运行方案具有以下优点：一是可以在最理想的情况下同时推出 5 架飞机，有效解决了组内排队的问题，同时提高了 M1 与 M2 两条站坪滑行道的使用率；二是明确了开车等待点，每个机位上的飞机都对应唯一推出等待点，便于塔台指挥人员掌握飞机等待位置；三是解决了相邻两组飞机需要同时推出时，由机务人员在现场进行安全间距判断的安全隐患；四是由于 1A 与 1B 组内飞机推出等待点的东移，减轻了北面和南面两组对中间一组的挤压效应。

这个运行方案也带来一些问题，需要在今后的运行实践中不断改进。一是部分组内飞机推出路径较长（因为飞机推出后需拉至推出等待点，造成推出时间增加），这样就部分抵消了为提高飞机推出效率而增加开车点的实际运行效果；二是运行规则比较复杂、灵活性较大，站坪调度及地面操控人员需要定期培训，严格执行程序指令。

案例 2-3

浦东国际机场二号航站楼的站坪设计优化

浦东国际机场二号航站楼建设时，比一号航站楼多设计了很多近机位，这样一来，站坪上的滑行道就明显不够了。于是，机场建设指挥部委托咨询公司做了一个很仔细的研究，最终将站坪上的一排远机位改为既能做滑行道，也能做停机位的特殊空间（图 2-10），即晚上可以当过夜机位，白天不忙的时候可以当紧急停机位，忙的时候就不允许停飞机，作为站坪滑行道。这样，二号航站楼的站坪运营就比一号楼要复杂得多，管理也要更加精细才行。

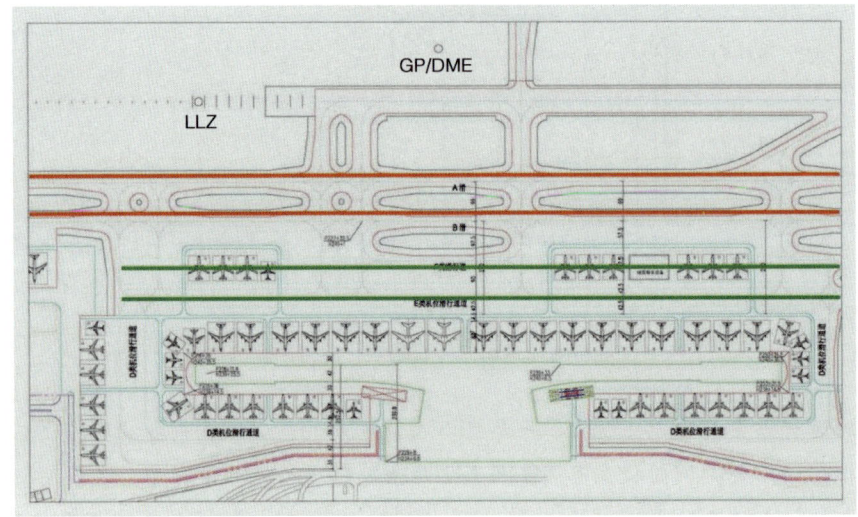

图 2-10　浦东国际机场二号航站楼站坪滑行道规划

浦东国际机场一号航站楼只有 28 个近机位，而二号航站楼在规划时设计了 38 个近机位，咨询公司不仅提出了上述站坪运营方案，还进一步优化了近机位的规划，使近机位变成 42 个。每个近机位每年都会给机场带来可观的效益，这使二号航站区的整体效益得以大幅提升。

机位数和站坪的运行效率，往往决定了机场有多少运营能力。机场的运营能力一般不是取决于跑道的能力，也不是取决于航站楼的能力，而是取决于站坪能力这一最为关键的要素，它才是机场的核心竞争力，是机场无法外包的核心业务。因此，站坪能力往往会成为机场运营能力的瓶颈，滑行道拥挤和机位数量不够将成为机场最值得关注的问题。我们要把工作重点放在这里，不断地找问题、作研究，千方百计地增加站坪机位，提高机场滑行道的运行效率。

案例 2-4
可转换机位与组合机位

1. 可转换机位

所谓可转换机位，是指既可以给国际航班使用，又可以给国内航班使用的机位，即可以在国际流程和国内流程之间转换使用的机位。在浦东国际机场，最早的可转换机位是一号航站楼正中间部位的4个机位，它们是可以在国际和国内之间转换使用的。后来机场方发现这4个可转换机位被用于"国际线的国内段"航班非常方便，例如一架飞机从东京飞往武汉、中间在上海转机，其前一段航程是国际的、后一段航程是国内的，从东京飞来上海，部分国际航线旅客下飞机后，又上来一些国内航线的旅客，然后再飞去武汉，如果浦东国际机场没有这种可以在国际国内间转换的机位，那么这架飞机在机场就要先停到国际机位下客，然后再被拖到国内机位去上客，以前的国内机场就是这样拖来拖去的，比较麻烦。因此，浦东国际机场一号航站楼规划设计时，机场方就尝试着做了4个这样的可转换机位。由于一号航站楼中这些可转换机位是在平面上解决转换问题的，旅客流程在空间上是混流的，只能靠在时间上分离，所以可转换机位在数量上不可能规划太多。但浦东国际机场随着运营规模的扩大，对这种可转换机位的需求越来越大。

为什么这种可转换机位的需求会这么大呢？有两个原因。

第一个原因是，浦东国际机场国际、国内航班的运行特点对机位的充分利用提出了要求。浦东国际机场国内航班是早上一个高峰、中午一个高峰、晚上一个高峰；而国际航班是上午一个高峰、下午一个高峰。通常是国内航班高峰之后接下来就开始国际航班的高峰；随后又是国内航班的高峰……这样就产生一个问题，如果国内、国际近机位严格分离，就会造成国内航班高峰时国际航班机位较富余，国际航班高峰时国内航班机位较空闲。浦东国际机场的一号航站楼就是这样的，因此需要采取措施以提高机位的使用效率。

第二个原因是"国际航班国内段"（也被称为"国际—国内经停"或"国内—国际经停"）的飞机，最好是可以停在同一机位完成上下旅客，而不需要先停在国际机位上落客，再被拖到国内机位上客，或者只能使用远机位，可转换机位正好可以满足这一需求。浦东国际机场经停的旅客，就可以在航站楼内完成中转流程后，与国内线的旅客一道从国内层的登机桥固定端登机。

浦东国际机场二号航站楼规划设计时采用了"三层式"航站楼方案，设计了26个有两个固定端的可转换机位(图2-11)。这26个机位的国际旅客的出发、到达分为两层,用一个固定端;国内旅客出发、到达混流,用另一个固定端(图2-12)。

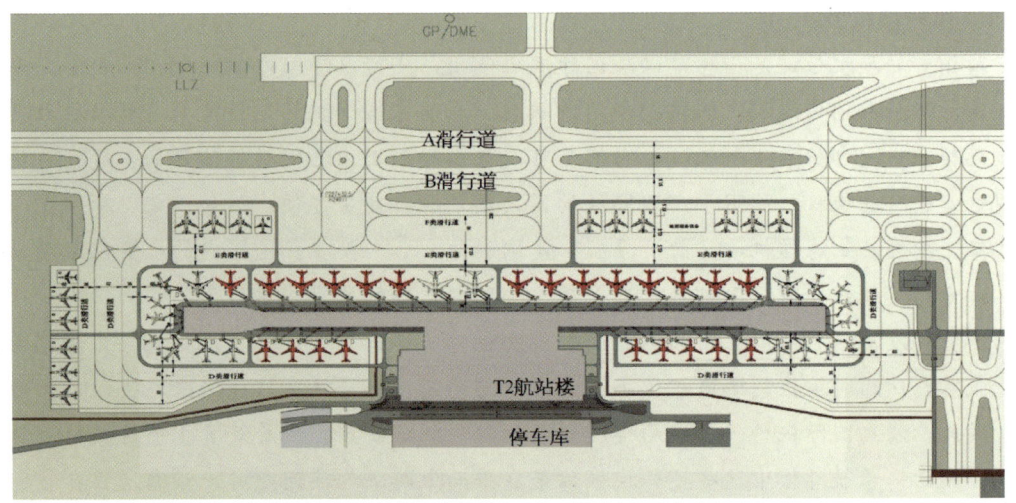

图2-11　浦东国际机场二号航站楼的可转换机位

图2-12　浦东国际机场二号航站楼可转换机位的固定端

机场的登机桥的两个固定端，通常一个是出发，另一个是到达，而浦东国际机场二号航站楼可转换机位登机桥的两个固定端，一个是国际，另一个是国内，即国际航线的出发、到达用的是一个固定端，国内航线出发到达混流，用另一个固定端。这样一来，国际、国内两个固定端所共用的那个机位，就可以在国际高峰时供国际航班使用，而在国内高峰时供国内航班使用了。浦东国际机场二号航站楼首先采用了这种"三层式"的结构，实现了26个可转换机位的使用，非常受航空公司欢迎，且这种可转换机位的年旅客处理量会比不可转换机位翻倍，站坪的使用效率大大提高。所以，浦东国际机场卫星厅工程规划设计时，在基地航空公司的一再要求下，机场方就在卫星厅中规划设计了40个这种可转换机位。卫星厅的设计依然采用三层式航站楼方案，但它的国际到达层放在国内混流层的下面（图2-13），这种布置比二号航站楼的三层式方案更加经济合理。

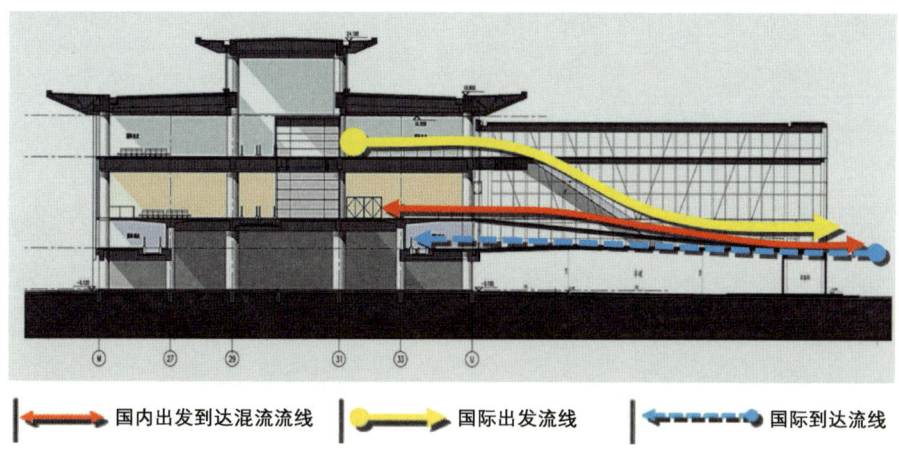

图 2-13　三层式的浦东国际机场卫星厅可转换机位剖面

2. 组合机位

机场的站坪规划是按可行性研究报告的预测机型构成来布置的，但是实际运行期间机型的构成是动态的。一般情况下，大型机场刚开始投入运营时小飞机比较多，后续则大飞机会逐步增多。以虹桥国际机场为例，2010年扩建工程完成初期，C类飞机的比例占到70%左右，但是航班时刻资源是有限的，很快就到了极限，如果要提高旅客吞吐量，只能是改用大机型。近几年虹桥国际机场的航班量没有增加，但旅客量还在增长，就是因为飞机越换越大了。这样一来，机场原来规划的站坪机型组合就不适用了，因为原来规划是

70%的机型是 C 类飞机，现在变成 50%甚至 60%都是 E 类飞机，这就需要对机位进行调整。如果机场在站坪规划建设时没有这方面的预先考虑，以后调整起来就会很困难。

于是，机场规划时可以预设把两个小飞机的机位变成一个大飞机的机位方案，或者把三个小飞机的机位变成两个大飞机的机位方案。例如，把 3C 机位变成 2E 机位，把 1D2C 或者 2D1C 机场变成 2E 机位，同样的站坪空间就可以有四种机位组合（图 2-14）。这样，只需要增加少量登机桥固定端就可以大大提高站坪资源使用率和土地使用率。

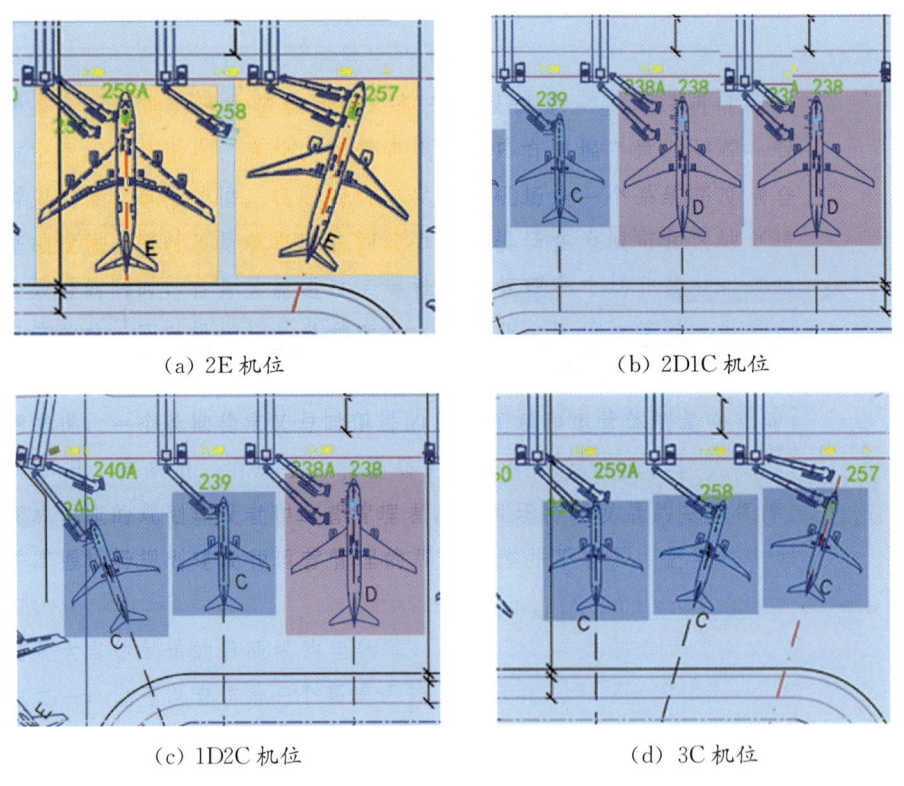

（a）2E 机位　　　　　　　　　　（b）2D1C 机位

（c）1D2C 机位　　　　　　　　　（d）3C 机位

图 2-14　组合机位的四种组合方案

浦东国际机场卫星厅规划设计中就布置了大量这种组合机位和可转换机位（图 2-15）。其实，如果进一步提高管理水平，机场方还可以在运行期间根据需要随时调整这些组合机位的使用模式。

第 2 章 高效的平台

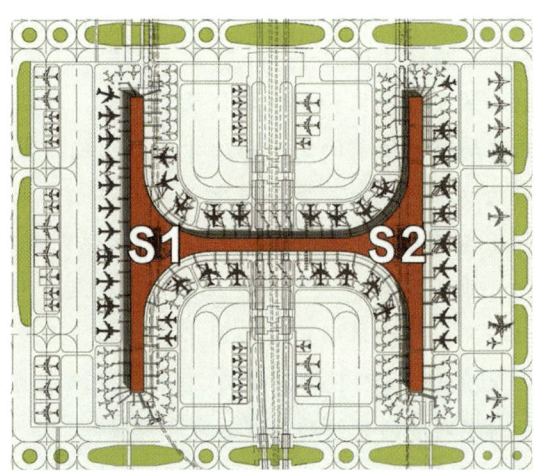

图 2-15 浦东国际机场卫星厅的组合机位和可转换机位

2.2 陆侧平台的规划与运营

机场的陆侧平台是指陆侧集疏运系统，其关键是航站楼前的交通中心。航站楼是机场空侧、陆侧的交接点和分界面，一部分在空侧，一部分在陆侧，其陆侧部分与交通中心联系密切。一体化的空陆侧平台是非常重要的，航站楼与交通中心一体化发展已是业内共识。

很多机场过去对陆侧交通中心的规划与运营的重视程度是不够的，结果会发现陆侧交通往往成为运营的瓶颈，特别是在航站楼门口，那里永远是最乱的、旅客抱怨最多的地方。怎么把机场门前的这个交通中心做好呢？我认为做成与航站楼一体化的综合交通枢纽，提高旅客出行的便捷度，就是机场陆侧平台规划与运营的发展方向。

案例 2-5

浦东国际机场一体化交通中心

浦东国际机场虽然从一期工程开始，在航站区规划图上其一号、二号航站楼就是由连廊连接在一起的，但是真正的"一体化交通中心"的理念和实践，还是在二期工程的规划设计中逐步形成并完成的。在二号航站楼国际方案征集中，有两个方案都不同程度地提出和描述了一号、二号航站楼之间的交通设施的规划设计思路，提出了类似于将停车库等相关交通设施与一号、二号航站楼设计在"一个屋檐下"的想法。

在随后的二期工程航站区方案优化和初步设计展开之前，我组织一个课题组调查研究了世界上十多座大型枢纽机场航站楼前的交通解决方案，明确提出了在浦东国际机场规划建设一个一体化交通中心的要求；并投入资金组建了由同济大学牵头的课题组，与上海市城市综合交通规划研究所和各有关设计单位一道开展"一体化交通中心的理念和实践""浦东国际机场一体化交通中心项目策划""浦东国际机场一体化交通中心的信息系统集成"等一系列针对性很强的应用研究，这些课题获得了国家科技部、上海市科委的大力支持。其中，浦东国际机场一体化交通中心被科技部选定为2008年度的交通工程示范项目，引起全国交通界的广泛瞩目，吸引了众多的领导和专家前来参观指导。

浦东国际机场的一体化交通中心位于一号、二号航站楼之间，由位于地面层以上6 m标高的"三纵三横"六个廊道将两座航站主楼和两座宾馆联系在一起。其楼上的13 m层是旅客出发层，与出发道路相接；其楼下的0 m层（即地面层）是各种车辆的车道边，包括公交车、长途车、出租车以及各种社会车辆，地铁和磁浮的站台也位于该层（图2-16）。这

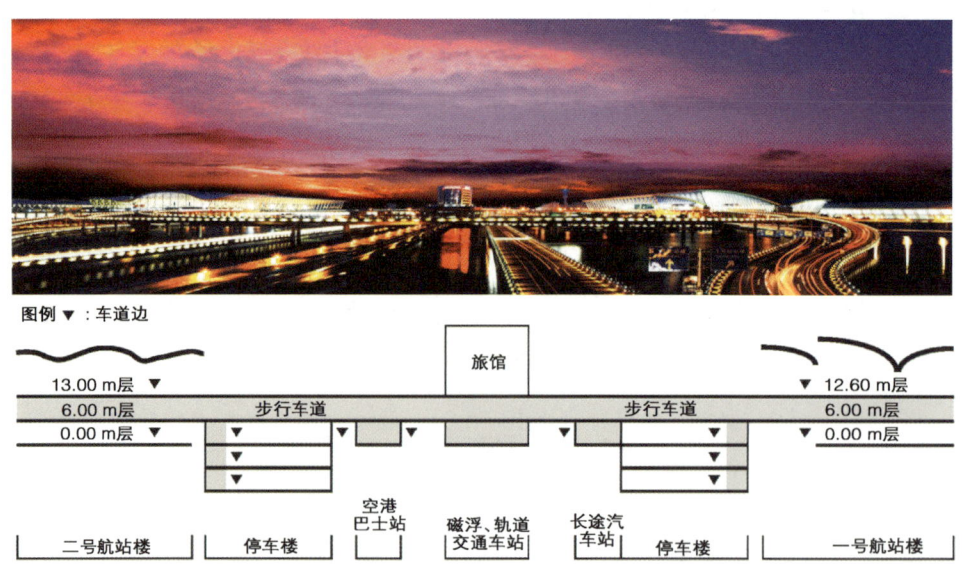

图2-16　浦东国际机场一体化交通中心剖面示意

样布局的最大好处是做到了彻底的"人车分离",所有旅客都在 6 m 层步行,该层没有任何车辆。如此布局还带来了"多车道边"的好处,与连接两个航站主楼的三个连廊垂直,我们布置了总计 13 个车道边。丰富的车道边资源使不同的交通方式都拥有自己的专用车道边成为可能(图 2-17),这也为旅客识别、使用各类交通方式和机场运行管理提供了极大的方便。同时,这样布局还使交通中心的环境舒适度有了极大的提高,为商业、服务设施和部分航站楼功能设施的进驻提供了可能性(图 2-18)。

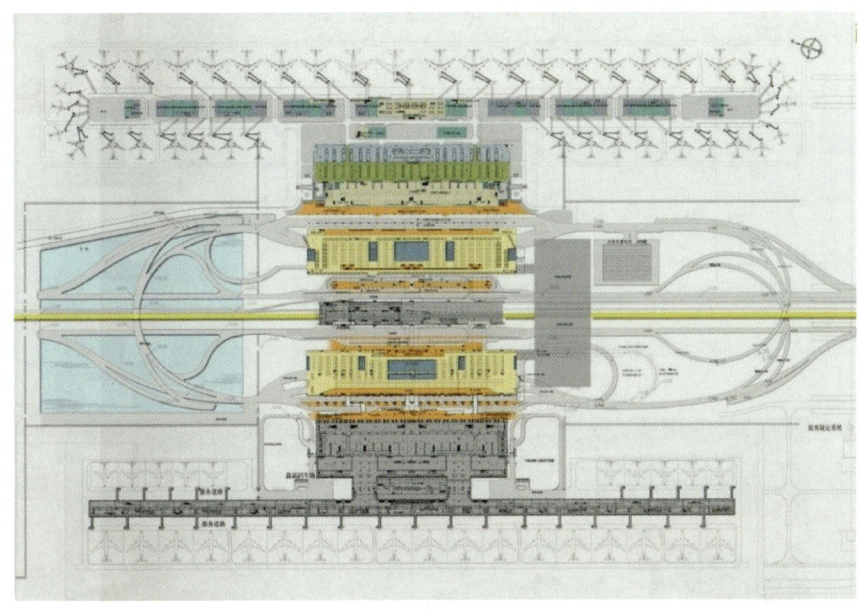

图 2-17 浦东国际机场一体化交通中心的地面层车道边

随着我国信息技术的高速发展和国民生活水平的不断提高,旅客自助值机、手机值机的比例不断上升,国内旅客的托运行李情况越来越少。到浦东国际机场三期工程时,我们已经认识到第三航站主楼已经没有必要,于是就在原规划的三号航站楼的地方规划建设了两处旅客过夜用房(图 2-19)。2005 年版的浦东国际机场总体规划将 1998 年版总体规划中的 4 座航站主楼改成了 3 座航站主楼;三期工程时,又将 3 座航站主楼改成了 2 座航站主楼。航站主楼减少带来的最大问题就是陆侧车道边不足,而一体化交通中心提供了多车道边的方案,从而很好地解决了这个问题。它提供了 13 个长度超过 400 m 的、独立的车道

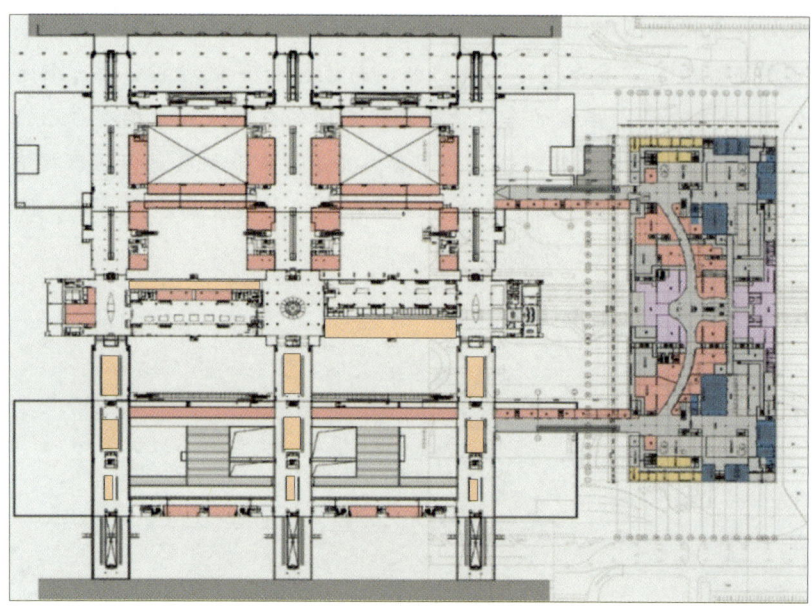

图 2-18 浦东国际机场一体化交通中心 6 m 层连廊商业设施布局（涂颜色部分）

图 2-19 浦东国际机场一体化交通中心的旅客过夜用房

边，使每年8000万人次旅客量的进出成为可能，而且能够做到井然有序。随后我们发现车道边多了之后就必须人车分离，否则多车道边就没有效率。

综上所述，在一体化交通中心的探索实践中，我们总结出的经验就是：必须"多出入口、多车道边"，还必须"人车分离"。

浦东国际机场一体化交通中心的建成，极大地鼓舞了我们进一步加快推动虹桥综合交通枢纽规划建设的决心和信心。自2003年我向上海市政府提出"建设虹桥枢纽、服务区域经济"的咨询报告之后，引起了业内外的广泛关注。但是业界意见并不统一，经过几年的争论和研讨，2006年，虹桥综合交通枢纽的问题被再次摆在市政府决策层的桌面上。那个时候，浦东国际机场一体化交通中心规划建设的经验教训，使我的发言更加自信且更具说服力。实际上浦东国际机场的一体化交通中心，可以看作是虹桥综合交通枢纽规划建设前的一次实验。

案例讲评：

车道边是陆侧平台规划与运营的"牛鼻子"，提供尽可能多的车道边是平台建设的关键。如果车道边多了，做到出租车、长途车、公交车都有各自的车道边和候车空间以后，机场就可以开展分类管理，甚至请市里的管理部门来管理了。因为机场方管理与市里专门的管理部门管理是不一样的，机场没有执法权，而市里的管理部门是可以执法的，容易把旅客管理好，把秩序维护好。所以我们应该尽最大努力让各种交通方式相对隔离，这是有利于运营管理的，也有利于拓展融资渠道和分摊运营成本。

如果进一步优化好浦东国际机场的一体化交通中心，我相信它有能力处理8000万~10000万人次/年的旅客量。接下来，应该进一步完善设施、健全管理，将不同交通方式的车辆分到各自的车道边去，把轨道交通所占的比例提上来，并将航站楼的功能进一步向交通中心延伸。通过智慧化建设实现最人性化的服务，这样就能真正形成一个高效的一体化交通中心。

在一体化交通中心实现交通换乘快捷、值机方便以后，机场就会对旅客产生巨大的吸引力，旅客流量会带来相应的商业利益，流程两侧的商业服务设施也就会像雨后春笋般地生长出来了。

2.3　系统平台的规划与运营

　　40 年前的机场，跑道、滑行道、站坪占总投资的 70%；20 年前的机场，航站楼占总投资的 60%，弱电信息系统只占总投资的 5%；而今天的机场工程，系统平台占总投资的比例要达到 30% 以上。中国民航自开展"四型机场"建设以来，全国各地机场在人工智能和信息系统方面的投资更是突飞猛进，这为机场规划与运营带来了翻天覆地的变化。

　　随着互联网和人工智能技术的发展，网上航站楼已经可以为旅客提供信息设备端到端的服务，因此也就能够提供非常个性化的旅客服务；同时由于移动互联技术的支撑，机场对旅客的服务已经移动化，正在促成旅客向顾客转变、机场人向服务生转变。我们正面临着一场伟大的变革。

　　如图 2-20 所示，网上航站楼已经可以提供实体航站楼所能提供的几乎全部旅客服务。对于旅客来说，除了身份识别和安检以外，出行流程上的各环节都已经可以移至互联网，或由智能设备来承担，因此登机口应该尽快与陆侧交通系统实现尽可能便捷的对接。真可以说是：未来已来、时不我待！

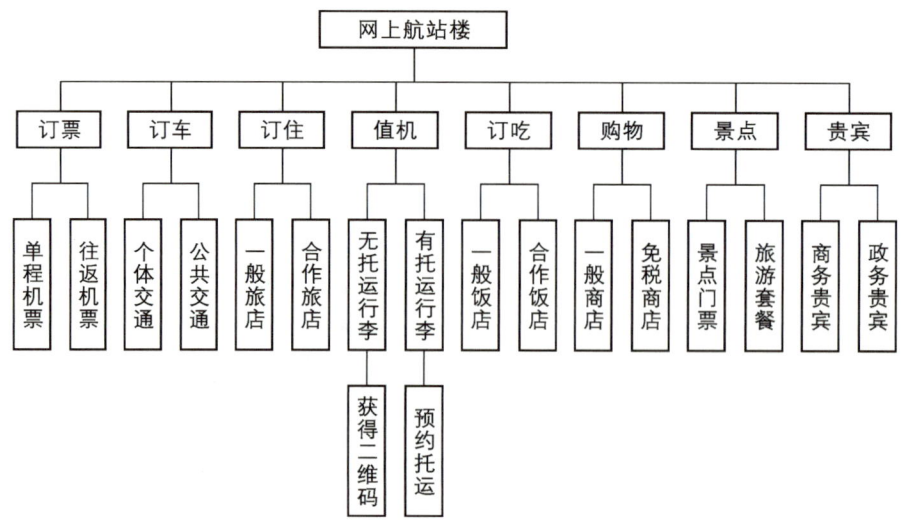

图 2-20　网上航站楼的功能不断提升

而支撑这一切的就是机场的系统平台——机电系统平台和信息系统平台。如今，系统平台的作用和意义已经远远大于空、陆侧的设施平台，而且还会越来越大。

案例 2-6

浦东国际机场二期工程信息系统平台

浦东国际机场在进行二期工程规划建设时，依据上海机场集团建设上海航空枢纽的要求，综合分析机场发展战略、技术发展趋势，并在总结一期系统经验的基础上，对于二期航班信息相关系统规划和运营提出了如下八个方面的需求。

（1）统筹上海机场集团管辖范围内机场航班信息集中管理和航班信息集成，满足多机场、多航站楼的运行格局需求；

（2）为便于扩展灵活和系统之间信息交互便利，建设基于标准的信息交换平台（Information Message Broker，IMB，即标准化的数据与信息交换平台）的航班信息集成系统；

（3）为保证系统出现故障时对航班运行和旅客服务的影响降至最低，考虑航班信息相关的各系统保持相对独立，每个系统都保持业务的独立性，在其他系统出现故障时通过人工介入仍能正常运行；

（4）集成系统的核心软件（数据源处理、航班信息管理、资源分配）必须满足分块化操作及总体监控的要求，即在软件中可以给不同用户分配对不同区域资源和不同航班信息的操作权限和总体监控权限，使系统可以满足各机场、各岗位、各航空公司、各代理独立操作的要求；

（5）根据浦东国际机场两个基地航空公司都拥有航空公司管理系统（Flight Operations Center，FOC），空管拥有场监雷达系统及传统的国际民航组织航空固定业务通信网（Aeronautical Fixed Telemunication Network，AFTN）和国际民航组织航空固定业务通信网（Societe' Internationale de Telecommunications Aeronautiques，SITA）的实际情况，航班信息系统采用多航班信息源获取航班信息；

（6）采用独立的机场运营数据库（Airport Operational Database，AODB）、机场管理数据库（Airport Management Database，AMDB）分别满足运营和管理数据存储的需求，使AODB面向生产层面的航班计划及营运信息的收集和发布，AMDB面向管理层面的航班业务的事后分析和处理；

（7）采用信息网关承担一期工程集成系统和集成系统信息的转换，并将一期工程航班信息集成系统作为二期工程航班集成系统的子系统，保持原集成系统的独立、完整，减少对一期工程信息系统的改动；

（8）为保证集成范围内各系统时钟信息一致，规划建设航班信息相关系统的网络时间协议（Network Time Protocol，NTP）时钟服务器。

根据此规划要求，浦东国际机场二期工程航班信息相关系统的规划要满足多机场、多航站楼集中的 AOC（机场运营中心）运行指挥和各 TOC（航站楼运营中心）航班运行服务保障的需要，并最大限度地减少对一期工程信息系统的改造。

图 2-21 所示的总体架构切实贯彻了浦东国际机场总体规划的原则和指导思想，即"统一规划、分期实施"（统一规划集团内部生产系统，适应分期建设需要）和"数据集中、独立运行"（生产运行核心数据集中处理、存储，各系统保持独立性、分别为两座机场提供服务）的思想。

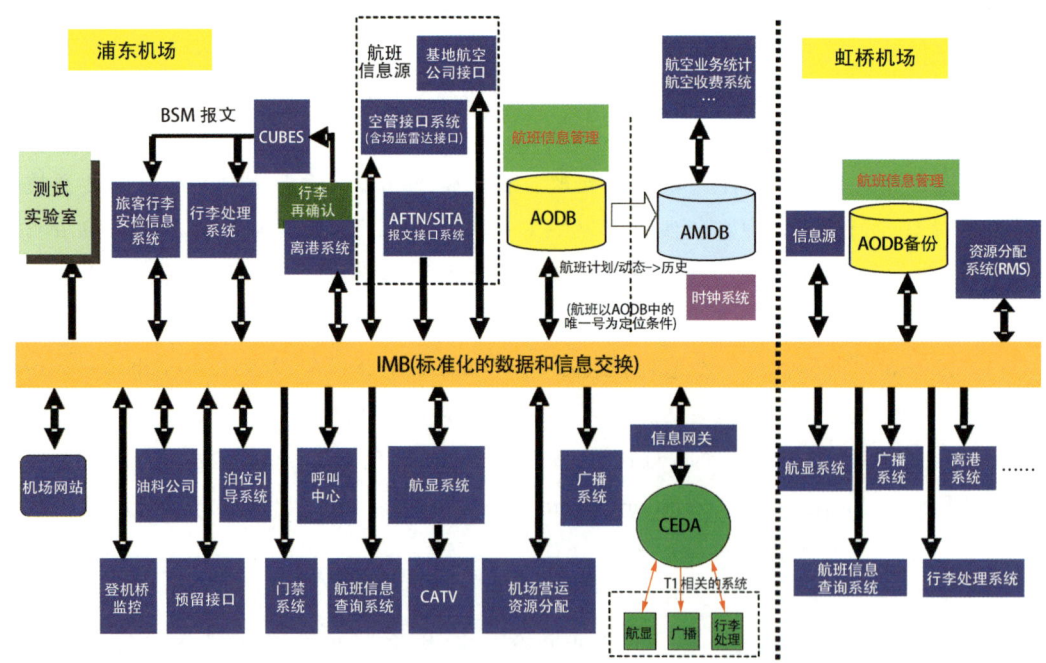

图 2-21　浦东国际机场二期工程信息系统总体规划架构图

浦东国际机场二期工程的信息系统集成项目启动之前,我听说南非全国的机场用的是一个信息集成系统,于是特意去考察了这个传说中的南非多机场系统。回来以后就明确制定了一个以浦东国际机场为主、虹桥国际机场为辅的多机场体系的信息集成系统的规划方案(图 2-22)。

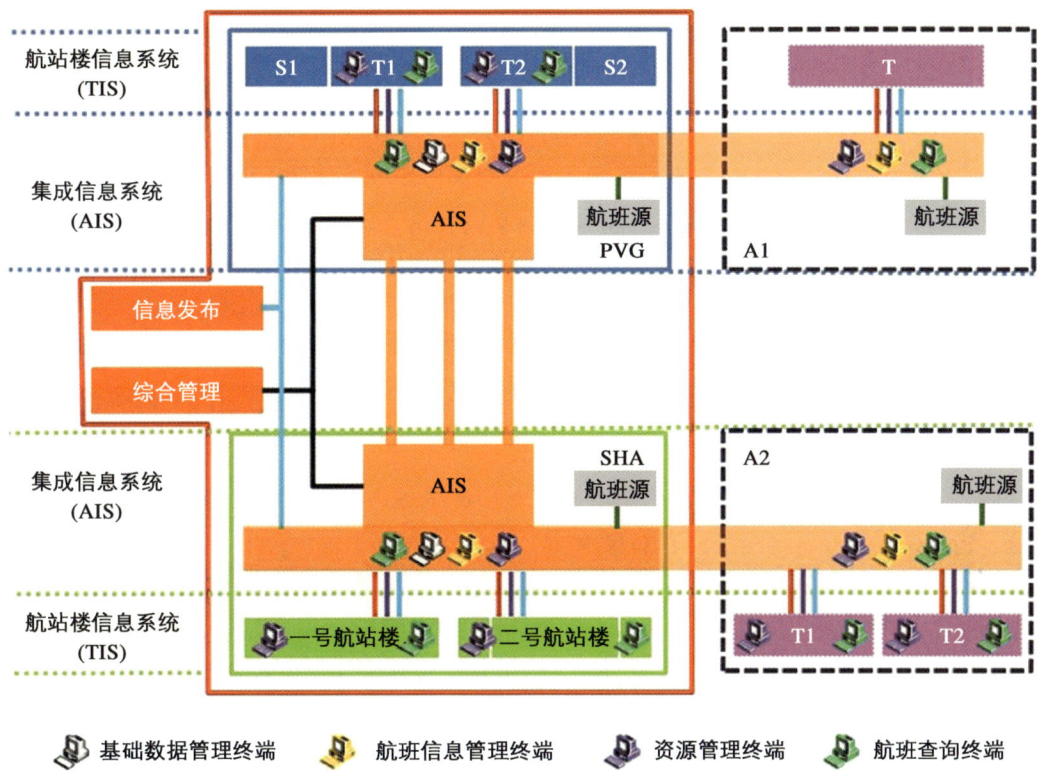

图 2-22　上海机场多机场集成信息系统规划图

上述总体规划目标,随着后来的浦东国际机场一号航站楼改造项目的完成和虹桥国际机场扩建工程的投入运行,都已经分阶段实现了。系统实现了核心数据相对集中处理,满足了两座机场的航班计划及资源计划的处理、发布、存储功能需求,并实现了异地容灾和备份功能,同时确保了两座机场可以根据权限设置、自行进行业务操作和处理。

浦东国际机场二期工程投入运行后,将形成多航站楼的运行格局。因此,二期工程一开始，建设指挥部就启动了机场运营管理平台的规划建设工作，确立了二期工程完成之后浦东国际机场将在"OC 运行平台"下运行的原则，甚至还确立了"不换脑子、就换位置"的组织保障原则。这就要求二期工程的运营相关信息系统，需要从系统层面支持以下功能：

（1）AOC 平台负责机场航班信息统一管理和航班在两座航站楼及机位（含登机门）的分配，此外还负责机场运行的统一指挥、统一协调；

（2）TOC 平台负责航站楼内资源（包括值机柜台、离港行李装卸转盘和行李提取转盘/出口等资源）分配、旅客服务（包括问询、广播和物业管理、贵宾室服务）和航空公司协调；

（3）交通信息中心（TIC 平台）作为浦东国际机场区域内道路、停车场及相关交通设施的管理中心，统一管理机场区域内的各种陆侧交通信息，承担机场区域的实时交通信息提供和服务，以提高交通运行效率和服务质量；

（4）市政设施管理中心（UMC 平台）主要负责机场运行所需冷热源供应、燃气供应、机场范围内的给排水处理以及电力供应（35 kV 电站）的运行监控；

（5）公安指挥中心（PCC 平台）负责机场监视和警务指挥，它从 AOC 平台获取信息，但并不接受 AOC 指挥；

（6）飞行区运营中心（AOC 平台）负责飞行区跑道、滑行道、站坪，以及助航灯光、消防、围界等设施设备的运营维护和保障。

最终，浦东国际机场顺利地建成了一体化运营管理平台，大大地提高了机场的一体化运营管理水平，并成功地压缩了人员编制、精简了管理体制。浦东国际机场因此成为境内第一座实现这种运营管理模式的机场，成为国内许多机场学习的标杆。

案例 2-7

浦东国际机场的陆侧交通信息系统平台

浦东国际机场一体化交通中心把各种交通方式都集中在两座航站楼之间的地方，从规划设计一开始，建设指挥部就决定要在这个地方集成各种交通方式的运营信息系统，建设一个交通信息中心、搭建一个平台，并最终使其成为浦东国际机场一体化交通中心的运营指挥中心。

首先，与机场相关的各种地面交通信息、机场航班生产信息、市里各相关方面的信息都汇总到这里来，建立一个公共信息平台（图2-23）；然后将这些信息进行处理加工，再用电话、手机、电台、电视等各种方式发布出去，如在机场内，甚至只用一块显示屏就能把所有信息显示出来；也可以通过互联网等各种方式将信息发布或推送给旅客。

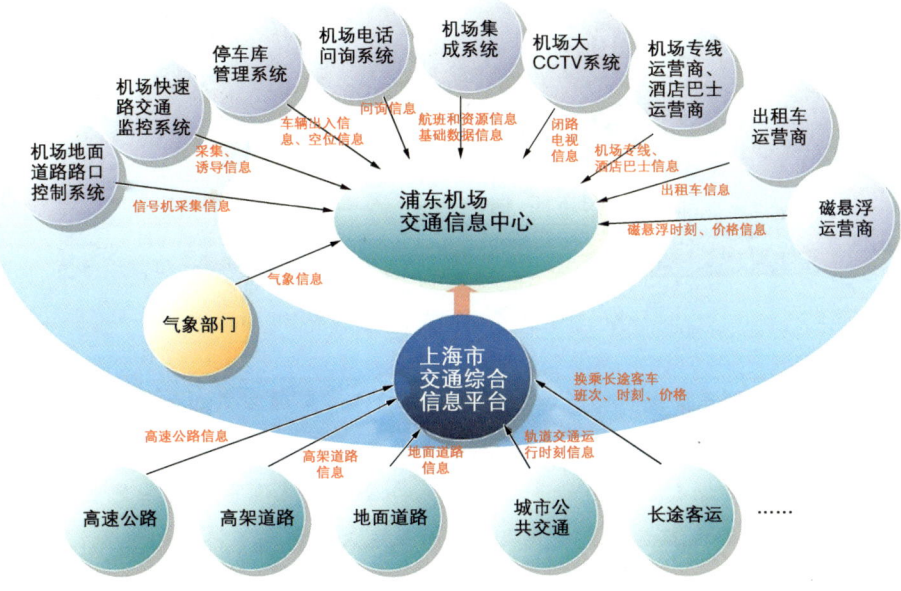

图2-23　浦东国际机场一体化交通中心信息系统平台

例如可以通过交通电台发布航班延误信息，因为出租车驾驶员在车上通常是一直开着交通电台的，这就给机场带来一个好处，即一旦有航班延误就可以通过交通电台及时发布信息，旅客就能尽早知道并调整行程，不急着赶往航站楼了，于是航站楼的空间不至于因为一段时间内进来很多旅客而造成超员、引起混乱。所以后来虹桥国际机场二号航站楼建设时规划25万m^2就够用了，预留的扩建工程也就不急于实施了。

有了这个信息平台，还有另外两个好处，一个是有了这个信息中心以后，机场马上就可以组建一体化交通中心的运营指挥中心了（图2-24）；另一个好处是非常方便机场开展多式联运。

有了浦东国际机场一体化交通中心在平台建设运营方面的经验和教训，上海机场建设指挥部后来在虹桥综合交通枢纽建设与运营一个更大更复杂的系统平台和枢纽运营指挥中心时

图 2-24　浦东国际机场陆侧交通运营指挥中心

就有了底气。其实，浦东国际机场一体化交通中心的各种交通方式与虹桥综合交通枢纽是完全一样的，后者只是规模更大、产权关系更复杂。虹桥综合交通枢纽的系统平台不仅集成了各种交通信息系统，还把商业、服务、酒店、办公，以及楼宇自控等更多设施系统整合在了一起，这样不仅给旅客提供了更多便利，而且也大大提高了机场的运营效率和收益。

显而易见，随着机场系统平台的不断建立、发展和整合，机场设施设备将会快速地智能化、分散化，以实现陆侧集疏运系统与飞机登机口的最便捷对接。这将快速催生集中式航站楼向分布式航站楼的转变；旅客流程将进一步走向云端，所有流程问题都将在互联网上得到解决；只有登机前的安检和旅客在机场交付的托运行李还需要在现场处理，但它们也将走向智能化、分散化，以配合分布式航站楼的发展。

2.4　平台建设的关键是投资管控

过去，机场公司往往只是在内部设置一个"基建处"，领导们通常认为它就是一个"修场道和房子"的保障部门，认为它只是把建设任务发包给第三方而已。这种想法是非常错误的！要记住：包得出去的是设施及设备的施工和采购，包不出去的是机场自身的使用需求和工艺要求，即流程、标准、用法、规模、目标等。基建部门建设的的确主要是场道和建筑物，但实际上它建设的是机场未来运营管理的平台，是机场集团战略实施的平台。

由于机场建设投资巨大、生命周期超长，其所形成的固定资产对机场运营成本的影响巨大，因此机场的董事长、总经理们必须对固定资产的投资给予最大限度的关注，对控制固定资产规模倾注尽量多的精力。

平台要建好就一定要控制好投资，投资不控制好平台就好不了。平台建设中的投资管控是一个非常重要的课题，甚至可以说是机场规划建设中最重要的课题。表 2-1 所示是国内某机场集团的成本构成及五年变化的情况。

表 2-1 某机场集团成本构成及五年变化

年份	人力成本比例	摊销成本比例	运维成本比例	其他成本比例	合计
2011	36.8%	40.7%	20.9%	1.6%	100%
2012	41.5%	40.2%	21.8%	-3.6%	100%
2013	40.1%	39.6%	26.7%	-6.4%	100%
2014	40.0%	33.5%	28.0%	-2.4%	100%
2015	42.3%	31.2%	27.0%	-0.5%	100%

表 2-1 中，人力成本包括员工的工资、奖金、津贴、补贴、福利费、社会保险费、住房公积金、工会经费、教育费，以及因解除劳动关系给予的补偿等；摊销成本包括固定资产折旧、无形资产摊销等，其中固定资产折旧是绝对大头；运维成本包括燃料动力消耗、维修维护费、绿化环卫费、特种车辆费、内场车辆费、委托管理费等。其中，人力成本的大小直接取决于员工的数量，而对于机场来说，员工的数量主要是由设施与设备的规模决定的；摊销成本则更是取决于固定资产的规模；运维成本取决于能源消耗和设施设备维修，也是由固定资产的规模决定的。因此，可以认为机场的运营成本基本上是由固定资产规模决定的。

从表 2-1 中可以看出，人力成本、摊销成本、运维成本这三块成本各占总成本的 1/3 左右，这就是我的"三个 1/3 的理论"，即"固定资产规模决定机场运营成本的理论"。这个理论有三个要点：

(1)前两个 1/3，即人力成本和摊销成本都与固定资产的规模正相关，基本上可以说是由固定资产规模决定，是非常刚性的。

(2)第三个 1/3 的一半是能耗，即燃料动力消耗，固定资产一旦形成之后，燃料动力消耗也是非常刚性的。剩下的另一半叫"运维成本"，主要是维护维修费用，也基本上取决于固定资产规模。机场设施设备的规模越大，运行维护的成本就会越高，这是显而易见的。

(3)固定资产一旦形成，机场的运营成本就非常刚性。这也是城市基础设施的共同特征之一，即运营成本相对稳定、边际成本趋近于零。

综上所述，机场的运营成本在很大程度上取决于固定资产的投资规模，因此机场业主方对于固定资产的投资管控就变得非常重要。基本上可以认为，机场建设期间节省出来的不仅仅是投资，还有以后的运营成本。

此外，从历年的成本构成与变化来看，一旦有新的基础设施建成投运，那一年的摊销成本就会上升，随着生产量的增加它所占的比例又会慢慢下降，人力成本、运维成本也会随之波动。

目前，与国外机场相比，我国机场的运维成本低，这是需要引起高度重视的。我们的设施设备普遍维护不足，该改的没改，该扩的没扩，所以运维成本低意味着维修投入少、设施老化快。我国机场在运维方面还有一个不好的习惯，就是对设施设备往往是"不坏就不修"，例如灯泡，它不灭掉是不会去换下来的。我在日本工作很多年，发现他们的灯泡买来时说寿命一万小时，那一万小时一到就会被换掉。这样做有两个好处，一是可减少灯泡突然熄灭带来的不良影响；二是一万小时过后，即使灯泡还能用，它的耗电量也会增加，所以从节能的角度来说就应该换。

还有一批机场，固定资产投资管控做得非常好，摊销成本能够降到 30% 以下。对于机场这种基础设施，把固定资产的规模控制住，运营成本也就能控制住，因为要通过运维人员改变运维成本很难，他们要通过服务好旅客赚到钱是很费劲的。因此，机场的董事长、总经理一定要在机场的规划建设阶段、去机场建设指挥部把投资规模控制住，要告诉大家固定资产平台的极端重要性，它决定了机场未来的运营成本。其实，对固定资产的投资管控还将决定机场未来的经营，如果固定资产平台没为机场提供好的经营平台，那经营者可能就没有施展的舞台。

既然管控固定资产的投资规模如此重要，那么机场的规划建设者和运营管理者们应该怎样做呢？我想，应该以运营为导向，从资产管理的角度出发开展我们的工作。首先可以把机场运营资产分为四类,即无效资产、功能性设施、经营性资产、负资产,然后有针对性地采取不同的管控方法。

2.4.1 无效资产

"无效资产"就是无法产生效益的资产。机场飞行区的调节水池就是一个很好的案例,当雨天储满水之后,水池需要开闸或开泵放水,但排水通道

图 2-25 "无效资产"示意

底标高与调节水池底之间的水(图 2-25 中深蓝色部分)是永远排不出去的,这部分排不出去的水量被称作无效储水量(但调节水池预留适当的无效储水量在技术上还是需要的,主要用于沉淀水中的异物)。

机场规划建设中也会遇到许多类似的问题,动拆迁成本、土石方成本、土地成本中的一部分都会变成上述这种无效资产。例如某机场用近 70 亿元把具有较大高差的扩建用地填平,这就形成了一块巨大的无效资产(见案例 2-8)。又如,某机场建设了一套高峰小时处理能力达到 12 000 件的旅客行李处理系统,但直到 12 年后这套系统报废时,它的高峰小时处理量都没有超过 5 000 件。另外,由于信息技术的高速发展,通信系统设备的更新速度越来越快,造成许多设施设备还没有被充分使用就过早地报废或大量的能力空置,甚至有的设备刚刚建好就要被淘汰了。

因此,建议在以后的机场建设审计中,新设一个"无效资产率"的考核指标。

案例 2-8

两座机场的不同土石方工程方案

机场占地面积巨大,对飞行器地面移动用的跑道、滑行道、站坪等场道设施的坡度要求较高。于是,机场建设中的土石方工程量往往非常巨大,总是在规划设计阶段就成为一个很重要的课题。由于土石方量基本上都是无效资产,所以在我管的机场工程项目中,我总是要求设计单位必须做到"场内土石方平衡"。

西北某机场在已有的运营区域与即将扩建的区域之间有一个较大的高差,新一轮扩建工程的规划设计中采用了将扩建用地与已有运营区域填平的方案,其土石方工程费用预算为 69 亿元、征地动迁费用预算为 50 亿元。这两项费用分别大于此扩建工程建设中最大的

两块有效资产,即航站楼工程需要投入的 59 亿元和场道工程将投入的 42 亿元,这是不是有点令人触目惊心?针对这一问题,我向机场方提出了我的建议。

我的建议是将整个机场用地划分为三部分(图 2-26),南部是已有建成区,加上扩建区域的南部站坪,这部分是高程最高的;中部为航站楼和航站区,基本保持原地面标高;北部为新的飞行区和站坪,高程最低。南北两个飞行区和站坪通过 2 组、4 条垂直联络道连接。由于两条主跑道之间的距离超过 2 km,按照滑行道纵坡坡度不得大于 1.5% 的规定,两条主跑道之间的高差可以在 20 m 以上。这样一来,只需要动用少量的土石方量即可满足工程需要。

此外,此机场北部飞行区有两条跑道,南部只有一条跑道,且南跑道南侧已有航站区,因此建议新扩建航站区的 2/3 机位规划布置在北航站区,这就可以使南站坪扩建的土石方量减到最少。

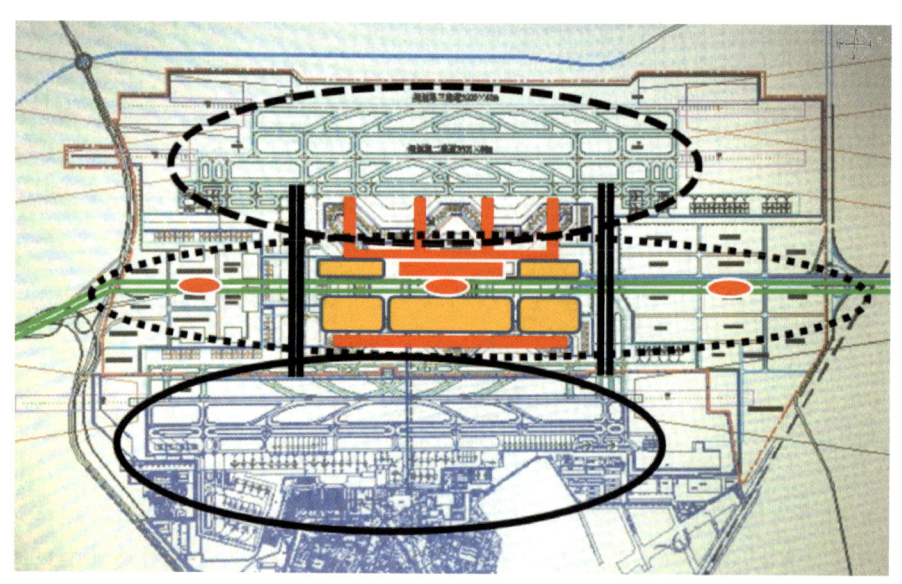

图 2-26 某机场高程规划建议

西安咸阳国际机场也有类似情况,两条主跑道之间的高差也很大,它的规划方案是将这一高差分成 5 段来解决。首先,从跑道到站坪这一段基本利用地势的现状坡度组织排水;然后,将站坪分为三大块,采用各自不同的站坪标高与航站楼对接;最后,由垂直联络道在不同的标高上分别与平行滑行道和站坪滑行道对接。这样就彻底实现了场内土方平衡（图 2-27）。

图 2-27　西安咸阳国际机场规划鸟瞰

2.4.2　功能性设施

机场的功能性设施投资要进行精细化管控。机场的主要生产性设施，如跑道、滑行道、站坪、航站楼、交通设施、货站、机库等，都是功能性设施。对这些功能性设施的投资管控要考虑两件事情。第一个是功能性设施的规模要最小化，能满足功能需求就可以了。例如，走廊的宽度不宜超过 6 m。日本有个研究，其结论是：公共空间的客流走廊宽度以 1.2~6.0 m 为宜，小于 1.2 m 时不宜设计为双向走廊；大于 6 m 时人流速度会下降，会有人在通道上停留，其通行效率会下降，建议分成两个走廊设置。因此，有一次某机场航站楼因面积大大超出可行性研究批复的规模，请我帮助消减面积规模时，我做的第一件事就是将所有旅客通道宽度压缩到 6 m 左右。第二个是合适的分期规模。前述已经谈过基础设施的特征之一是"运营成本相对稳定，边际成本趋近于零"，这就意味着上述功能性设施，例如航站楼，一旦建成投运，无论是稀疏空寂，还是人满为患，运营成本都是差不多的，或曰变化不大。在航站楼的设计容量范围内，旅客量的增加是几乎不增加运营成本的。因此，如何设定每一期航站楼设施的规模，就是机场规划建设者要考虑的问题，航站楼建得过大，会增加空置期，太小又不能形成一定的规模经济效益。洛杉矶国际机场就是一个著名的案例（图2-28），它的每一个单元都有十多个近机位，且国际航站楼要稍大一些。

图 2-28　洛杉矶国际机场的单元式航站楼

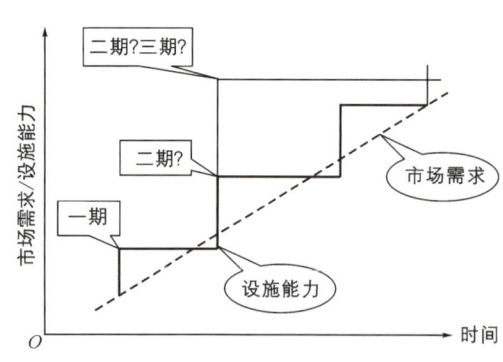

图 2-29　航站楼规模与市场需求的关系

航空旅客的增长总是一条比较平顺的发展曲线，而设施能力的增长总是一条台阶状的折线，如图2-29所示，市场需求虚线以上、与台阶形折线间围成的区域是空置的资源，市场需求虚线以下、与台阶形折线间围成的区域是航站楼超负荷的部分。理论上来说，台阶形折线与市场需求虚线间围合的面积越小越经济合理。但是，航站楼有一个合理最小规模问题。这个合理最小规模，是否就是洛杉矶国际机场给出的答案呢？

一座航站楼建成后，机场的旅客处理能力就

会上升一个台阶。那么,每一个台阶到底要升多高呢,其实这是一个很重要的投资研究课题。我们往往会忘记机场的投资效益问题,而是简单地从形式上考虑,把航站楼做得很"高大上"、规模很大。不是说规模过大的航站楼永远没用,而是说如果过多地超出市场的需求,会使其很大一部分资产成为无效资产而被长时间闲置。

案例 2-9

浦东国际机场二号航站楼设计方案的选择

浦东国际机场一期建了一个年处理 2 000 万人次旅客量的航站楼。到二期的时候,机场方面有了一些不同的想法,是再建一个年处理 2 000 万人次旅客量的航站楼好呢,还是一步到位建设一个年处理 6 000 万人次旅客量的航站楼更好?

投标方案对此的回答有两类:一类是建一个年处理 2 000 万~4 000 万人次旅客量的航站楼,以后再建两个卫星厅[图 2-30(a)],来满足第三、第四个年处理 2 000 万人次旅客量的需求;还有一类就是马上建一个年处理 6 000 多万人次旅客量的航站楼[图 2-30(b)]。

浦东国际机场二期航站楼方案评标的时候,我用图 2-29 说服了多数评委,即"一步做到位是不经济的"。所以,最终选定的是一个分 3~4 个台阶发展到年旅客吞吐量达 8 000 万人次的方案,后面的几个台阶就是浦东国际机场预留的发展余地。

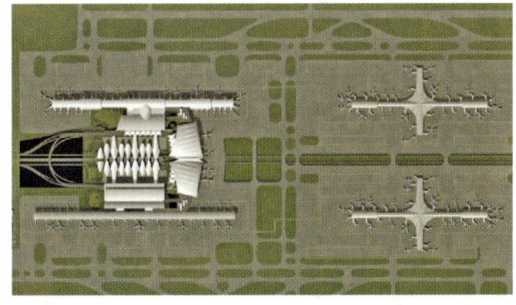
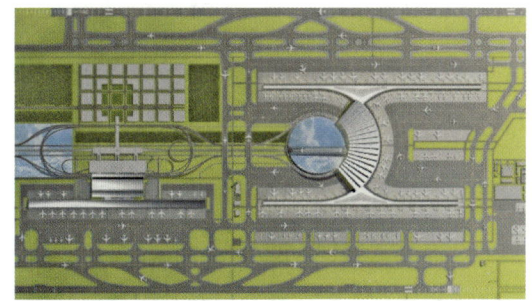

(a) 方案一:分阶段建设航站楼　　　　　　(b) 方案二:一步到位建设航站楼

图 2-30　浦东国际机场二期工程国际方案征集中的两类方案

接下来讨论功能性设施的投资成本和运营成本的管控。对于功能性设施,我们需要做的就是在保证功能的前提下,把投资做到最省。那具体应该怎样做呢?我认为必须要从

"功能与价值相匹配"和"全生命周期成本"这两个方面来考虑。

机场特有的公益性，使得投资方往往并不十分了解它的功能，甚至也不了解它的价值。这就要求业主代表必须具备相应的专业知识背景，必须对机场各设施的功能和价值进行彻底的分析，然后向规划设计者们提出科学的设计目标（任务书），并监督指导设计工作。在分析基础设施功能的时候，要尽量把最实质性的需求找出来。但是，寻找实质性需求很困难，往往运行管理者和使用者提出的需求都不是实质性的需求，只是使用上的要求，只是从一个角度提出的问题。怎样去识别这些要求，需要一定的知识背景。要学会从这些要求中寻找出、提炼好最关键指标，然后指导规划设计。例如，机场行李处理系统的最关键指标是行李"运输速度"和"不要出错"，处理好这两个问题，它就是一个好的系统，而不是说越先进、越自动化、越复杂越好。总之机场比较复杂，不要被表象所迷惑，要彻底摸清实质需求（即所谓功能），否则就可能会将资金投向那些无用或低效的地方。

机场投资方一般都会关注项目的投资，把投资管控作为考核建设工作的重要内容之一。但是建设管理者的首要任务是建成项目，然后把项目移交出去，因此建设管理者往往会忽视项目的运行成本。我们经常会见到建设单位与运营体系相对脱离，甚至会出现建设成本下降但运行成本大大提高的现象。机场具有生命周期长、运行成本高等特点，从整个项目的生命周期来说，我们不仅要考虑建设成本，还要考虑运行成本。因此，必须以追求项目全生命周期成本最小为原则开展投资管控工作。

案例 2-10

旅客捷运系统的投资管控和运营成本管控

浦东国际机场三期工程采用了旅客捷运系统，这一系统采用什么制式是工程规划建设时的重大研究课题。经过多年的不断调查、研究、比选，最终上海机场选择了与上海市城市轨道交通主流车辆一致的所谓"地铁制式"。其主要优势在于：①技术成熟、安全可靠；②运能充足、舒适度有保障；③市场巨大、运营维护有保障；④竞争充分、经济效益可期待。

浦东国际机场的旅客捷运系统是机场运营的核心设施，但它对于机场运营者来说，又是一个全新的领域，因为既无技术储备，也无人才储备。如果自己从头学起，自己负责建设管理，并另起炉灶组建一个运营管理公司，机场方面的投入将是巨大的。于是，上海机场集团采取了管理社会化、运营市场化的方式，通过招投标将旅客捷运系统的建设管理和运营管理交给了上海申通地铁集团有限公司（图2-31）。这一举措为浦东国际机场的投资管控和运营成本管控都带来了巨大的经济效益。

图2-31　上海机场集团将旅客捷运系统的建设和运营管理移交上海申通地铁集团

案例讲评：

在这个案例中，上海申通地铁集团有限公司承担的成本主要是边际成本，因为它承担着上海市2 000多公里轨道交通的建设管理任务和已有近800 km轨道交通的运营管理工作，在浦东国际机场增加5 km、5个车站的运营管理任务，对它的影响与对机场集团的影响是不可同日而语的。而上海机场集团从中实现了浦东国际机场旅客捷运系统的管理社会化和运营市场化，提高了运营的安全可靠度，并带来了投资成本降低和运营成本降低的双效成果，产生了很好的经济效益。

关键点还有，上海申通地铁集团和上海机场集团都是市属国企，有利于利益共享，风险共担。

2.4.3　经营性资产

机场的经营性资产要做大做强。机场对经营性资产的投资管控，其原则就是要让开发利益最大化。这就要求机场建设者要认真做好市场调研，充分了解市场需求，要有翔实可靠的开发策划，最后还要贴合好市场变化的节奏，保证项目的竞争力，最终实现项目合资合作方的双赢和多赢。

经营性资产投资管控的目标首先是要让项目投资能够支撑未来的经营需求，不拖后腿，有时候还要"筑巢引凤"、适度超前。

要做好机场经营性资产的投资管控，常采用的方法就是将设施、设备、土地等单元化、模块化，这就非常需要一个有远见、有弹性的规划设计。机场的经营性设施的规划设计，远比功能性设施的规划设计困难得多，这是因为市场的变化要远远快于机场功能的变迁。

案例 2-11

北京大兴机场商务区开发策划

我们曾经应邀给北京大兴机场的交通枢纽和商务区做过一个项目策划（图 2-32）。在这个策划研究中我们将航站楼前的经营性设施分成三个不同的空间群：一是"公共空间"，包括走道、自动步道、商业服务设施等；二是"经营性空间"，包括宾馆、办公楼、会展中心及其相关服务设施等；三是停车空间，包括停车位、车道边、通道及其相关服务设施等。规划设计的每一个基本单元都包括上述三种空间，而且三种不同的空间总是位于相同的方位，即每一栋高楼（办公楼或宾馆）都带有一个 4～5 层的停车楼（不含地下部分），同时按统一要求设置与其相邻单元连接的公共空间，保证该公共空间联通所有开发单元、连接综合交通枢纽和航站楼。这样一来，每个单元都具有最大的独立性，完全可以按市场需求和项目发展的成熟度来推进建设和运营管理。

如果图 2-33 中的开发设施群为第一期，那么其北侧的相邻地块就可以作为第二期，依此类推再北侧就是第三期、第四期。这样，每块土地都是一个独立的开发单元，各地块的开发都有比较好的独立性，可以分别进行动拆迁、市政配套设施建设等，可以更好地适应市场需求、贴合市场变化的节奏。

图 2-32　北京大兴机场综合交通枢纽与商务区开发策划效果图

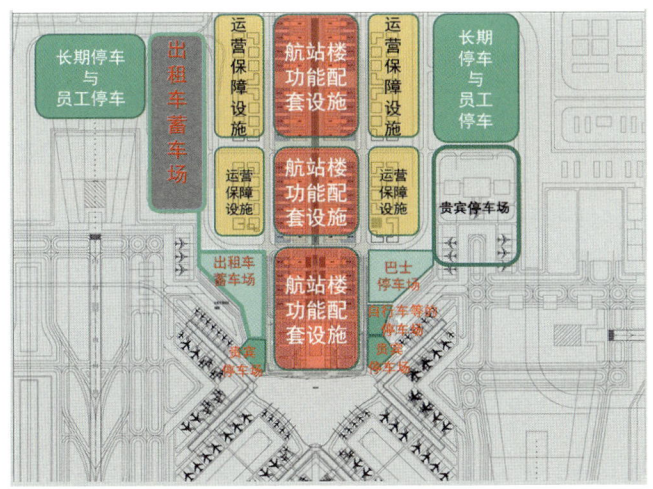

图 2-33　北京大兴机场商务区分区分期开发策划

案例 2-12
虹桥国际机场二号航站楼旁的中航泊悦酒店

虹桥国际机场二号航站楼旁的中航泊悦酒店位于新建二号航站楼主楼以南,紧邻二号航站楼主楼和虹桥综合交通枢纽(图 2-34),占地 0.82 hm², 建筑面积为 4 万 m², 客房有 494 间,建筑安装费用约 2 亿元。酒店北侧与航站楼办票大厅直接相连,旅客步行数分钟可直达航站楼和综合交通枢纽;酒店东侧与航站楼隔离区内的贵宾区[航空公司的两舱(头等舱、公务舱)休息室]直接相连,有专用的旅客值机和安检设施,也可供机组和工作人员使用。

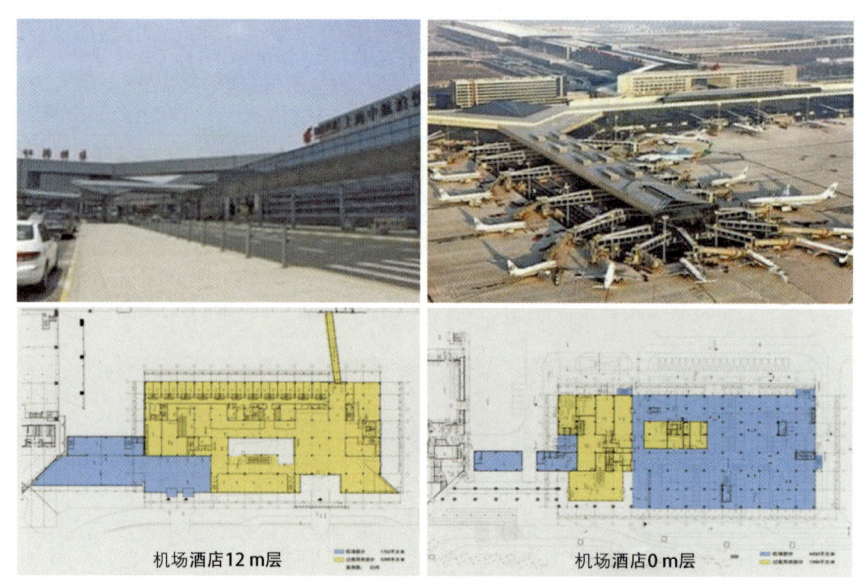

图 2-34 虹桥国际机场二号航站楼旁的中航泊悦酒店

机场酒店的潜在客户包括滞留旅客、早发航班旅客及较晚航班旅客、转机旅客、航空乘务人员、外地来沪短途出差的商务旅客、旅游人士和团队旅客、机场及周边公司客户、普通商务旅客等。

酒店的招商采用特许经营权出让的方式,产权归属上海机场集团,由机场集团负责建设管理。酒店建成后,机场集团转让 20 年的经营权,并将相关设施交由中标方使用。中标方向机场集团支付 2 亿元,相当于土建、安装工程总造价的预付租金,一次性买断 20 年经营权，并负责二次装修。在运营期内再向机场支付年租金，年租金报价最高者中标。运营期届满，包括二次装修在内的所有酒店设施无偿移交给机场集团。

由上可见，上海机场集团为其经营性资产——机场酒店设计了一个只赚不亏的经营模式，其未来20年的收益非常稳定、可预测。但是，要知道，全国各机场集团的酒店（除厦门翔业集团外）多数都是微利、不盈利或亏损的，绝大多数甚至做不到经营性盈利，有些自称盈利的机场酒店是在不考虑固定资产折旧等不完全成本核算情况下实现"盈利"的。我们曾对全国所有机场集团的酒店做过调研，结论是：机场集团管得越多、越深入、越具体，效益就越差。上海机场集团有7个酒店就是典型的案例，自己管的酒店，即使与航站楼连为一体还是亏损，而机场集团管得越少的酒店反而盈利越多。

其实，机场酒店如果与航站楼直接相连，旅客就可以步行到达航站楼，酒店的客房使用率会非常高，这就是"最好的平台"的意义所在。我曾在机场酒店招标答疑会上说过："每年有几千万人次旅客从机场航站楼进出，这些客人都是机场送到酒店门口的，如果机场酒店没有留住客人，没有把客房率做到百分之百，那说明你们的工作不够努力！"我这么说是有根据的，浦东国际机场一号、二号航站楼之间的大众宾馆和虹桥国际机场二号航站楼旁的中航泊悦酒店，都能达到100%以上的客房率。之所以会超过100%，是因为有一部分旅客只住几个小时就走了。如果这样的酒店都只能微利，甚至还是亏损，那我们是不是该做点什么了呢？

我们一定要找到那个能把平台做到完美、极致的人。

案例 2-13

浦东国际机场卫星厅的经营性资源最大化

商业服务设施是机场航站楼的主要经营性资产，同时也是为旅客服务的必要设施，是航站楼功能的一部分，是机场规划建设时必须高度关注的内容。在市场需求允许的范围内，要尽可能把商业服务设施规模做得大一些，还要为今后多留一些为适应市场变化进行各种改造的可能性。

浦东国际机场卫星厅分为东、西两个部分，称为S2和S1，共计有近100个停机位。两个卫星厅都呈T字形，每个卫星厅的三个指廊的相交部位旅客最集中，是零售餐饮设施、广告设施、贵宾服务设施等争夺的最宝贵地方。于是机场建设指挥部在规划设计阶段就根据站坪机位布置的合理性,尽量将这个三角区域做得大一些,在区域内规划建设了大量的商业服务设施和广告设施,使之成为卫星厅内经营性资产最为集中的地方。从内部景观看,这里无异于一座大型商场(图2-35,图2-36)。

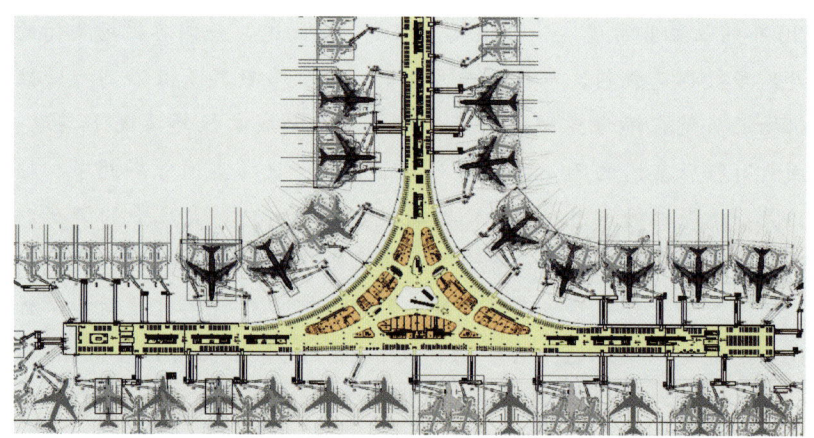

图2-35　浦东国际机场卫星厅商业服务设施分布示意

图2-36　浦东国际机场卫星厅的商业共享大厅

2.4.4 负资产

对于"负资产",一定要严格控制。"负资产"是指那些功能上并非必需,一旦运行就会吃掉企业利润的资产。图2-37所示是国内某机场旅客出发流程设计的概念图,旅客是从地铁车站(-6 m层)上到交通中心的地上二层(6 m层),然后去航站楼内,乘电梯或自动扶梯到旅客值机大厅(18 m层),办理值机后,再乘电梯或自动扶梯下到6 m层安检后登机。项目评审会上轮到我发表意见时,我就问:"可以让无托运行李的旅客直接从6 m层登机吗?"回答是肯定的:"可以。"但是,问题马上来了,有人就接着问:"也可以让有托运行李的旅客,在这里交行李吗?"回答说:"加上值机柜台后也是可以的。"这样一来,可能有人会觉得"麻烦"大了:值机大厅如果被放下来(至少很大一部分值机设施可以放到6 m层来),那个代表城市形象的、"高大上"的机场航站楼就"没有了"!但是以后会长期消弥企业利润的负资产是机场在规划建设时一定要考虑清楚的。

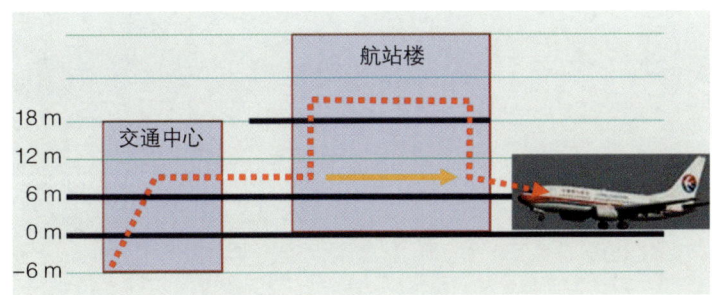

图2-37 "负资产"概念说明图

在这个旅客出发流程中,航站楼内把旅客从6 m层提升到18 m层的电梯和自动扶梯,以及把旅客从18 m层降落到6 m层的电梯和自动扶梯,就是我所说的"负资产"。因为没有它们,旅客流程更便捷,运行成本更低。它们一旦运行,公司利润就会下降。在机场规划设计中,我们经常会看到这种负资产。由于规划设计上的失误,这些负资产每天都在增大机场的成本、蚕食企业的利润。

我们在规划设计的审查中,特别是在最后一道关,即初步设计审查中,一定要把好关,减少或清除这些负资产。

最常见的负资产往往出现在旅客流程复杂化、行李流程不顺畅、通道过多、可选择性过多，以及不必要的冗余、奢靡的装修、没有意义的高标准、满足出现频率极低的需求等方面。

本章小结

综上所述，对于机场来说，一个高标准的、高效的平台是至关重要的。要记住：一家三星级的宾馆，是不可能提供五星级服务的。

机场基础设施平台可分为空侧平台、陆侧平台和系统平台。随着人工智能技术的突飞猛进，系统平台的作用将会越来越大，未来的机场、未来的航站楼将发生革命性的变革。

基础设施平台建设的关键是对固定资产做好投资管控，目标是追求高效。建设者决定运营成本，经营收益很大程度上也取决于投资管控。

航 空 港 规 划 丛 书

第 3 章

优秀的搭档

图 3-1　网球双打中的搭档队友

成功的人生需要有一个好的搭档，这个搭档非常重要，就如同网球双打中的队友（图3-1），应该各负其责、优势互补、高度协调。网上流传着一句话，"不怕狼一样的对手，就怕猪一样的队友"，这很好地诠释了优秀搭档的意义。

如同我们人生中的每一次成功都需要有一个好的搭档，对机场来说，搭档就是航空公司，特别是基地航空公司，这个搭档非常重要。

实际上机场与基地航空公司互为搭档。它们在枢纽机场的规划建设中，各自扮演着不同的角色，承担的工作大致可分为两块：一块是天上的，就是航空运输组织，主要靠航空公司，特别是基地航空公司来完成；另一块是以前重视得不够的地面集疏运系统，这应该由机场牵头来做。过去，机场方把自己局限在机场红线以内，对地面运输网络的规划建设做得不够。以后，大家要更加重视地面运输网络，规划建设和运营管理好航空运输的地面集疏运系统。

当天上的航空网络和地上的集疏运系统都搭建好以后，我们就将面临这两个系统对接的问题，这就是我要说的综合交通枢纽问题。旅客是在这两个网络之间换乘的，因此越便捷越好。为了旅客的便捷，机场需要做很多事情，面临许多困难。

下面从空中运输网络的构建、地面集疏运系统的构建、航站主楼与综合交通枢纽的一体化三个方面展开讨论。

3.1 空中运输网络的构建

建设交通设施首先应研究运输组织问题。过去,我们往往是对运输组织还没研究透,或者按照以往的运输组织方式就开始设施建设,带来了许多遗憾。运输组织问题的实质是设施的用途和功能问题,其核心就是设施的定位问题。对于枢纽机场来说,机场的定位和以机场为核心的综合运输体系的组织就是机场规划、建设的依据。

作为机场搭档的航空公司构建空中网络,有两种组织方式:一种是点对点的飞行,现在在我国还是多数;另一种是枢纽辐射的飞行方式。以美国为代表,在民航运输中广泛采用了"枢纽-辐射(HUB&SPOKE)"的模式。如图3-2所示,某区域共有9座城市机场,其中2座城市是大城市,也可以叫作中心城市。如果9座城市都不建设枢纽机场,那么每两座城市之间都有运输需求,就要运营36条航线。如果用"枢纽-辐射"的模式来进行运输组织,在其中2座城市建设枢纽机场,把周围相对较小城市的机场变成支线机场;

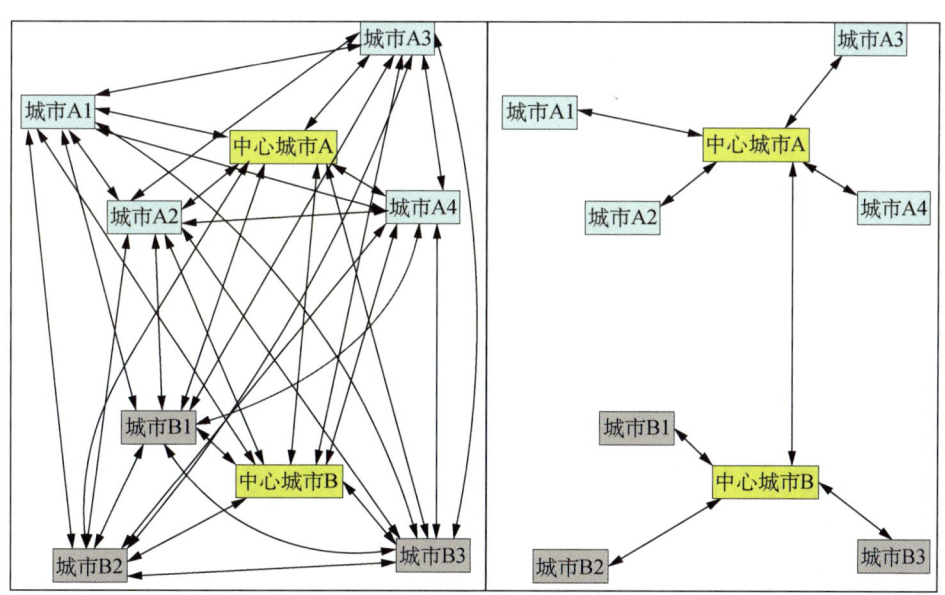

(a) 城市对航线(9个城市需要36条航线)　　(b) 枢纽网络航线(9个城市只需要8条航线)

图3-2　民航最常见的两种运输组织方式

航空公司用较小的飞机将客人从支线机场运输到枢纽机场；再用较大飞机将各支线机场运来的旅客从枢纽机场运输到另一座枢纽机场；最后将另一座枢纽机场的旅客用较小飞机运输到其他支线机场。通过这种运输模式只需运营 8 条航线，即可满足所有城市的通航需求，同时航空公司也能保证其客座率、降低成本，空域资源的需求也会减少。对旅客来说，虽然增加了换乘带来的不便，但由于航空公司成本大幅下降，换乘的飞机票价比较低，多数旅客还是乐于接受的。这样的运营模式对于机场来说也有很大好处，支线机场只需要很小的投入就可以满足运输需求。

"枢纽-辐射"这种运输方式非常有效，但对它来说一个很重要的前提是航空器特征，即小飞机适合飞短距离，大飞机适合飞长距离。如果大飞机飞短距离，就不经济，起降的损耗会很大；小飞机飞长距离，则总要在中间停站加油。因此，最后航空公司就发明了"枢纽-辐射"这样一种运输方式。

上述这两种方式几乎在每一座机场，特别是大机场都在采用。每座机场都会有其不同的特征，我国按"枢纽—辐射"方式运营得比较好的省份有云南、新疆。以乌鲁木齐机场为例，其周边 13 座支线机场的旅客先乘小飞机到达乌鲁木齐机场，再乘大飞机前往北京、上海和广州等枢纽机场。

美国发明"枢纽-辐射"运输方式后，其几家大航空公司都运营得很好。如图 3-3 所

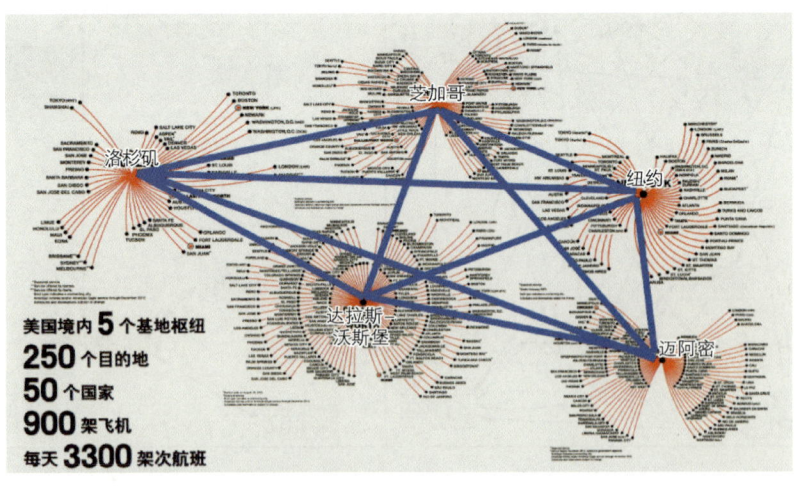

图 3-3　美国航空公司在美国的枢纽-辐射式航空运输网络

示，美国航空公司（American Airlines，简称AA）在美国有五个基地枢纽，枢纽辐射着许多支线机场，基本上覆盖全美，然后通过干线将这几座枢纽机场连接起来，就形成了整个航空运输网络，这一运输模式非常典型。

显然，这种"枢纽-辐射"运营模式有很多优点，唯一的缺点是旅客要换乘。为了方便旅客换乘，航空公司会统一调度，将几座支线机场的旅客在同一时间都运输到枢纽机场，并让大飞机在枢纽机场等待这些转机旅客在下一时刻起飞。这样，枢纽机场的飞机在某一时刻集中到达，而接下来的某一时刻又集中出发，一日之中几次重复就形成了"航班波"。对于枢纽机场来说，航班波非常重要，必须要把航班波组织好。

案例 3-1
洛杉矶国际机场的空中网络组织

洛杉矶国际机场（LAX）位于美国洛杉矶市，是美国第二繁忙的机场（按旅客吞吐量排名），西接繁忙的跨太平洋航线，东接密集的国内航线网络，北接美加航线，南接北美-拉美航线，是北半球航空圈带上的重要节点，被认为是通往太平洋沿岸的主要门户。截至2022年1月，洛杉矶国际机场运营的航空公司为60家，航线量达210条，共98 561个航班，连通42个国家和地区、170座城市、178座机场。

图 3-4　洛杉矶国际机场的航空运输网络情况

洛杉矶国际机场是美国航空、达美航空、美国联合航空、阿拉斯加航空、五大湖航空、维珍美国航空和阿特拉斯航空等航空公司的枢纽机场，也是新西兰航空、忠实航空、挪威航空、澳大利亚航空、西南航空和沃拉里斯航空等航空公司的基地机场。2017年洛杉矶国际机场客运量前五大航空公司的旅客吞吐量及其占比如图3-5和图3-6所示。

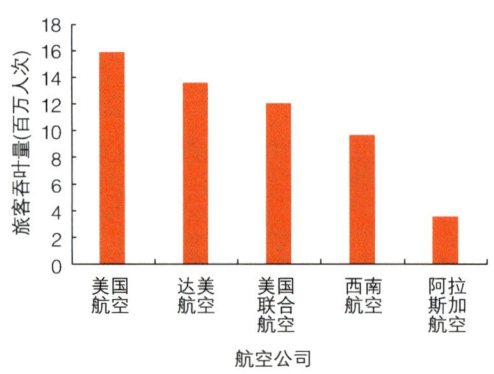

图3-5　洛杉矶国际机场客运量前五大航空公司的旅客吞吐量

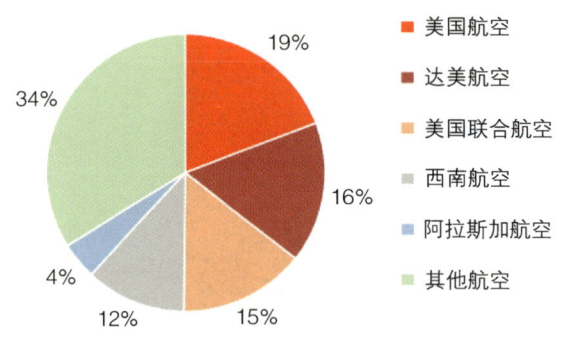

图3-6　洛杉矶国际机场各航空公司客运量占比

现在大家都认为航班波建设得比较好的机场是巴黎的戴高乐机场。虽然戴高乐机场的硬件设施有许多需要改进的地方，但它的航班运行组织得非常好，每天有6个航班波（图3-7），所以很多旅客到巴黎去就是为了转机，即在戴高乐机场换乘下一个航班。出现这种航班波的机场就是枢纽机场。

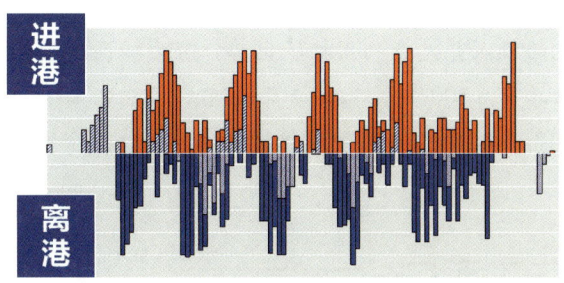

图 3-7 巴黎戴高乐机场的航班波

案例 3-2

巴黎戴高乐机场与法国航空公司的合作

戴高乐国际机场（CDG）位于法国瓦勒德瓦兹省鲁瓦西地区，距巴黎市中心 25 km，是法国最大的国际机场，欧洲最主要的航空枢纽之一。截至 2022 年 1 月，巴黎戴高乐机场运营的航空公司有 95 家，航线量达 281 条，共 46 862 个航班，连通 113 个国家和地区、252 座城市、259 座机场。

与洛杉矶国际机场的多基地航空公司模式不同，戴高乐国际机场主要由一家基地航空公司——法国航空公司（简称：法航）来构建空中网络（图 3-8）。

图 3-8 巴黎戴高乐国际机场的航空运输网络结构

法国航空公司是戴高乐国际机场的基地航空公司,自1996年3月31日起,法航不断加大对戴高乐机场设施的投入并充分利用机场优势,努力提高运营业绩。截至2017年2月,法航在戴高乐国际机场约有6 500名员工,每日接待旅客量达10万人次,每周转机航班达25 000架次。法航在戴高乐国际机场的年座位容量在4 000万个以上,市场份额达50%以上,如图3-9所示。

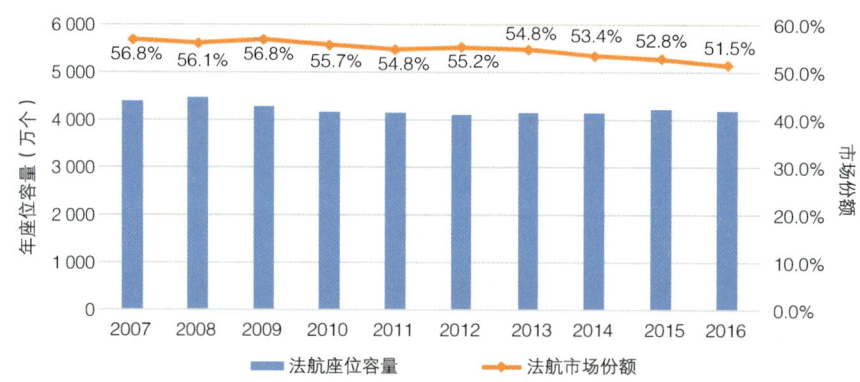

图3-9 法国航空公司在戴高乐国际机场的年座位容量和市场份额

从法航的角度讲,将戴高乐机场建设成为自己的枢纽也是"义不容辞"的职责。法航枢纽运作也是通过6个航班波有组织地进行,其竞争优势之一就是每周能提供超过2.5万个远程、中远程中转机会,而且中转时间少于2 h。

法航的高品质追求和战略目标,在巴黎戴高乐机场得到了充分体现,为客户提供数字化体验、现代化设施和候机厅,为每一位客户提供日臻完善的定制化服务,以及携手天合联盟成员和巴黎机场为客户提供多样的产品和服务。而且,数字化服务从始至终渗透在法航的旅客体验之中,其中包括247个自助值机设备,可直接打印登机牌和行李标签;58个自动行李托运柜台,30 s内即可完成行李托运手续;56个自助登机口,可在12 min内完成A320飞机上178名旅客登机;法航地勤人员使用2 500台平板电脑可随时随地帮助旅客快速解决各种问题。

案例讲评:

在机场民航界,有关如何建设枢纽机场的讨论一直在持续不断地进行之中。但我们往往看见机场唱"主角",其吹拉弹唱样样精通。实际上,这不应该是单口相声,而应该是"二人转",其中航空公司所扮演的角色绝不容忽视。众所周知,想要成为枢纽机场,其前提之一,而且是必不可少的前提就是,必须有一家实力和规模在当地市场举足轻重的基地航空公司作为"搭档"。

枢纽机场代表的是一个运输体系,而不仅仅只是枢纽本身。机场作为一座城市的重要运输枢纽,首先必须确保始发和直达客源。这就意味着机场应该与航空公司、旅游公司、商业团体、货运代理等保持紧密的互惠互利关系,建立机场—社区之间携手互惠的关系应该成为枢纽机场长期发展的战略目标之一。

与此同时,我们不能忘记机场的最大客户之一——航空公司。如今航空公司在选择航线和价格方面有了更多的自主权,这也相应地要求机场建立自己真正的吸引力,因此支持基地航空公司的重任就应该落在机场身上。

从法航建设戴高乐机场枢纽的案例可以看出:如果没有戴高乐机场的高度配合,那么法航的基础设施建设和数字机场理念就会成为水中花、镜中月;如果没有法航在戴高乐机场的持续投入与精益运营,戴高乐机场也很难在残酷的市场竞争中脱颖而出,成为欧洲最大的航空枢纽之一。因此,机场应该高度关注基地航空公司的所思所想,基地航空公司运营的好坏将成为机场能否成功的最大决定因素。如果基地航空公司的表现不佳,那么机场也会"感冒生病"的;而那些运营良好、管理有方的机场,都能够真正了解其核心航空公司的想法。

在枢纽机场的建设和运营中如何使旅客的转机便捷、顺畅,减少等待时间,就成为航空枢纽建设的核心课题。在浦东国际机场,每天 8:00—8:30 有很多航班离港,10:00—10:30有很多航班到港;13:30 左右又有很多航班离港,15:30—14:00 又有很多航班到港;19:00—19:30 又有很多航班离港,21:00—21:30 又有很多航班到港。在 2004—2015 年发展战略规划中,机场规划了这样的三个航班波,如图 3-10 所示,图中的每一个方块里面有一个三字码,是航班运行的对方机场的代码。图中黄色和橙色的方块表示现在还未通航的机场,蓝色的表示已经通航的机场,这些未通航的机场就是浦东国际机场的市场部接下来要开发的航线的目标机场。

所谓"波",从数学和物理学的角度来说是包括很多参数的,它们都可以对应航班波的一些运营要素。比如"波长"就是机场的最长转机时间,转机时间当然是越短越好。因为

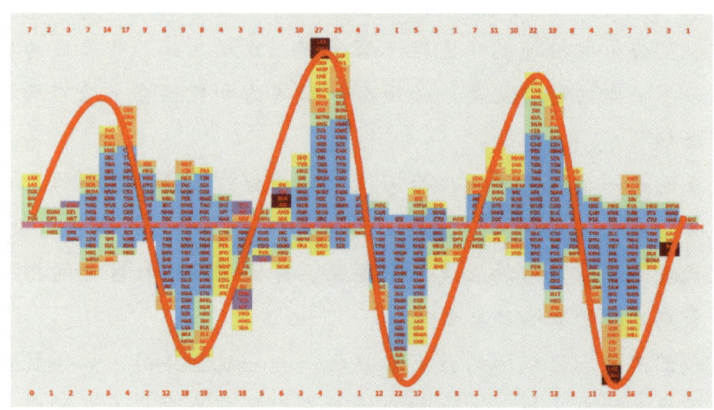

图 3-10　浦东国际机场规划的航班波

旅客一旦赶不上一个航班波就要等下一个波段，就得在航站楼里待很长时间，也许他当天的行程就会被耽误。讲到旅客的出行，特别是商务出行，就要考虑到很多旅客都是有经济活动的，如果受转机时间影响当天行程被耽误，那对经济活动的影响可能就会很大。"波峰"就是航站楼需要有的旅客处理能力，也是机场的运行能力。波峰有多高，机场的运行能力就有多大。比如某个波峰是一个小时有 60 架次，那么机场如果没有 2 条跑道就无法维持，这就是对设施规划设计的要求。因此，航班波是我们研究枢纽机场的一个重要的指标，看一座枢纽机场好不好，就看一个旅客他换乘一次需要多少时间，这个时间是不是满足航班波的要求，不满足就应修改。如果旅客换乘有充足的时间，机场就要为他们提供休息、商业及其他服务设施，不能让他们闲着无聊。这些都是对航站楼规划设计的要求。

"航班波"不仅仅是航站楼的问题，更是整个机场的课题。某大航空公司的领导，是飞行员出身，针对国际航空运输协会（International Air Transport Association，简称 IATA）强调旅客在航站楼内换乘时间的理念，提出了一个新的概念，即"旅客换乘时间应该从飞机降落着陆的时间算起，到旅客换乘后登机，然后直到飞机起飞为止"。我觉得他说得很有道理，因为只有这样才能真正反映一座机场的运行效率。也可以推广来说：一座机场不仅要做好航站楼里的航班波，还要做好整座机场的航班波。但是在枢纽机场往往是飞机降落着陆后长时间靠不上登机桥，这个时间延误的责任该由谁来承担呢？有的港湾站坪就是运行瓶颈，飞机到了进不去，而出来要排队。如果港湾底部太小，那这个地方有一架飞机在动，其他飞机就都不能动。所以，机场界过去把转机时间作为航站楼内旅客流程问题来考虑是值得商榷的，是有局限性的。实际上机场空侧的瓶颈问题一样重要、不可忽视。

事实上，空域规划、跑滑构型、站坪布置、飞机的滑行、旅客流程、行李流程、地面服务，甚至陆侧集疏运系统等，都会影响航班波的形成和机场的高效运行。每座机场都需要有完善的航线规划和高效的空中运输组织方案。下面以上海机场为案例来介绍机场的空中运输组织。

案例 3-3
上海机场的空中运输组织思路

机场的定位决定了机场的运输组织方式。上海航空枢纽定位为"大型复合枢纽"，并由以下四个方面的功能组成：作为本地集散枢纽是其基本功能；作为中国门户枢纽之一是其核心功能；作为国际中转枢纽和国内中转枢纽是其潜在功能；作为国际货运枢纽是其突出功能。

所谓门户枢纽是指可实现国内旅客转机去国外、国外旅客转机到国内其他机场的枢纽机场。近年来，东方航空公司将日本和韩国的旅客运到上海的浦东国际机场，这些旅客再从浦东国际机场换乘去世界各地的航班，这就是浦东国际机场作为中国门户枢纽性质的运作，这种功能是潜在的，需要同日本成田机场和韩国仁川机场竞争。同样，上海机场作为国内中转枢纽，很多旅客来上海是为了到其他地方，比如从合肥和武汉乘飞机到虹桥国际机场、再换乘飞机到广州；东北的旅客到浦东国际机场、再换乘飞机到广东、海南，这样上海机场就形成了国内中转的功能。对于浦东国际机场来说，其最突出的功能之一是货运功能，其货运量国际排名第三。

上海目前有浦东、虹桥两座民用机场，它们各自如何定位，一直是上海机场集团的重大课题。首先，上海市以"一市两场"为一体的方式来构建航空枢纽（图3-11）。上海机场将航线网络不断调整与融合，最大限度地实现旅客在一座机场内的多种换乘，华中和华南的旅客集中在虹桥国际机场，东北、新疆、云南、西南、西北、重庆这些地区的旅客换乘国际航线比例较高，集中在浦东国际机场。

其次，浦东国际机场的定位为：近期内形成以国内与国际本地对运市场（O&D）为基

图 3-11 上海"一市两场"的功能定位

础,国际与国内(I-D)和国内与国际(D-I)中转为主,国内与国内(D-D)中转为辅的航线和运量结构;远期则随着航权的综合使用而逐步增加国际与国际(I-I)中转运量的比重,最终成为包括四种中转运量在内的国家级复合型航空枢纽(图3-12)。虹桥国际机场的功能定位为:形成以国内点对点为主,国内与国内(D-D)中转为辅的基本格局;同时承担城市和区域的各种专机、包机功能,以及商务航空、警务航空等通用航空机场的功能,并保留国际航班的备降功能(图3-13)。浦东国际机场和虹桥国际机场相互配合,两座机场共同构建上海航空枢纽。

最后,虹桥和浦东两座机场之间必须有便捷可靠的交通系统联系。现在,两机场集疏运道路交通网络已经基本建成(图3-14),很好地支撑了浦东国际机场作为货运枢纽的发展。在客运方面,规划有轨道交通2号线、磁浮机场快线和铁路机场快线;其中,轨道交通2号线已经开通,但两机场之间耗时太长,不适合航空旅客使用,且不能直连运营,给旅客带来不便;磁浮机场快线从龙阳路站向虹桥综合交通枢纽的延伸项目目前进展停滞;铁路机场快线正在建设之中。本应公交优先的机场集疏运系统,现在最为不便,非常可惜。

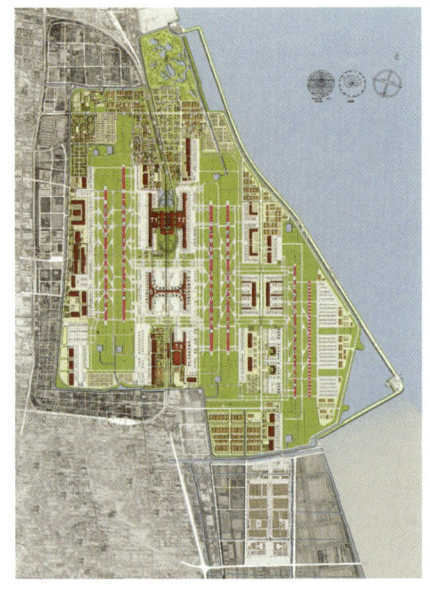
图 3-12 浦东国际机场总体规划

图 3-13 虹桥综合交通枢纽总体规划

（a）上海虹桥机场和浦东机场之间轨道交通系统规划

(b) 上海市高速网络体系示意图

图 3-14　上海两机场之间轨道交通和快速道路系统规划

　　基于以上两机场的功能定位，上海机场采用了三种航空运输方式（图 3-15）。一是枢纽-辐射方式。东北、西北、西南、新疆等地区用枢纽-辐射方式将地区内支线机场的客货集中到该地区的枢纽机场，然后通过干线航班输送到上海机场。二是点对点直飞方式。离上海比较近的地区的机场可与上海机场直飞，但直飞的城市要控制，就是要保障客座率较高的旅游性、商务性城市，特别要保障商务旅客多的城市，这些城市的航班会被分配到浦东和虹桥两机场。三是"空中巴士"方式。虹桥国际机场开通了京津冀和珠三角方向的高频率航班，它们成为旅客来了就马上能走的"空中穿梭巴士"。因此，两座机场的分工可以简单表述为：虹桥国际机场是以点对点的商务航班为主；浦东国际机场做复合型枢纽机场，突出门户功能和货运功能。

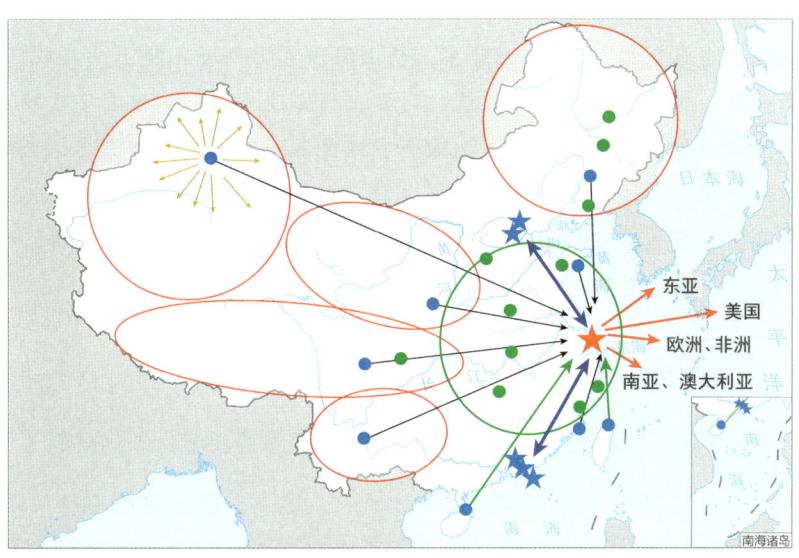

图 3-15　上海机场的运输组织

先看看虹桥国际机场最繁忙的两条航线，即京津冀到上海和珠三角到上海的航线。上海机场集团把这两条航线主要放在虹桥国际机场，而到浦东国际机场的航班每天不到 10 班。为什么呢？因为这两个地方都有世界一流的国际机场，旅客到浦东国际机场来换乘飞机的情况是很少的，绝大多数都是以长三角或上海为目的地。这两条航线上的航班密度非常高，虹桥国际机场到北京的航班一天就有 70 多班，最高时达到 80 班。虹桥国际机场到珠三角的航班更多，因为珠三角有香港、深圳、广州、珠海和澳门五座机场。这两条航线占虹桥国际机场近 60% 的起降架次，而且以商务旅客最为集中，机票打折很少。随着跑道容量日趋饱和，虹桥国际机场的主流机型还会越来越大。

再看虹桥国际机场的其他航线，比如郑州、武汉、昆明、成都、西安、重庆、长沙、厦门、台北等到上海的航线，上海机场集团把它们规划成"商务快线"。所谓商务快线，是指航班一天超过 10 班的航线。商务旅客到机场乘飞机，是极不愿意长时间候机的，基本上要求能随到随走，如果一条航线的航班一天超过 10 班，就能较好地满足商务旅客的需求。因为这些旅客对机票价格不敏感，但对时间敏感，如果随时到机场都能走的话，工作效率就提高了，也许还能在当天返回，这样就可以大大提高商务活动的效率。

虹桥国际机场主要采用了上述第二种和第三种运输方式。与虹桥国际机场通航商务快线的城市能实现"当日往返",比如旅客早上从上海出差去西安,晚上就能回来,像加了个班、晚点回家一样。但如果当天无法往返,则要在西安过一夜,不仅要多支出旅馆住宿费,还会影响第二天的工作。所以经济学上把这个当日往返的范围叫"一日交通圈",其实就是机场所在城市的经济辐射圈。因此上海机场集团通过航空枢纽的建设,把上海的经济辐射圈扩大了,现在可以覆盖全中国和东亚,甚至部分东南亚地区。这就是虹桥国际机场发展的方向:提高辐射能级、服务区域经济。

案例 3-4
浦东国际机场二号航站楼的旅客中转

浦东国际机场采用枢纽-辐射的运输组织方式,旅客在航站楼内的中转就很重要了。由于航班到达时间和出发时间是比较刚性的,旅客步行从到达飞机到出发飞机所需的时间,以及旅客托运的行李从到达飞机被拖运到出发飞机所需的时间,就是我们所说的中转时间。当然旅客能够越快越舒服地中转越好。但是,由于航站楼设施越来越大,还有必需的各种口岸手续等,旅客中转的便捷性常常难以保障。如果只是要求做出方便的旅客中转流程,那还比较容易,但是要做到让旅客便捷且管理高效就不那么容易了。关键是"一关三检"都要设点布控,也许一个点就是一个处,一个处就要有编制,旅客量不够就拿不到编制,没有编制就运营不了。因此,怎样才能够把我们要做的四大类中转集中起来,将其效率做出来,同时又能够满足旅客便捷中转的要求,然后又让口岸单位在管控上能够实施,也能够效率高,这就是机场规划建设者要做的方案。

四大类中转流程是指国际转国际、国际转国内、国内转国内、国内转国际。实际上还可以细分为几十种类别,因为有的旅客中转是要提行李的,有的是要再交行李的,有的需要确认的,有的不要确认……各种各样的旅客一分,中转类别就多得不得了,所以有很多航站楼的设计做得很复杂。有一次某航站楼的设计列出了 50 多种中转旅客流程,如果一个个都要做出相应的流程,肯定每一个流程上都只有少数几个旅客,可能比流程上需要的工作人员都要少。那应该怎么办呢?浦东国际机场二号航站楼的实践可以供我们参考。

浦东国际机场二号航站楼的旅客流程分布在三个楼层(图 3-16)。国内是出发、到达混流的,位于 4.200 m 层,与位于 6.000 m 标高的行李提取厅坡道连接。国际到达流程位于

8.400 m 层，国际出发流程位于 13.600 m 层。规划建设时，在航站主楼的正中央，与行李提取厅同高的 6.000 m 标高做了一个中转厅，厅内集中设置相应的口岸设施和值机设施，把各种类别的中转旅客都汇聚到这里来，从而最大限度地节约了各种中转资源。虽然从候机长廊两端到达的中转旅客走到中转厅是偏远的，但是经过计算，旅客从最远处走过来办完中转手续去登机，还是可以在规定时间内完成的。如果要在两座候机长廊两端再做一个中转的流程，旅客是可以少走一些路，但是中转旅客量太少，无法单独设置口岸、安检设施。所以浦东国际机场二号航站楼把国际转国内和国内转国际的所有中转旅客流程都集中在了中转厅。

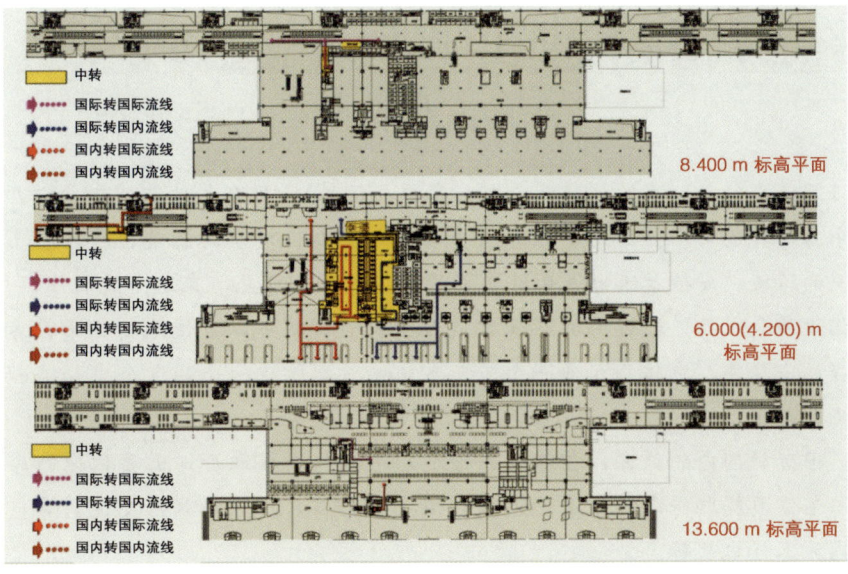

图 3-16　浦东国际机场二号航站楼旅客中转流程分布

图 3-17 所示为浦东国际机场二号航站楼中转厅旅客流程，具体如下：

第一，国内的旅客到达以后，可以在同层实现登机口到登机口的中转。

第二，国际转国际的旅客，下飞机到达 8.400 m 层，在长廊中部的柜台办理转机手续后，上到 13.600 m 层，过安检就可进入国际出发的候机长廊。

第三，国内转国际的旅客到达后，如果需要托运行李（例如上飞机之前又买了东西），那么过海关等后进入中转厅，在值机柜台就可以托运，这里可以提供航空公司相关旅客服

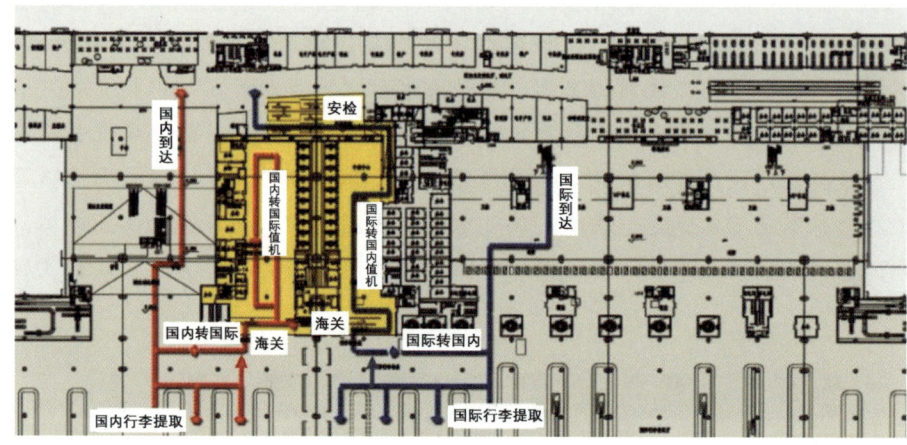

图 3-17　浦东国际机场二号航站楼中转厅旅客流程

务。如果旅客要取行李（有的旅客是要取行李再托运的），那么等他取完行李以后，再过海关等进入中转厅托运行李。随后，旅客从自动扶梯上到出发层的海关检查，接下来只要过正常流程里的边检、安检就可进入国际出发的候机长廊。可见，在这个流程中不增加边检、安检的任何设施和人力。通过海关在正常流程里设点，就可以方便地把正常旅客转换为中转旅客，提高中转率，中转旅客多一个，正常出发旅客就少一个。这个中转流程只需要海关设一个点就行了。

第四，国际转国内的旅客，在通过边检之后进入行李提取厅，需要提取行李的旅客提取行李，与不需要提取行李的旅客一道通过海关等检查，进入中转厅交运行李，然后过安检进入国内旅客候机长廊。

综上可见，浦东国际机场二号航站楼的旅客在中转厅即可完成各项中转流程，所用的资源是很少的，这才是高明之处。有一种中转方式就做一个旅客流程是很容易的，只要机场方提出要求，设计人员肯定能把设计图纸画出来，但是流程开出来的可行性、开出来后的成本有多高，这些都是规划阶段必须考虑的问题。

中转旅客量是一个关键要素。浦东国际机场一号航站楼的中转旅客量占总旅客量的比例为近20%，而二号航站楼只有百分之几，两座航站楼综合平均下来只有10%，所以如果把中转设施做得很多、很大、很复杂，最后成本的问题就会突显出来，旅客反倒不知道怎么走，引导标识也会非常复杂难懂。

中转厅是空中航线网络在航站楼内的节点，而航站楼是航空运输组织在地面的节点，它还需要与地面集疏运系统对接好，才能有效地支撑旅客的出行。

3.2 地面集疏运系统的构建

航空旅客要完成一次出行，除了在天上飞，还要在地上跑。因此，机场的地面集疏运系统必须规划运营好。这是机场应该做的事情，过去做得不够好，未来要担当起责任来，通过机场集团公司的平台与政府和各交通运营管理部门协调，构筑起机场需要的地面交通网络，让航空旅客能够便捷舒适地回家。

我在第1章里讲到机场集团的职责是"三要三管"，即"对外要资金、要土地、要政策，对内管战略、管资本、管干部"。机场集团的沟通对象主要是政府和相关公共机构，因此应做好这个"要"字的文章，把自己"营销"好。民用航空的特点就是自成体系、比较封闭，机场的具体情况通常不为外人所知，所以机场集团要做很细致的工作，在规划阶段就认真地做好机场所需要的地面综合运输系统的策划工作，弄清楚机场旅客构成是什么样的、航班时刻是怎样安排的，等等，为机场构建一个完整的综合交通体系规划。只有讲得清楚自己的真实需求是什么、需要怎样的资源支撑，与政府充分沟通，才能得到政府的全力支持。这些工作是机场集团与基地航空公司搭档运营枢纽机场的职责，它们一个是地上的总队长，一个是天上的主攻手。

下面讲述旅客出行问题。2004年，我出版了《大都会——上海城市交通与空间结构研究》一书，提出了"组合出行"的概念。具体是什么意思呢？我拿航空运输来做个解释。过去，民航人只关心飞机飞行这一段，但实际上旅客的出行不是简单地选择航空或是铁路，而是要对从家里出发到目的地所需要使用的各种交通工具进行综合评价再具体选择采用何种交通方式。一般而言，旅客会重点关注一次出行所需要的整体时间和旅行舒适度等因素。

航空旅客从家里出发后会采用多种交通方式。首先，会选择步行，或骑自行车，或乘公交车，或坐地铁，或乘火车，甚至通过多种交通工具换乘来到机场航站楼前的交通中心；然后，换乘飞机飞往另一座城市的机场；从机场出来后，同样会从不同的交通方式中选择一种或多种前往自己的目的地，这样旅客就完成了一次出行。这种使用多种交通工具完成一次出行的模式，我把它称作"组合出行"。而要很好地为这样的组合出行做好服务，机场就必须规划多种交通方式共同使用的交通走廊和换乘枢纽,从而也就会为城市带来新的发展模式,即"交通走廊+综合交通枢纽+城市中心"的城市结构模式。这就是"组合出行论"的核心思想。

  如果上述航空旅客到目的地办完事情以后,又以同样的方式回到自己的城市和家中,而且能够在一天之中完成这样一次往返,我们就把这种出行称作民航的"一日交通圈"(图3-18)。要完成好这种一日交通圈的旅行,需要控制好组合出行链上的每一个环节,其中一个关键的环节就是机场地面集疏运系统与飞机的换乘,即图3-18中的"15 min"部分。其实这在交通中心与航站楼的规划设计中是很难实现的,但我始终坚持给设计院提出这个标准,即旅客必须能在15 min内完成从下车到进安检整个行程。当然运营方面也需要努力创造便捷舒适的环境。现实中要真正实现便捷舒适的地空换乘,还有许多工作需要做,但是互联网和人工智能技术已经为我们提供了很好的技术支撑,如何实现地面集疏运系统与飞机登机桥的便捷对接是我们面临的紧迫课题。我们有必要按照图3-18中标出的每一个时间段去优化航空旅客的出行,每一段时间对应的每一个设施都要落实,否则就做不到当天往返。之所以要构筑这样一个高效的一日交通圈,其实是为了提升中心城市的经济辐射能力。如果做不到图3-18中的要求,中心城市的辐射距离就会缩短,经济服务圈就会缩小,随之带来的就是中心城市的市场变小。所以机场方面跟市领导去要政策时就是要讲清楚这个道理,讲清楚机场之所以需要市政府组织实施地面集疏运系统,是因为要帮助城市扩大自身的经济圈,为城市提供更大的市场,政府的各个公共部门,比如长途汽车、地铁、高速公路、高速铁路等运营管理部门都应该积极参与进来。如果政府不提供相关支持,机场就无法提高城市的辐射能级、服务好区域经济。这就是我所说的"营销"政府,既不是叫花子讨米要饭,也不是小和尚化缘,更不是纨绔子弟要赖,而是要摆事实,讲思路,讲道理。

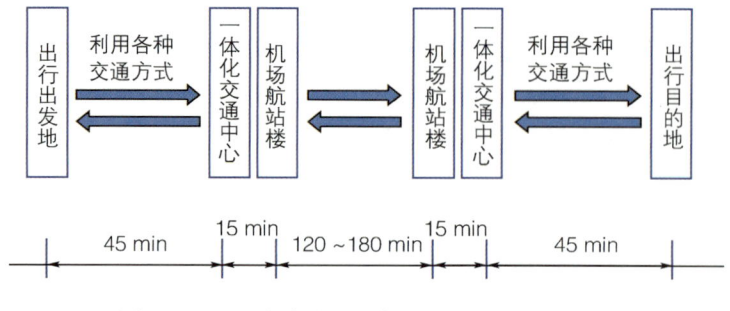

图3-18 民用航空旅客组合出行的"一日交通圈"

案例 3-5
兰州中川国际机场的空铁联运

兰州中川国际机场的综合交通枢纽位于二号航站楼之前，整合了高铁、长途汽车、公交巴士、出租车、机场巴士、社会车辆等多种交通方式和停车设施。兰州中川国际机场的综合交通枢纽实现了各种交通方式间的无缝连接，有效地解决了中川机场区域复杂的交通问题。

高铁与航站楼之间的换乘中心总用地面积约 13.47 万 m^2，总建筑面积为 11.142 万 m^2，包含一座换乘中心和两栋社会停车楼。总平面设计以机场为区域核心，与二号航站楼、中川机场高铁站中心对称。换乘中心大厅内无缝衔接航站楼和高铁站，使航站楼与高铁站换乘距离缩短到 100 m 之内；两栋社会停车楼位于高铁站西侧，底层与换乘中心通过两条商业走廊连接，方便社会车辆接送旅客（图 3-19）。

图 3-19 兰州中川机场综合交通枢纽剖面图

综合交通枢纽投运后，兰州中川国际机场迎来了一波旅客吞吐量的高速增长。2019年，兰州中川国际机场的旅客吞吐量突破1 000万人次，其中有约480万人次利用高铁进出机场，占比接近50%，为全国最高。机场给兰州市带来了巨大的经济效益和社会效益。

案例 3-6
上海机场面向长三角的地面集疏运系统

虹桥综合交通枢纽规划建设之初，建设指挥部就做了一个空铁联运的课题（图3-20）。刚开始做的时候，东方航空公司（简称：东航）和上海铁路局还都不是很积极，对是否能做好有疑虑。课题完成后，上海机场集团拉着它们两家一道在苏州昆山市试点，结果发现效益好得不得了。现在这两家公司也不找上海机场集团要基础设施资源了，它们发现各个城市，例如无锡、昆山、太仓等，都会非常积极主动地提供所需服务和相关设施，因为这些城市都认识到空铁联运只要花很少一点代价，就能在当地迅速拥有一个直通上海两座机场的"虚拟机场"。

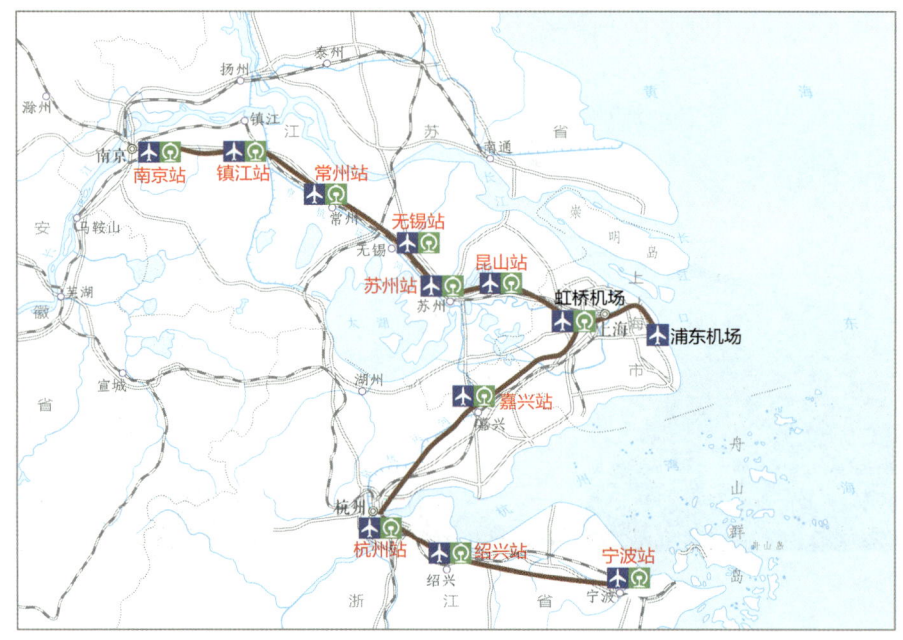

图 3-20 沪宁、沪杭甬的每个车站都是一座虚拟机场

现在,上海铁路局在长三角开行了 230 多列挂有东航航班号的高铁列车,这实际上使每一座长三角城市都有了一个空铁枢纽。旅客如果购买这种高铁列车的车票,一进车站闸机东航就知道了,到达虹桥国际机场和浦东国际机场后,就像是乘一架支线飞机过来的一样,东航会提供相应的服务;而且东航允许这种联运的旅客走两舱通道,就是在机场内享受头等舱、公务舱和金银卡旅客的服务。这就是所谓的"空铁通"(图 3-21)。这是很有吸引力的,尤其是对那些在乎时间的人!一般来说,旅游客人对时间不是很敏感,他们也许两个月前就计划好了这次旅行,可能提前 4 h 就到机场来了,不在乎"空铁通"能为他们节省多少时间。而对在乎时间的商务和公务旅客就不同了,"空铁通"对他们很有吸引力,有的地方政府甚至还指定自己的职员出差必须买东航的机票,这样一来东航的头等舱和公务舱机票也就容易销售了。后来某航空公司看到这个市场那么好,也想来做,结果发现东航与地方政府都签了排他协议,地方政府只认东航,因为东航为这些城市提供了特殊的服务,那它就会要求城市提供相应的资源支持。

图 3-21　东方航空公司与上海铁路局推出"空铁通"

高速公路也一样,长三角各城市纷纷推出了"空巴通"的旅客巴士服务(图 3-22)。但因为道路会拥挤,不可控因素较多,所以服务距离不能太远,于是上海机场把"空巴通"的服务半径控制在 100 km 左右。上海机场起初计划在开通"空巴通"的城市去建设城市航站楼,由航空公司来提供相应的服务,结果地方政府一听说有这好事,就说:不用上海机场来建楼,我们把楼建好,你们来提供服务就行,所以上海机场只需要对这些城市通过互联网传过来的旅客行李安检图像提供判读服务就行了,安检人员也不必到现场服务。后来我们发现昆山很聪明,当地工作的台北人比较多,特别在乎这个"空巴通"的服务,因为他们在昆山下班以后,可以坐车到虹桥国际机场,再乘飞机到台北,晚上到家里还能赶上吃晚饭呢,享受这种服务的人对价格一般都不太敏感,因此昆山不仅建设了与上海机场对接的城市航站楼(图3-23),还在其周边开发了住宅小区,生意做得很红火。所以这就形成了一个多赢的局面。

图3-22 各城市推出了"空巴通"

图3-23 昆山市的上海机场城市航站楼

无锡则创造了另一种模式。当地在一座大型超市中租了一块场地，就把对接上海机场的城市航站楼开起来了（图3-24）。经研究，我发现无锡也很聪明，因为长三角的部分大型超市是有自己的班车的，这让航空旅客从家里到城市航站楼来去都很方便，这样就把最后一公里的交通问题解决了。所以说他们创造了一个非常好的城市航站楼模式。

图 3-24　无锡市的上海机场城市航站楼

上述这种吸引商务旅客的营销策略是符合上海机场，特别是虹桥国际机场的发展战略的。现在上海机场的设施容量已经见顶，那就要考虑做什么、不做什么的问题。做国际旅客、做高端旅客、做商务旅客，这才是上海机场的必然选择。这部分旅客对上海机场来说很重要，他们消费能力强、投诉少，他们在乎时间，在航站楼里停留的时间短，等于提高了航站楼的容量和效益。我们的一线机场、省会机场都要特别关注这一群体，他们就是帕累托定律（二八定律）中的那20%。

3.3　航站主楼与交通枢纽的一体化

机场的网络建设是天上一个网络，地上一个网络，而这两个网络的结点就是机场的旅客航站楼和交通中心。那么问题就来了：这两个网络的结点在地面上必须实现高效对接，必须实现彻底的一体化。虹桥国际机场的扩建规划中就通过"虹桥综合交通枢纽"整合了航站主楼、陆侧交通设施和商业服务设施。

根据我们的研究，与过去的航站楼相比，未来航站楼将在以下几个方面发生变革，必须引起我们注意：

（1）自助值机、网上值机的比例将大幅度提升。

（2）航站楼入口安检常态化，航站楼两级安检（即进门一次安检加登机前安检）将会常态化。

（3）信息技术将带来航站楼旅客流程的革命性变革。自助值机、身份识别、航站楼内各种旅客服务、商业服务等都将在网上实现，安检技术与设备有望迎来重大突破。

（4）航站主楼与陆侧交通枢纽相互融合，航站功能、交通功能、商业服务功能将彻底一体化。

（5）以轨道交通为代表的公共交通系统将会越来越便捷地与航空器登机口对接。

我们已经认识到，航站主楼的大部分功能将转移到网上，航站主楼的规模将会被大规模压缩，网上航站楼将会越来越强大。因此，航站主楼将会与陆侧交通枢纽和商业服务设施融为一体，形成新的航站楼综合体。我们暂且把这个航站楼综合体叫作"综合交通枢纽"。整合陆侧综合交通系统和航站楼功能，就是未来机场航站设施的发展方向。

随着陆侧综合交通系统的发展，航站楼前应该会形成一个高效的换乘枢纽。机场的规划与运营就是要将旅客从下车（船）到登机的时间压缩到最短（15 min 以内，反向亦然），而且一定要让这一换乘在同一个屋檐下完成，最大限度地提高旅客的便捷舒适度。特别是要推动以城市轨道交通为代表的大运量公共交通，与航空器的登机口尽可能便捷地对接。还要大力推进航站楼前停车设施规划与运营的一体化。因此，我们必须抓紧完善新的航站楼功能，不断优化相关工艺流程。航站楼功能设施的布局与工艺流程的规划要与地面集疏运系统的工艺流程一体化考虑，不可各管各的，要不断地优化旅客出行链上的各个环节和节点。虽然旅客流程可以细分出 50~60 种，但实际操作中不可能也没必要面面俱到、个个落实。一定要根据旅客需求，注意抓大放小、分清轻重缓急，针对每一种类型的旅客在航站楼和交通中心换乘的流程需求编制规划设计和运营管理的方案。方案好坏的评价指标就两个：一是看方案是否满足了旅客流程需求；二是看方案为满足这些需求投入了多少资源。

也就是说：用最少的资源投入，满足了最多旅客流程需求的方案才是最佳的。如果航站楼与交通中心一体化的综合交通枢纽投入运营以后，旅客换乘高效且感觉便捷舒适，那就是"成功的"；如果功能设施闲置低效，运营费用高企，就说明该航站楼的规划设计是"欠优的"，或"失败的"。

但是，我还是要强调：不管你我是否愿意，也不管大家是否自觉，航站楼都是一个时代的标志，都会体现所在城市的经济、社会、文化特征，都将集成先进的技术、设备和运营管理。因此，航站楼总是它所处地域和时代特征的集中展示，我们不能抱怨人们赋予了航站楼过多的职能，而只能努力去展示这些。有时候我们觉得航站楼做得还不够好，那是因为我们的要求超出了这座航站楼承载社会经济基础的能力；有时候觉得航站楼做得特别好，超出了期望，其实那只是因为我们低估了时代和地域的发展水平。

> **案例 3-7**
>
> **虹桥国际机场二号航站主楼与交通枢纽的一体化规划与运营**

沪宁与沪杭两条铁路由上海的西北和西南分别进入上海市区的上海站和上海南站，在上海虹桥国际机场的西侧有一条连接沪宁、沪杭两条铁路的铁路联络线，实际是宁沪杭交通通道，虹桥综合交通枢纽就选址于旧虹桥国际机场与该通道之间。虹桥综合交通枢纽既是沪宁和沪杭两条交通轴的交接点，也是上海东西发展轴的西端点。虹桥综合交通枢纽规划建设时的功能定位为（图3-25）：第一，打造独一无二的交通枢纽，成为服务长三角乃至全国的骨干工程；第二，构建品质卓越的商务地区，成为上海西部的活力核心以辐射长三角；第三，塑造个性鲜明的地区形象，成为长三角的代表和上海市的都市名片。

在上述功能定位的基础上，建设指挥部对虹桥综合交通枢纽所在的上海西部城区进行了深入的研究，提出了虹桥综合交通枢纽周边地区城市空间和产业的布局规划构想。虹桥综合交通枢纽地区的总面积界定为 26.26 km^2，可开发土地约 370 hm^2，可开发容积约 500 万 m^2，其中站前核心区约 60 hm^2。虹桥综合交通枢纽的交通设施日处理能力能够超过 110 万人次，面积达 120 万 m^2 以上。与综合交通枢纽一体化规划的还有两个面积各为 4 万 m^2 的宾馆。对这些交通基础设施的布局（图3-26）完全基于上海市综合交通规划研究所提供的虹桥综合交通枢纽旅客流量预测（表3-1）。

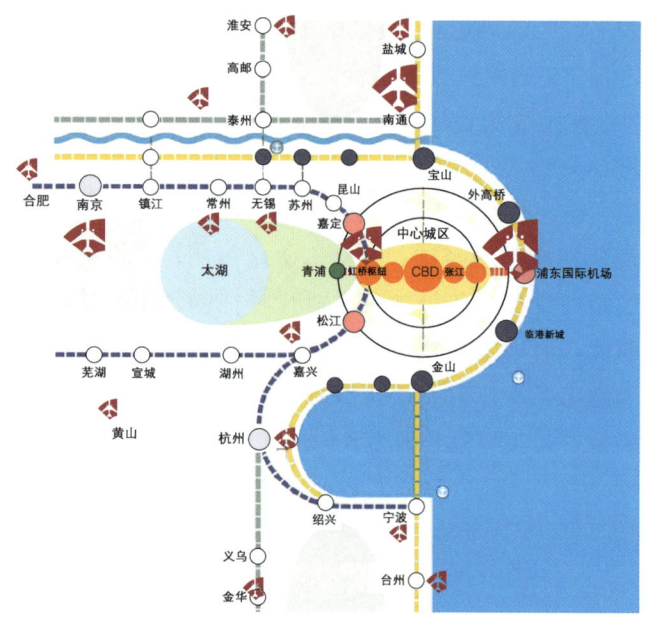

图 3-25　虹桥综合交通枢纽在长三角和上海市的定位

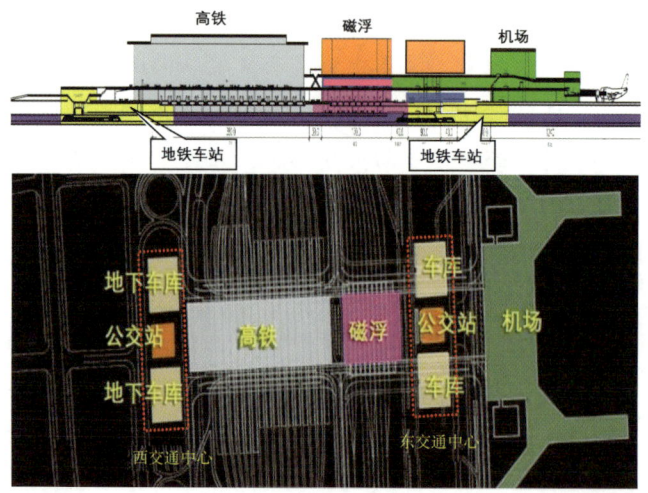

图 3-26　虹桥综合交通枢纽的设施布局

第 3 章 优秀的搭档

表 3-1　虹桥综合交通枢纽换乘客流预测　　　　　　　　　　（人次/d）

	高铁	城际铁	虹桥机场	机场间磁浮	磁浮沪杭	高速巴士	高速公路	城市交通（地铁为主）
高铁	—	1 000~2 000	2 000~3 000	7 000~8 000	1 000~2 000	500~1 000	6 000~7 000	65 000~66 000
城际铁	1 000~2 000	—	3 000~4 000	7 000~8 000	400~1 000	500~1 000	1 000~2 000	68 000~69 000
虹桥机场	2 000~3 000	3 000~4 000	—	2 000~3 000	400~1 000	3 000~4 000	7 000~8 000	34 000~35 000
机场间磁浮	7 000~8 000	7 000~8 000	2 000~3 000			1 000~2 000		
磁浮沪杭	1 000~2 000	400~1 000	400~1 000	0		1 000~2 000	1 000~2 000	24 000~25 000
高速巴士	500~1 000	500~1 000	3 000~4 000	1 000~2 000	1 000~2 000	—		3 000~4 000
高速公路	6 000~7 000	1 000~2 000	7 000~8 000		1 000~2 000	0	—	0
城市交通（地铁为主）	65 000~66 000	68 000~69 000	34 000~35 000	—	24 000~25 000	3 000~4 000	0	

　　从表 3-1 可以看出，在铁路、磁浮和机场这三大对外交通设施中，铁路与地铁的换乘量最大，机场与地铁排第二，磁浮与地铁排第三，排第四的是铁路和磁浮的换乘量。依据上述换乘量，将换乘量最大的地铁和高铁结合在一起，地铁的一个站布置在高铁下方；地铁的另一个站放在磁浮和机场之间，使旅客换乘非常方便；高铁与磁浮的换乘量排第四，也让它们靠在一起。这样，地铁需要设两座车站，在地铁车站的上面布置公交车站，放在航站楼和高铁车站门前，这也体现了公交优先和地铁优先的原则。然后在枢纽设施的地上 12 m 出发层和地下 9 m 到达层这两个层面规划建设了两个连接所有交通设施的换乘通道。这样，铁路、磁浮、机场和高速公路上的巴士这些对外交通设施，与地铁、公交巴士、出租车、社会车辆等城市交通配套设施就完美地结合在了一起。再将一些经营性设施布置在交通设施的周边和上面，就形成了虹桥综合交通枢纽的规划方案。

　　由于上述这种布局中机场与高铁之间的换乘相对最远，所以就将机场的值机大厅向西延伸到了航站楼前的陆侧换乘枢纽之上，向高铁车站靠近了，同时也使交通枢纽与航站主楼完全一体化了（图 3-27）。

建筑一体化完成后,接下来就是航站楼与集疏运系统的一体化。虽然虹桥国际机场的规划中鼓励航空旅客换乘轨道交通,但道路交通仍是一个非常重要的规划课题。根据预测,每天大约有60万人次来自虹桥枢纽以西地区,还有50万人次来自枢纽以东地区。因此,虹桥综合交通枢纽在其西侧地区规划建设了一条辅助道路,引导枢纽以西地区旅客通过已有的嘉金高速和崧泽高架进入虹桥枢纽,以东地区通过中环线和高架路直接进入虹桥枢纽。在枢纽地区,旅客通过北翟路与七莘路交叉口、青虹路与华翔路交叉口、华翔路与徐泾中路交叉口、七莘路与沪青平高速公路交叉口等四个节点进入虹桥枢纽。根据预测,从四个节点进入枢纽的旅客比例分别是19%、30%、19%和22%,道路的需求量为18条车道,因此虹桥综合交通枢纽最终规划建设了24条车道,保证了上述四个节点中任意两处故障时都能够保证道路顺畅(图3-28)。

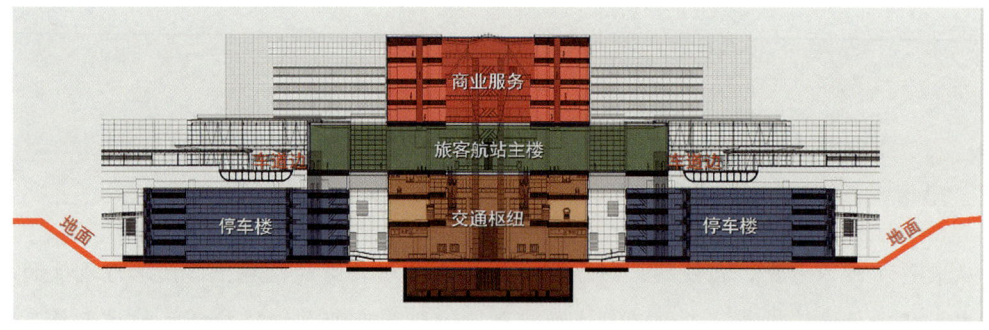

图3-27　虹桥国际机场二号航站楼前交通枢纽的南北向剖面

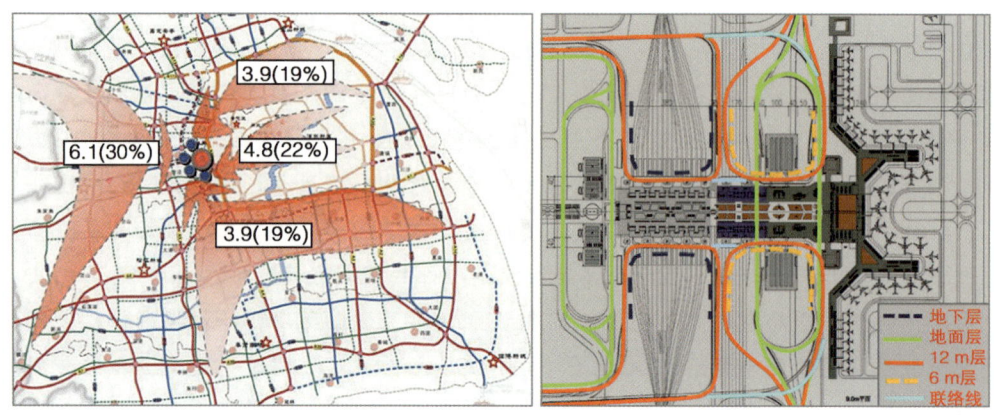

图3-28　虹桥综合交通枢纽各自独立的集疏运道路

整个道路交通规划的原则是：①建设枢纽专用的高架快速道路系统，将地区内的交通与枢纽集散交通分离；②按西进西出、北进北出、南进南出的原则引导高架快速道路交通流向，同时保持枢纽良好的互通性，使旅客有多种选择；③快速系统采用单向大循环方式；④公交优先。公交优先具体体现在公交站与枢纽设施最靠近，布置在机场航站楼的门口。

虹桥综合交通枢纽在设施规划中，特别关注了轨道交通。这是因为轨道交通是运量最大的公共交通方式，换乘轨道交通的距离短了，所有旅客换乘的步行距离就一定是最短的。

最初的方案中轨道交通在枢纽地区只设置了一座车站，后来发现旅客需要步行很长的距离，于是增加了一座车站。从轨道交通网络的角度研究什么样的线路要进到枢纽里来，也花费了规划者不少的精力，最终进虹桥综合交通枢纽的轨道交通规划了5条线（图3-29），每条线都有其进入的道理，都与其他替代方案做过比较，经过反复论证的这5条线是上海市域内不需要换乘就能到达虹桥综合交通枢纽的旅客覆盖率最高的轨道交通线，特别是对航空旅客、高铁旅客的覆盖率最高。

图3-29　虹桥综合交通枢纽中的轨道交通规划

仅仅把各种交通方式的设施布置在一起还是不够的，真正的一体化必须将它们的神经系统连在一起，并由一个大脑来指挥。这就是要将虹桥综合交通枢纽中运营的所有交通方式的信息系统整合在一起，即必须整合高铁、磁浮、地铁、机场、长途汽车等已有的运营信息系统。这是一件具有相当难度的事情，因为各系统不仅是由不同的部门管辖，而且它们还都有各自不同的法律和技术规范。通过规划建设者们的努力，现在旅客在达到虹桥综合交通枢纽时，能够看到各种交通方式的运营信息（时刻表）显示在同一块屏幕上，可以方便地选择所需要的交通方式和班次。

有了这个运营信息平台，还可以将一些日常管理和灾害报警等系统都纳入这个平台（图3-30），并进一步通过这一平台整合各种交通方式的运营指挥，逐步建立起虹桥综合交通枢纽完整的运营指挥系统和应急救援系统,最终与上海市的应急救援指挥系统对接。

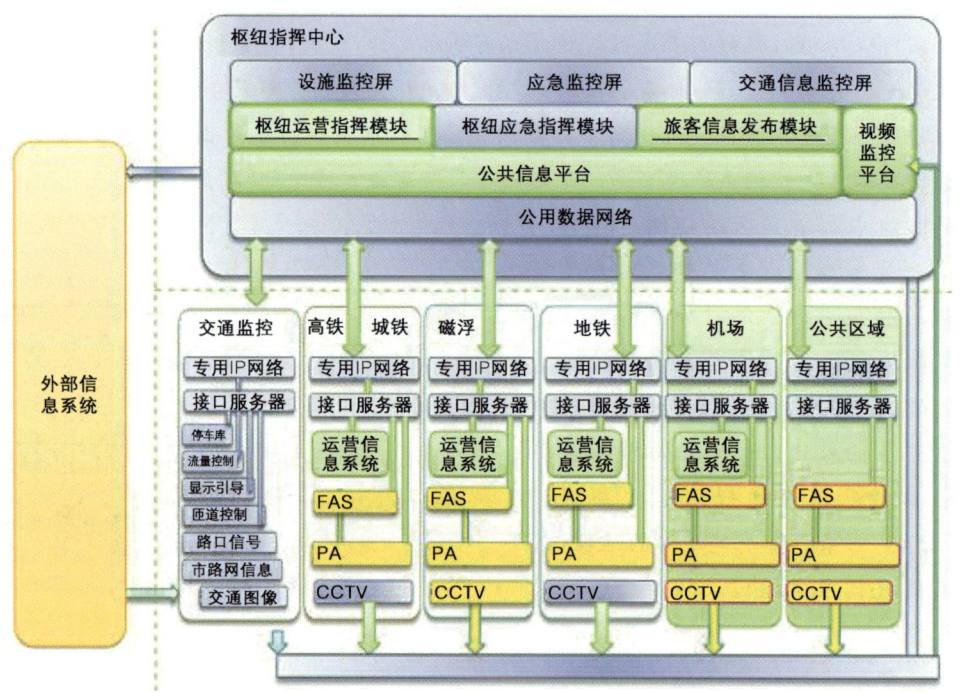

图 3-30　虹桥综合交通枢纽的信息系统规划

　　设施布置在一起了,神经系统也连起来了,接下来就是运营上的一体化课题了。虹桥综合交通枢纽在运营一体化方面进行了多式联运,特别是空铁联运的尝试,希望在沪宁和沪杭铁路线上的所有车站都能办理机票,这些车站同时也成为一座座虚拟的机场(参见图 3-20)。旅客因此能够提前在自己所在城市的铁路车站办理机票、托运行李,实行多票和无票的联程,且办票之后能够接受全程的信息服务。据不完全统计,高铁沪宁、沪杭城际线开通以来,每天在虹桥综合交通枢纽的空铁之间换乘的旅客在 1 万人次以上,占虹桥国际机场运输量的十分之一。

　　因此,可以说虹桥综合交通枢纽基本实现了机场航站楼与陆侧交通枢纽的一体化规划与运营。

案例讲评：

由于受到各种复杂因素的影响，中国的各种交通方式各自为营、分而治之，长期以来我们希望建立的综合交通体系一直未能形成。当前机场综合交通枢纽的规划建设大潮为我们提供了一个综合交通体系整合的契机和突破口，交通枢纽本身的一体化便成为规划设计所追求的目标之一。一体化既是机场综合交通枢纽规划设计理论的核心，也是其规划建设的目标，这种一体化至少应该包括以下七个方面的内容：①功能定位追求机场综合交通枢纽与区域和城市发展的一体化；②交通运输追求机场综合交通枢纽与综合交通网络发展的一体化；③规划布局追求机场综合交通枢纽之各种交通基础设施的一体化；④系统建设追求机场综合交通枢纽中所有运行信息系统和应急指挥系统的一体化；⑤多式联运追求机场综合交通枢纽中各种交通方式运营管理的一体化；⑥防灾规划追求机场综合交通枢纽安全保障的一体化；⑦项目开发追求机场综合交通枢纽投资、建设和运营的一体化。上述七个一体化的程度可以作为评价机场综合交通枢纽规划建设水平的重要指标。

虹桥国际机场综合交通枢纽在促进长三角经济社会一体化方面作出了突出贡献，成为长三角区域经济一体化的标志。可持续发展也是机场综合交通枢纽规划建设的另一条指导思想，其内涵是尊重市场、敬畏规律、节能环保、追求效益、和谐发展。"一体化、可持续"理念涉及机场综合交通枢纽规划建设与运营管理的各个领域，并贯穿于不同阶段。脱离市场需求和科学规划的机场综合交通枢纽是不可持续的，长期运营亏损的机场综合交通枢纽也是不可持续的。

可持续发展是目标，其实也是底线！

本章小结

本章讲的是机场和航空公司两个搭档一起规划、运营一座机场的运输组织方案。简单点说，就是"天上的航空网络以航空公司为主，采用枢纽-辐射和点对点等运输方式编织起来；地上的集疏运系统，由机场出面，依靠地方政府规划建设一套综合交通网络；两大运输网络应该在机场形成结点，这个结点就是航站楼和交通中心，该结点应该规划建设成为一个一体化的综合交通枢纽"。

各大枢纽机场都应该通过综合交通枢纽的规划建设和运营管理，把自己航线网络覆盖的城市和地区纳入机场所在城市的"一日交通圈";还要通过努力不断地拓展这个一日交通圈,把它做大、做强。要努力用高铁和城际铁路把机场所在的区域或城市群紧密地联系在一起,火车跑得越快,机场的服务范围就越大。因为乘火车比乘汽车有优势,虽然乘汽车一天也能往返,但是旅客长时间开车或坐汽车后会过于疲劳,难以继续高效工作;如果旅客乘坐高铁出行,则在火车上可以开展工作,下车后也可以马上继续投入工作,办完事情晚上即可乘火车回去。所以对于追求时间效率的旅客来说,火车比汽车有优势。

对于城市里的居民,如果要通过轨道交通到达机场,则轨道交通车站到机场的时间,一线城市要控制在 1 h 以内,二线城市要控制在 45 min 以内,三线城市要控制在 30 min 以内,乘坐轨道交通要比自己开车或乘汽车更可靠。

案例 3-8

上海航空枢纽的空地两网规划与枢纽设施建设

上海航空枢纽的规划建设与运营管理要达到的战略目标,可以用以下七句话来简单表述:

(1) 上海航空枢纽的战略目标,是把上海建设成为中国连接世界各地的空中门户之一,并使之成为世界航空网络中的核心枢纽之一。

(2) 上海航空枢纽的运输组织由"两个网络+两个枢纽"组成,即天上的航线网络规划和地面的旅客集疏运系统规划。

(3) 上海航空枢纽用"枢纽-辐射""点对点"和"空中巴士"等航空运输方式,把全国主要商务和旅游城市、东亚主要城市纳入上海的一日交通圈。

(4) 上海航空枢纽用高铁、城际铁列车,把(泛)长三角地区纳入上海的一日交通圈。

(5) 上海航空枢纽通过城市轨道交通网络或城市快速道路系统,让上海市民 1 h 左右能够到达浦东国际机场或虹桥国际机场。

(6) 上海航空枢纽让访客、旅客在虹桥综合交通枢纽和浦东国际机场的一体化交通中心能够实现最便捷舒适的"空地换乘"(图 3-31,图 3-32)。

(7) 上海航空枢纽用磁浮和铁路机场快线,以及城市轨道交通 2 号线和高速公路,使上海的浦东、虹桥两个机场实现无缝衔接,并很好地对接长三角高速运输系统。

图 3-31　虹桥综合交通枢纽

图 3-32　浦东国际机场一体化交通中心

航 空 港 规 划 丛 书

第 4 章

强大的圈子

我们每个人都有大大小小、各种各样的朋友圈。机场规划建设和运营管理也存在小、中、大等不同的"朋友圈"，不同的人和机构、公司等形成的群体，支撑着机场不同功能设施的规划建设与运营管理。同时，我们也可以把朋友圈的划分看成是对不同设施的区分，然后在此基础上建立起不同的团队。但是，无论怎样的圈子，要形成团队就需要大家有共同的目标、共同遵守的规矩和长期形成的默契，只有这样才能真正有凝聚力。我在这里说的"共同的目标、规矩和默契"就是所谓的"团队精神"。这很重要！圈子问题的核心就是团队和团队精神，团队精神就是团队的"魂"。

在民航机场界，我们需要把自己的圈子做强、做大、做好。在不同的朋友圈里我们有各种各样的朋友，能够为旅客提供全出行链的周到服务，能够满足旅客的各种需求，解决旅客在出行中遇到的各种问题。下面从三个不同层面的圈子来谈谈我对机场规划与运营的认识和体会。

4.1 航站楼是个小圈子

航站楼是个小圈子，但这个小圈子其实并不小，2012年我统计了一下，浦东国际机场航站楼里就有300多家企业和各自独立的运营管理单位。航站楼内的功能设施和人员群体是机场里面密度最高的，形成一个联系极其密切的小圈子，不管谁出点什么事，一般人都会认为是机场出事了。比如说有一次某机场航站楼失火，媒体就铺天盖地地说："某机场着火了！"我仔细一打听，原来是机场航站楼内某商店在装修施工中产生了大量烟雾。该商店是独立的经营单位，与机场公司没有隶属关系，但是它在机场的资产平台上经营，并给机场公司交租金，机场外的人就会认为这家商店出事故那就是机场出事故，因为它们是一个圈子里的。可能全世界都是这样的，前两年有新闻报道说法国戴高乐机场出了重大安全事故，后来我才弄清楚，其实是某驻场单位出了事故，与机场并没有直接关系，但记者不会报道说戴高乐机场内的某个驻场单位出了什么事，因为它们是一个团队，记者往往就认为是一回事。

所谓圈子，就是一个大家公认的团队，一个整体。因此我们必须发扬团队精神，把这个圈子做好。这其实是很难的，因为航站楼内的这几百家单位，都有各自的出发点和不同的目标。但是，在这个圈子中我们必须求同存异、形成合力、追求最大的公约数。这个最大的公约数就是"服务旅客"，就是为旅客提供最便捷舒适的旅行体验。

案例 4-1

浦东国际机场二号航站楼功能设施群及其不同圈子

浦东国际机场二号航站楼内不同的功能设施群对应不同的运营管理者和众多经营商，例如航站楼管理公司、机电公司、商贸公司、服务公司、安检公司、海关、边检、检验检疫等。

（1）航站楼出发区功能设施主要包括：出发车道边、出发办票厅、海关、检验检疫、边检、安检、候机厅（长廊）、旅客登机桥等。

如图 4-1、图 4-2 所示，浦东国际机场二号航站楼的国际出发旅客经 13.600 m 层出发车道边或从 6.000 m 层连接交通中心的通廊经自动扶梯或电梯直接步入出发层的旅客出发大厅（13.600 m 标高）办理值机手续，再前往位于连接廊中部的国际出发联检大厅，办理海关和动植物检疫、边防出境和安检手续，然后进入 13.600 m 层国际候机长廊候机，登机时旅客先查验登机牌，然后乘自动扶梯下至 8.400 m 层，经登机桥登机。

浦东国际机场二号航站楼的国内出发旅客经 13.600 m 层出发车道边或从 6.000 m 层连接交通中心的通廊经自动扶梯或电梯直接步入出发层旅客出发大厅（13.600 m 标高）办理值机手续，再进入连接廊北侧的国内出发通道，办理安检手续，然后沿自动扶梯或电梯下至 4.200 m 层国内候机长廊候机，登机时旅客先查验登机牌，后经登机桥登机。

（2）航站楼到达区功能设施主要包括：旅客登机桥、到达通道、中转厅、边检、行李提取厅、海关、到达厅（迎宾厅）、到达车道边等。

浦东国际机场二号航站楼的国际到达旅客通过固定登机桥上至 8.400 m 层国际到达通道，至中央部位，下至 6.000 m 层国际到达联检厅，办理落地签证、卫生检疫、边防入境

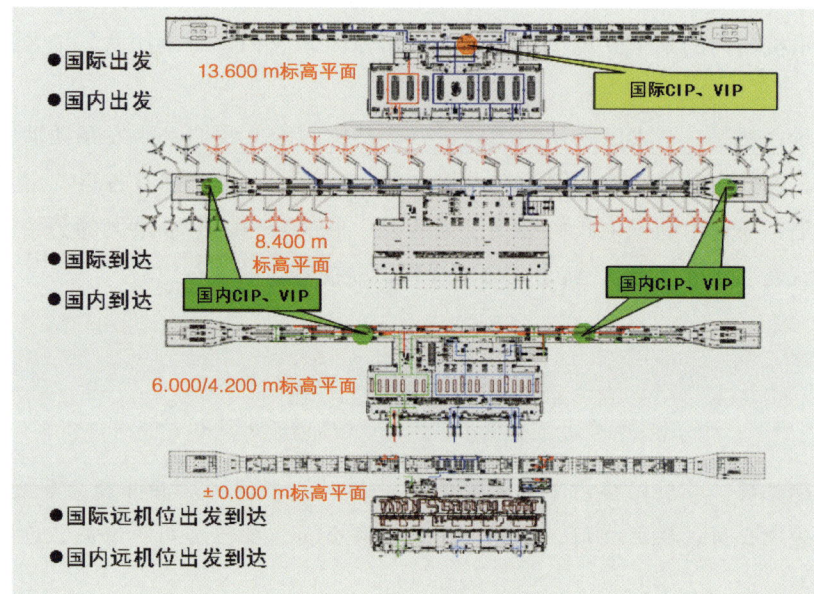

图 4-1　浦东国际机场二号航站楼出发、到达各层

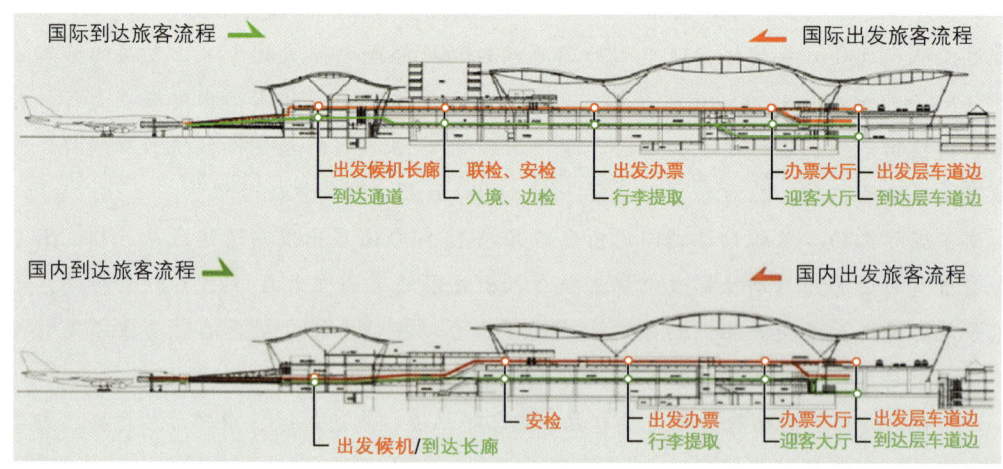

图 4-2　浦东国际机场二号航站楼国际、国内旅客流程

手续，再步入行李提取大厅，提取行李后，经行李票查验、海关及动植物抽检，进入迎客大厅，旅客可直接从出口进入6.000 m层连接廊至交通中心，或由自动扶梯、电梯、自动坡道至±0.000 m层到达车道边换乘旅游大巴或出租车。

浦东国际机场二号航站楼的国内到达旅客经登机桥进入4.200 m出发到达混流层，由坡道上至6.000 m层国内行李提取厅，提取行李后，经行李票查验，进入迎客大厅，旅客可直接从出口进入6.000 m层连接廊至交通中心，或由自动扶梯、电梯、自动坡道至±0.000 m层到达车道边换乘旅游大巴或出租车。

（3）航站楼其他功能设施主要包括：行李处理设施区、各种设备用房等。行李系统一般位于航站楼靠站坪一侧的地面层，是机场里最重要的运行系统，因为没有任何一个系统像行李系统那样，会因为自己一个系统的错误引起整座机场的混乱。通常情况下，只要行李系统还在正常运行，其他故障就都是局部的问题，不会导致机场全面瘫痪。因此，在做航站楼规划时，行李系统应当引起规划建设者的高度重视。

通常，一座航站楼至少需要一个行李处理设施区域，该区域应该靠近值机大厅和站坪，以方便地勤人员将旅客行李从值机柜台输送到飞机上。一般而言，行李系统集成度越高、自动化水平越高，对物理空间的需求就越大。

浦东国际机场二号航站楼的团体行李值机办票点设于13.600 m层出发大厅办票岛前端两侧的第一个值机柜台，团体行李交运后即有工作人员运往−2.000 m层出发行李处理房。浦东国际机场二号航站楼的超规行李托运设于13.600 m层国内出发通道和国际出发通道两侧，共4处，分别为国内1处和国际3处旅客超规行李托运点。每处各设有电梯，直接将行李送到−2.000 m层出发行李处理房。特殊行李最常见的是贵宾行李和机场外（比如城市航站楼）接受的行李，浦东国际机场二号航站楼的特殊行李托运处设于地面±0.000 m层沿东侧的两端，共2处。贵宾行李一般会集中办理值机，因此最好接入自动分拣系统。多数航站楼的各种特殊行李总量不大，可以与中转行李一道处理。

（4）航站楼商业服务设施主要包括：CIP、VIP、VVIP设施，零售、餐饮、广告等商业设施，休息与住宿设施，医疗急救设施，吸烟室，母婴室，厕所等。其中，商业服务设施是店家最多、随市场变化最大的。

一般而言，商业服务设施要相对集中才好经营，因为设施之间会相互促进，太分散的话，旅客的购物欲望会降低。通常，机场在航站楼内会沿旅客流线布置商业服务设施。在航站楼隔离区内，会在安检区后方集中布置大量的商业服务设施。当然，还会结合机位分散布置一些餐饮、书店等消磨时间的商业服务设施。出发区域的大规模、集中的商业零售设施，都是在安检结束之后设置的，旅客在安检完成后就只剩登机一件事情了，如果还有时间，他们可能会在这些地方安心地购物。浦东国际机场二号航站楼商业服务设施集中设置区如图4-3所示。

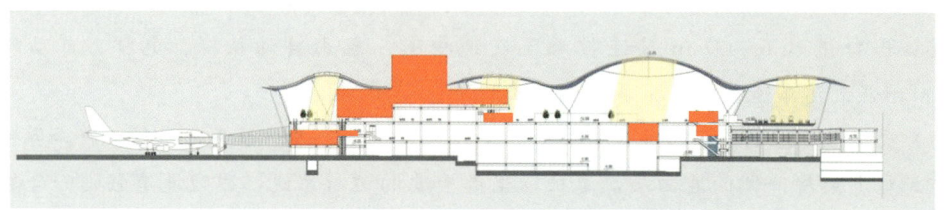

图4-3　浦东国际机场二号航站楼商业服务设施集中设置区

到达区域的商业经营一直不是很好做，但是国外很多机场做得很好，值得好好研究，特别是国际到达的商业设施没有经营好似乎不太应该。现在手机通信非常便捷，国际到达旅客可以很方便地与外面接客的人（或家人）电话联系，在国际到达区帮助他们购买免税商品。浦东国际机场在到达区域原来一家商店都没有，现在有好几家了，生意都很好。

国内到达这一区域什么好卖呢？按照国外的经验，这个区域主要适合销售该机场通航各地的土特产。例如上海的旅客去了海南，可能忘记或没时间买当地特产，那就可以在上海机场的到达区买到；或者他是第二次去海南，知道上海机场内有海南特产，就没有必要在海南当地买、再带回上海了。显然，这是个商机。这让我想到：是否可以在机场的国内到达区域策划一个全国各地土特产的展销会呢？如果展期延长，甚至无限期地延长，是否会有好的效果呢？

（5）航站楼配套、辅助设施主要包括：站坪及其关联设施、商务与办公设施、住宿设施、后勤保障设施、市政配套设施等。这些都是航站楼周围的设施，站坪及其关联设施是位于空侧的，其他设施通常设置在陆侧。

（6）航站区运营指挥中心（TOC）。航站区运营指挥中心是旅客活动区域的"大脑"、调度中心，维持航站楼和航站区的日常运营和应急救援的指挥工作，它是航站楼圈子里的"群主"。

4.2 机场是个中圈子

一般而言，按设施的不同功能和布局特点，机场可以分为飞行区、航站区、货运区、机务区、工作区和陆侧集疏运系统。我说这是一个中圈子，那么这个中圈子有多大呢？以浦东国际机场为例，2019年围场河以内的驻场单位已经超过1 000家，包括各种法人团体、政府机构等。

对于这么大一个群体，要大家都围绕机场的运行做工作，共同为实现航空枢纽战略服务，机场就必须将这些单位进行分区、分类、分组的管理。我们可以按设施的不同功能进行区分，也可以按它们的不同社会责任进行区分，还可以按它们的市场定位来进行区分。还有就是前面第1章中讲的，按具有三类不同基因的公司来进行区分。在对机场设施进行区分策划时，最常用的方法是从设施和单位的"经营性维度"和"拆分性维度"，对机场各种设施和单位进行区分，从而将设施和单位分为"公益性"（不可拆分、不可经营）、"准公益性"（可拆分、不可经营）、"准经营性"（不可拆分、可经营）、"经营性"（可拆分、可经营）四类资产，然后分别对其进行不同的运营管理和评价考核。

下面以虹桥国际机场二号航站区为例来进行区分策划试验，机场其他功能分区都可以采取类似的方法进行规划建设和运营管理。

> **案例 4-2**
>
> 虹桥国际机场二号航站区设施群圈子内的区分策划

虹桥国际机场二号航站区规划建设之初就开展了完整的项目策划，虹桥综合交通枢纽内的所有设施按照其"可经营性"和"可拆分性"分成了四类（图4-4）。

第一类是既不可经营又不可拆分的设施，可以称之为公益性设施（图4-5）。这类设施包括那些公共车道边、高架道路、共同沟、电力电缆、电梯扶梯、水电气管线等。这类设施既拆不开又不具备经营性，它们是服务保障性的设施，硬拆开没有意义，比如把高架道路拆一段出来，或者把管线拆出一段来，就什么用也没有了。

第二类是不可经营但可拆分的设施，可以称之为准公益性设施（图4-6）。例如虹桥综合交通枢纽的磁浮车站、长途车站、地铁车站、公交车站、出租车站等。这类准公益设施拆

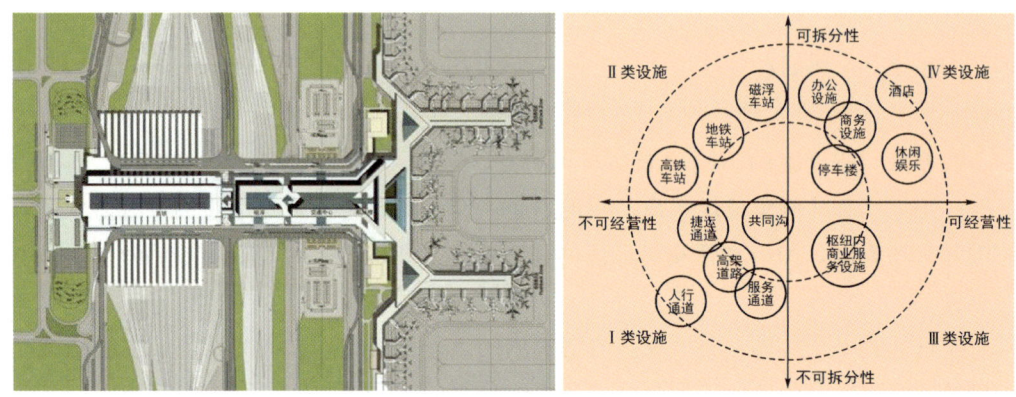

图 4-4　虹桥国际机场二号航站区总平面图与设施区分图

图 4-5　公益性设施

图 4-6　准公益性设施

开（与其他设施界面清晰）以后，就能找到相应的投资者，就会有人来运营它们。这类设施若与别的设施混在一起就不好管理和运营了，所以这第二类设施需要具备相对的独立性。

第三类设施是可经营但不可拆分的设施，可以称之为准经营性设施。例如在航站楼、交通枢纽里沿旅客流线两边规划布置的商店就是典型的准经营性设施（图 4-7）。这些商店是可以经营的，具备很好的盈利性，但是不能把它们与旅客流线拆开，拆开以后没有旅客从店门前过往，它们就无法盈利了。这就是第三类设施群。

第四类是既可经营又可拆分的设施，可以称之为经营性设施。这类设施包括航站楼、交通枢纽周围的办公设施、宾馆、停车楼、商场等，它们可以相对独立经营，当然为了让它们能够获得更好的经营效果，机场需要提供一些经营上的便利，以增加其资产的价值。例如图 4-8 所示，机场在航站主楼值机大厅和机场宾馆门厅之间设置了一个连接通廊，连

图 4-7　准经营性设施

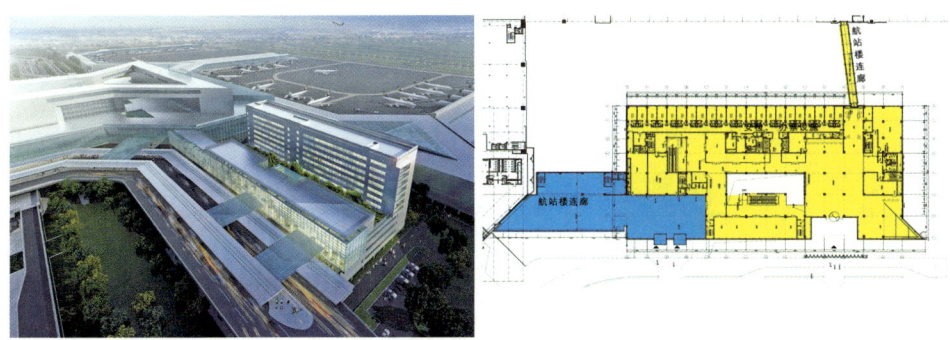

图 4-8　经营性设施

廊在通往空侧的地方设有安检设施，机场宾馆的旅客在这里通过安检以后就可直接进入空侧隔离区内的两舱休息室，所以机场设置的这个连廊为机场宾馆的经营提供了极大的便利，这是非常重要的！

那么为什么要把航站区分成这四类设施呢？主要的目的是根据不同设施的类别采取不同的运营策略。第一类设施是既不可经营又不可拆分的公益性设施，只能找政府提供财政支持。机场为城市公共事业做了那么多贡献，那么其道路工程、水电气管线工程等，按照《民用机场管理条例》都是应该由政府提供的，其建设应该由政府提供资金支持，并负责这些设施的运营管理，这个逻辑是讲得通的。

第二类不可经营但可拆分的设施，可划定资产界面分拆出来，使它们相对独立以后，分别寻找其投资运营人。例如地铁车站独立出来，其投资运营就要找地铁集团来承担；公交车站同样道理，找公交集团来投资运营。只要资产界面清楚，就能找到相应的投资者，就有可能创造出不同的融资模式和治理结构，机场公司的基因就会发生改变，就会发现一片经营领域的蓝海。

第三类可经营但不可拆分的设施，机场集团只能自己先投资建设，建成以后因为它是可盈利的，就可以将其租赁出去。如果急需回笼资金，也可以将这部分设施出售，就是机场集团先垫资建设，然后连本带息一起卖掉，当然还可以溢价交易以获取增值收益。但是，我建议：第三类设施中的航站楼与交通枢纽外面的商业服务设施是可以一次性出售的，而室内的商业服务设施还是采取租赁经营的方式为好，因为这些商业服务设施将来会直接影响航站楼、交通枢纽的运营服务水平，租赁经营有利于航站楼、交通枢纽的一体化运营管理；而且这些商业服务设施的价值是随着旅客量的增加而不断增长的，一次性出售往往会很可惜。这类设施的出租建议以两年为租期，因为我们对未来旅客的变化很难把握，超过两年就很难预测，这也算是民航机场业的一个特点吧。但一般而言，机场的旅客量正常情况下都是稳定增长的，没有几座机场会是负增长，所以第三类设施与第四类设施一样，是良好的经营性设施。

第四类设施既具有相对独立性，资产界面清楚，又有经营性，那机场集团就不必自己垫资建设了，可以招商，谁出资多就交给谁来经营。虹桥国际机场二号航站楼旁的宾馆就是典型的第四类设施。这个宾馆的设计图纸完成后就开始招商（详见案例2-12），结果中标的是做这个宾馆设计的华东建筑设计研究院，因为它非常理解这个机场宾馆的策划，因此与一家酒店管理公司合作投标，设计院作为投资者，运营管理交给酒店管理公司。机场把宾馆的土建安装做完后转交给设计院，设计院投资进行宾馆装修，宾馆开张后机场的运营部门还要为其提供安检服务和航班信息。后来中国国际航空公司看中了这个机场宾馆项目，就从华东建筑设计研究院手中把这个标的项目买走了。当然这个交易还得机场同意才行。后来机场领导说机场宾馆项目交给航空公司其实最好，因为航空公司与机场的业务联系紧密，大家共同服务旅客，更有默契。目前这家机场宾馆是中航泊悦在运营管理了。

综上所述，四类设施各有特征，应该有不同的规划与运营策略，如表4-1所示。

表4-1 航站区基础设施的区分与运营管理

设施类型		设施	运作模式
Ⅰ类	不可经营、不可拆分的设施	人行通道、服务通道、共同沟、捷运通道、高架道路等	公共投资者（或政府）投资、建设、运行管理；或捆绑到其他设施中进行投资开发
Ⅱ类	不可经营、可拆分的设施	地铁车站、磁浮车站、铁路车站、公交车站、出租车站等	先由公共投资者（或政府）投资建设，再委托社会化、专业化管理；或通过补贴方式，交由社会投资者开发
Ⅲ类	可经营、不可拆分的设施	交通枢纽设施内的商业服务设施及部分物业设施等	先由公共投资者（或政府）投资建设，再出售经营权；或捆绑到其他可经营性设施中一起进行投资开发
Ⅳ类	可经营、可拆分的设施	停车楼、酒店以及办公、商务、休闲娱乐等设施	全部交由社会投资者开发

针对虹桥国际机场二号航站区的这四类设施，当时建设指挥部做了一个设施布局策划方案（图4-9），并把策划报告，包括策划方案和上述策划理念，作为设计招标的技术要求给了几家设计单位。这些设计单位看了这些技术要求后做的设计方案都与指挥部做的这个策划方案很像。为什么会像呢？其实很简单，就是前面讲的策划理念，只要不改变策划逻辑，所做的设计方案可能就只能是这样的。图4-9所示策划方案图中的黄色表示第一类设施、绿色表示第二类设施、红色表示第三类设施、灰色表示第四类设施。

后来的实施方案与策划方案相比，几乎保持原样，唯一的改变就是把商业服务设施、商务办公设施放到交通设施的上盖了，这样更为合理（图3-26）。所以说在规划建设和运营管理中业主最重要，业主"要什么"最重要，其实就是运营管理需求最重要。

按照这个策划方案，各个具体设施的投资与运营方案就非常清楚了（图4-10）。铁路车站及其相关设施由上海铁路局负责；所有的地铁设施由申通地铁集团负责；磁浮交通设施由磁浮公司负责；所有公交巴士的相关设施由公交公司负责；其余没人负责的公共通道及

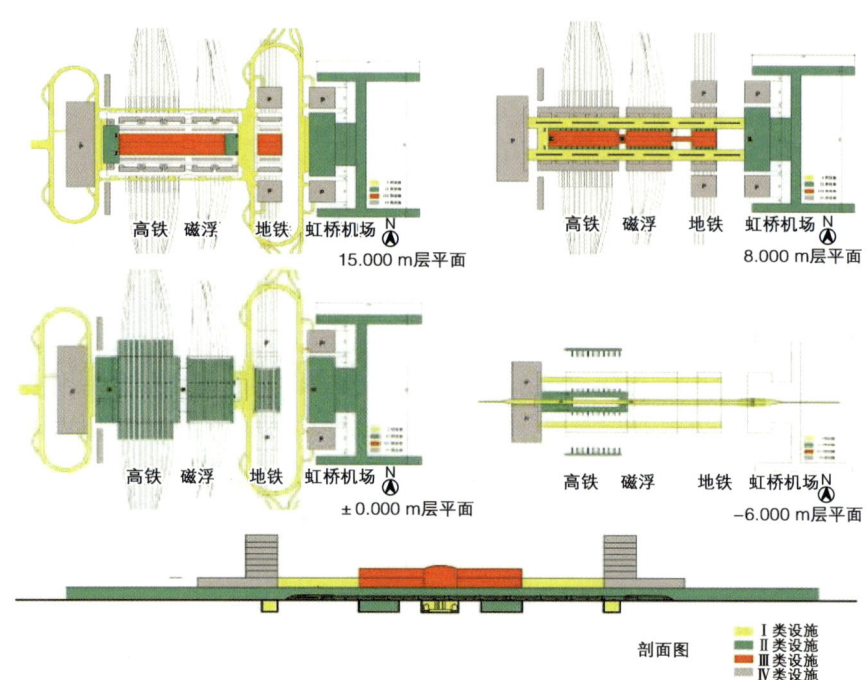

图 4-9 虹桥国际机场二号航站区设施布局策划方案

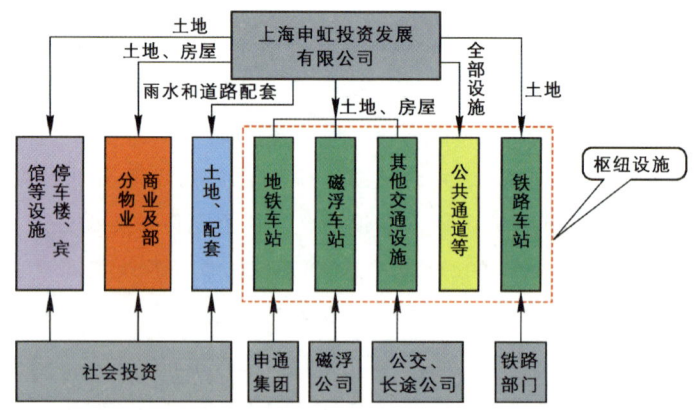

图 4-10 虹桥国际机场二号航站区交通中心投资运营方案

其设施由政府的项目公司负责。周边其他经营性设施，包括酒店、商业服务、办公设施等就通过社会招商来做。我们成立的虹桥综合交通枢纽发展有限公司作为项目投资公司，实际上承担了政府该做的事情，即把土地买下来，把市政配套做进去，把地面道路、高架、绿化等全部做好，然后再向市政府提请财政和资源支持。

当然，机场集团做的这些工作不只是为了投资，因为控制好基础设施投资以后，机场公司的财务情况就会更好。实际上上海机场每一次扩建，政府都只支持了一部分征地拆迁的钱，而且越给越少。到2015年，浦东国际机场卫星厅扩建时就不给了。在虹桥综合交通枢纽的所有设施中，真正需要机场集团自己投资的项目其实也是不多的。虹桥国际机场二号航站楼功能面积达26万 m^2，投资38亿元，年旅客处理能力为4 000万人次，如果按每100万人次旅客所需要的固定资产或者是每1万t货物所需要的固定资产计算，上海机场集团的资产运营效率是非常高的。这就如我前面所述：机场固定资产少了以后，机场的运营成本就会降低。其实，不管运营管理者如何努力，机场要想在每个旅客身上多赚一些钱是非常困难的，最有效的办法就是通过管控好固定资产投入，降低运营管理的成本，从而争取盈利。所以，机场要特别注意控制好固定资产投入，要把固定资产投入与运营管理成本的关系处理好。

以上是四类航站区基础设施的开发策划策略，而对于机场来说，土地也属于可以开发的设施。因为机场航站楼门前的交通枢纽每天集聚那么多人，且大部分人是这个城市的中高端消费者，人流集聚就会带来资金流，机场的建设与运营将会带动周边区域土地价格的上涨，旅客集聚得越多，地价就上升得越高。虹桥综合交通枢纽的设计容量是每天110万人次旅客量，2006年预测是2020年后才达到，但实际上2016年就已经达到了。如果枢纽的旅客量提前达到目标设计容量，其周边的土地就更值钱了。另外，地价还取决于每天集散的商务旅客量，商务客流量增长得越快，地价就上涨得越快。把交通枢纽周边的土地拍卖出去，就可以平衡枢纽规划建设的投资了（图4-11）。

另外，交通枢纽有两部分经营设施，一是不可拆分的Ⅲ类设施，二是可拆分的Ⅳ类设施，这两类经营设施的收入要能平衡交通枢纽的日常费用。经过计算，虹桥综合交通枢纽日常运营维护费用约每年5亿元，于是建设指挥部规划了约29万 m^2 的经营设施，每年可以有约7亿元收入，所以交通枢纽的运营公司一定是盈利的。因此，虹桥综合交通枢纽在规划建设时，运营公司能否盈利就已经确定了。这里，我又要强调："只有盈利了，才能提供最好的服务。"核心思想就是企业未来的运营管理费用也是一定要平衡的，不能亏损。

图 4-11 虹桥综合交通枢纽的周边开发

虹桥综合交通枢纽起初的策划是请上海市政府把枢纽周边几块土地交给项目投资公司运营的,这样一来项目公司就可以不用找政府请求财政支持了。当时市政府是同意的,后来项目公司第一块土地拍了每亩 2 000 多万元,政府就决定自己来主持土地拍卖,只把拍卖所得收入的一部分给枢纽的项目公司。市政府拍卖了一部分土地,挣了 200 亿元后,就停下来不拍了,要把剩下的土地给后人留着。上海市从 2017 年开始已经不再供给新的建设用地,虹桥枢纽这里更是宝地,先放着不动是对的。所以土地开发的结果就是,虹桥综合交通枢纽花了近 1 000 亿元建成以后,政府一分钱都不用投入,还赚了 200 亿元,而且还为未来预留了一些备用土地。

表 4-2 是虹桥综合交通枢纽的投资平衡与运营费用平衡表,需要说明的是,表中计算的是理论终端状态,即年旅客量达到设计能力时的情况。但基础设施的建设总是要适度超前一点的,那么刚开始投运的时候会亏损一段时间。所以超前要适度,"适度"这个词一定要把握好!

虹桥国际机场二号航站楼计划最初五年是亏损的,但实际上并没有亏,什么原因呢?主要是两个方面,第一是虹桥国际机场扩建完成后,其旅客吞吐量增长比预测的增长要快;第二就是扩建工程中节能减排项目做得好,特别是二号航站楼节能减排的效果特别好(国家政策也支持)。

例如电费,夜晚电价只有白天电价的 40%,于是虹桥国际机场二号航站楼就做了一个水蓄冷项目,在晚上用电制冷将水低温储存起来,白天再将这些低温水释放出来用于

表 4-2　虹桥综合交通枢纽投资平衡与运营费用平衡表

投资平衡			运营费用平衡	
	总投资（亿元）	土地开发收益（亿元）	设施年运行费用（亿元）	Ⅲ、Ⅳ类设施年收益（亿元）
设施	267.26	573.04	5.05	7.41
征地动迁	305.78			
	合计：573.04			
结论	按 1.64 km² 开发地块反算容积率为 1.75		年收益＞年运行费用	
	按 2.5 的容积率反算开发地块面积为 1.15 km²			

空调制冷，结果就大大地节约了电费。其实机场的运营维护成本里，最大的单一项目就是空调所需的能源消耗，而且这一块成本非常刚性，基础设施一旦建成就不大可能会削减下来。有些机场的航站楼设计成窗户不能开启的"玻璃盒子"，运营期间一年四季都得开着空调，我就不理解为什么要把航站楼的窗户都关上呢，打开窗不就能解决空调能耗的问题了吗？

空调节能这方面，机场有很多事情需要做。浦东国际机场一号航站楼的能耗非常高，二号航站楼则做了很多节能减排的规划设计，比如窗户能打开，上下楼层之间分隔开等等，就节约了不少能源。虹桥国际机场二号航站楼则将朝西的墙都做成钢筋混凝土墙，把航站楼的室内净空全部控制在 8 m 以下，把许多电梯、自动扶梯变成了坡道等，航站楼单位面积能耗就大幅度地降下来了。在全国同规模的航站楼中，虹桥国际机场二号航站楼的单位面积能耗是最低的。我认为绿色低碳永远是机场规划建设与运营管理的一个很重要的主题。

案例讲评：

机场是个中圈子，但这个圈子已经很大了。我们要学会把它们区分开来，旅客航站区只是其中之一，此外还需要将旅客航站区进行进一步的区分，区分后的每一个模块都有自己的定位和目标。我认为每年旅客量超过 1 000 万人次的机场遍地都是黄金，没有理由会亏损。如果把机场的各项设施分拆来看，也就那些公共设施是亏损的，这可以去找政府寻求财政支持就能解决。其他各模块都是能够赚钱的，为什么会亏损呢？所以整个虹桥综合交通枢纽是不应该有一家亏损单位的。虹桥综合交通枢纽曾有一家也是政府投资的单位,说运营亏损,市政府马上就做出决策:"把这块资产的运营交给机场公司。"因为这些资产都是配置好的,不应该亏损,否则就应该换人来运营。因此,机场的一切都应该规划设计好,如果没有事先策划规划好,后面就很难进行经营管理;规划设计好了,还需要努力才行,运营不努力也是做不好的。

4.3 临空是个大圈子

走出机场这个中圈子,就是临空产业园区这个大圈子。当机场发展到一定规模以后,以机场功能区为源头,就会发展出一些临空产业集群。以虹桥国际机场为例,它以飞行区为核心,还有航站区、货运区、机务区(图 4-12)和工作区四大功能区。

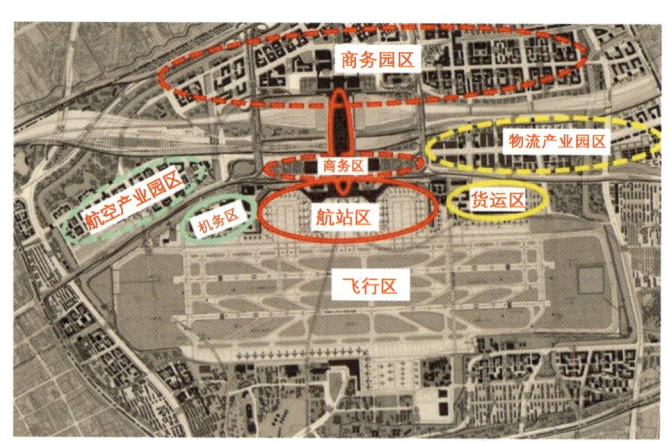

图 4-12 虹桥国际机场的功能区与临空产业园区

从航站楼和交通中心出去就是商务区。虹桥国际机场门前的商务区是长三角的 CBD,从这里出发去全中国、东亚甚至一部分南亚地区,当天都可以往返,所以很多跨国公司愿意在这里办公。最早入驻的跨国公司是肯德基和麦当劳,机场还在做规划时就找过来,说要把大中华地区的总部设在这里。为什么呢?因为这里所覆盖的能当天往返的区域很广大,就这么简单。中国国际航空公司当时一定要把航站楼旁边的宾馆拿下来,也是为了这种便利，例如其年会在这里举办，许多参会人员都可以当天来、当天开完会就回去。以前如果要找个地方开年会，通常是参会人员第一天飞过去、第二天开会、第三天再回家，要花两三天时间。现在很多人可以当天往返，不需要接机送机，因为会址就在候机楼里，这样时间效益就体现出来了。

货运区出去就是物流产业园区，可以做很多相关设施。我曾经到南通的一家国家级渔业培育和养殖中心考察，它主要养殖长江三鲜（河豚、鲥鱼和刀鱼），是非常名贵的水产，他们的河豚鱼饺子在"双11"一个晚上能实现300多万元销售额，都是通过互联网完成的。如果他们的系列产品能够通过航空运输，就能形成新的产业链。其实运输和产业是相互促进的，运输促进了产业链的形成，而产业链也会促进运输业的发展，机场的货运量也会因之提升上去。

机务区的外面就是航空产业园区。在这个园区里可以规划建设与飞机相关的机务维修、航空食品、机上用品等生产、物流设施，也是可以做很长的产业链，或者也可以什么都不做，让航空公司从对方机场带过来。

机场规模增长以后，工作人员数量就会增加。2015年，我在浦东国际机场做了相关的就业统计，大概有15万人在机场及其周围地区就业。这个数字很有意思，我后来查了美国很多机场的资料，发现洛杉矶、旧金山的机场就跟我们类似，而这个就业的人数与该机场的日均旅客量是差不多的，例如浦东国际机场2015年的日均旅客量约15万人，而机场直接、间接和诱发的就业人数就在15万人左右。这说明机场的旅客量与所带动的就业人数之间还是有一定规律的，当然每座机场可能会不一样，但至少说明了机场带动就业的作用是比较明显的，而且这一带动就把临空这个圈子做得更大了。

如果机场只是被当作一个简单的交通运输单位，那么这座机场在所在城市中的地位就不会高，因为它参与的城市经济活动少。但如果机场被当作一座城市经济发展的动力源，那就要想方设法拉动临空产业的发展。我认为机场周边大体上有四大临空产业链（图4-13）：商务产业链、货运物流产业链、航空产业链和综合性城市产业链。

先看航空客运诱发的商务产业链。这是一个集人流、资金流、信息流于一体的高端产业链，是以白领为就业主体的产业设施群。商务产业链的发展需要相对较大的商务旅客量，需要与城市CBD有良好的互动关系，需要有城市和区域生产总值、贸易额、外贸额等的支撑。因此对于绝大多数机场来说，要形成良好的商务产业链是不现实的，多数机场只能是形成一个商业、旅行服务区，或者是一个旅客航站楼前的综合体。如果寄希望于由商务产

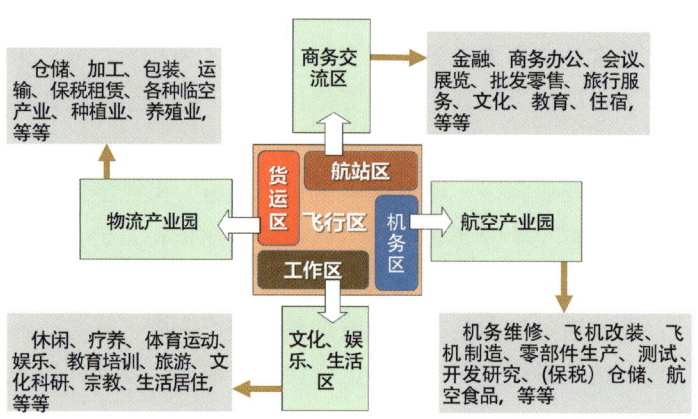

图 4-13　机场周边的四大临空产业链

业链来带动、整合其他临空产业链的发展，那就很不靠谱了。

再看航空货运诱发的物流产业链。这是非常适合在临空产业发展初期重点开发的产业链。在航空货运物流产业链上，机场（集团）具备无人可替代的龙头优势，可以因地因时制宜地参与各种运输、安检、仓储、包装、加工、生产、财务、金融、生活服务等项目公司的投融资、建设、经营管理，以期获得机场建设运营所带来的经济效益。而且，还可以用物流产业链来整合四大临空产业链。

第三是航空器诱发的航空产业链。它是以机务维修和机上用品生产为主体的产业链。对于某座机场和城市来说，需要有足够大的飞行量才能启动机务维修产业链的规划建设。同时，飞机的维护、改装、拆解等，是一个资金要求高、技术要求高、市场风险高的"三高"产业链，不是谁都有能力组织的，其准入门槛很高。因此，不建议大家都去发展这个产业。但是在航空产业链上还有其他很多事情是可以做的，例如机上用品的生产、供给，特别是航空食品，很适合机场去做的。现在很多航班都要带着返程食品和相关用品飞行，如果机场能做好机上用品这个产业，每个航班飞行时就不需要携带返程的机上用品了，这就肯定会使航空公司的成本降低，还能使航空食品等机上用品更加多样化，形成更好的市场环境。

最后就是机场发展到一定程度后会在其所在地区集聚人口，形成生活、娱乐、文化教育等综合性城市产业链。这实际上就是一个城镇发展的过程，它与机场的发展相比一定是滞后的。因为机场城市的出现是机场和临空产业发展的结果，而不是原动力。

围绕上述四大产业链,我给大家举几个精彩的例子。

案例 4-3

史基浦机场以航站楼为龙头的临空产业链

荷兰阿姆斯特丹的史基浦机场航站楼外观不是很亮丽,但它有一条长廊可以让旅客直接从航站楼走到空港商务区的每一栋办公楼、宾馆、会展中心和各个停车楼(其间也有自动步道和捷运小车),这可是让大家印象深刻的。

荷兰是一个小国家,但它不仅支撑起史基浦机场这样一座大型机场,还拥有空港商务区(图4-14)这样一个巨大的"欧洲客厅",这里有世界贸易中心,世界500强企业有相当一部分在这里入驻。其商务设施严格按规划一栋栋逐步建设起来,与航站楼完全一体化,在功能上形成一个巨大的航站楼。旅客从每一栋停车楼进入各商务设施和连接航站楼的长廊都可以办理值机,然后轻松步行逛到候机厅。而停车位离航站楼越近的,价格越贵,旅客可以自己选择。

图 4-14　史基浦机场空港商务区

史基浦机场空港商务区非常有名,在这里办公,整座机场尽收眼底,其招商广告语是:"你的办公室拥有一座机场。"现在空港商务区还在一直往外拓展,其发展轴已经跨过进场路并一直延伸出去。

案例 4-4

法兰克福机场的临空商务区

法兰克福是德国的经济中心城市,其机场每年接待的旅客数量约达 8 500 万人次,成为欧洲第三大机场。而法兰克福机场的临空商务区的产值占整个法兰克福市的 7%,这个比重是很大的。

法兰克福机场临空商务区的规划布局模式跟史基浦机场空港商务区不一样,其临空商务区与航站楼平行,航站楼立面被楼前的商务设施完全挡掉了。旅客从法兰克福机场航站楼出来后可直接进入各个具体的交通设施之中,包括地铁车站、高铁车站、各种巴士车站、高架道路,以及 14 层的停车楼。

法兰克福机场的临空商务区内有多座宾馆,生意很好,其会议中心通常要至少提前两个星期预定。所以 2011 年德国铁路公司就把商务区内漂亮的铁路车站屋顶"掀"了(图 4-15),盖了一个八层楼的车站综合体(图 4-16)。该车站综合体内三分之一是宾馆、三分之一是办公设施、三分之一是商业设施。

图 4-15 法兰克福机场临空商务区(改造前)

图 4-16　法兰克福机场临空商务区（改造后）

案例 4-5

浦东国际机场西货运区规划与运营

货运站是临空货运物流产业链的龙头。所有货运物流产业设施的发展都是从货运站开始的，所有监管区、保税区、物流园区、产业园区、自由贸易区等，也都是从货运站发展出来的（图 4-17）。如果要发展临空货运物流产业，是可以做很多事情的。货运物流产业链层次丰富、错综复杂，可以覆盖几乎全部城市产业设施，可以支撑起一座航空城，所以机场旁边的货运物流产业园区会越做越大，产业综合程度会越来越高。

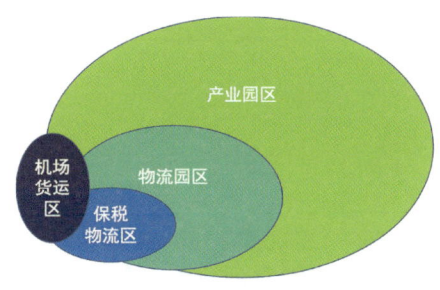

图 4-17　货运区与物流产业园区关系图

浦东国际机场西货运区从货运设施到物流园区、到保税物流园区、到综合保税区、再到自由贸易区的成长过程就是一部货运物流产业园区发展的教科书，也是一个"朋友圈"越做越大的故事。原来这里只是浦东国际机场的西货运区域；然后机场集团把一部分土地拿出来做了一个保税区；再后来越做越大，保税区扩大升级成为综合保税区（图 4-18）；现

153

在这里已经是中国（上海）自由贸易试验区的一部分，其周围一圈发展成为临空物流产业园区。这一系列操作还使浦东国际机场的货运量、中转量得到了很大提升。接下来，如果这里做成了真正的自由贸易港以后，浦东国际机场就可以实现站坪中转，货运量还将有一个较大的提升。

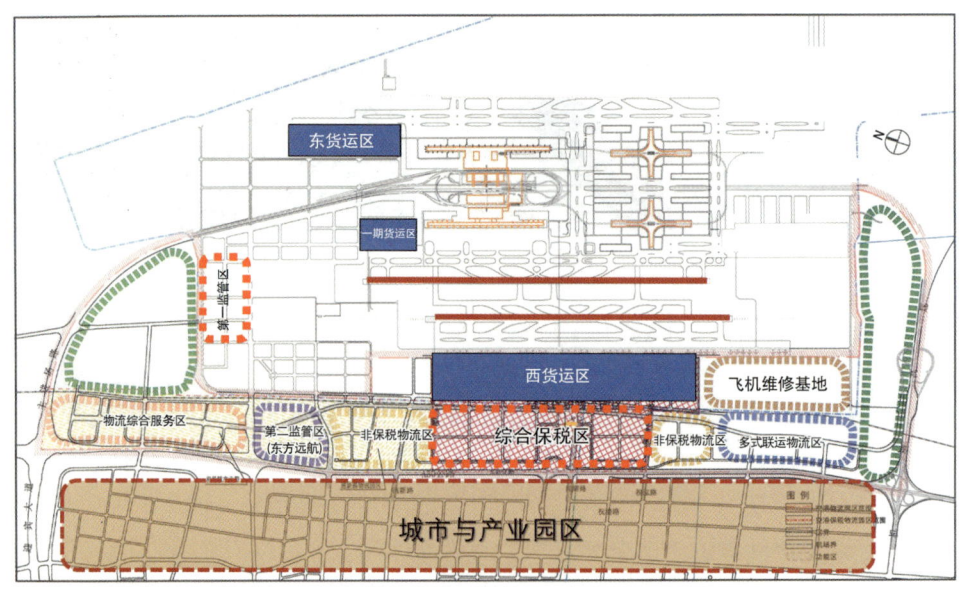

图 4-18　浦东国际机场货运物流产业园区规划布局

案例 4-6

浦东国际机场的航空产业园区

浦东国际机场的航空产业设施基本上都在机场的南面（图 4-19），特别是中国商飞把 ARJ21 和 C919 的总装基地（图 4-20）放在这里以后，一下带来了大量航空产业设施的集聚，大大促进了航空产业链的形成。现在，这一过程正在逐步加速中。但浦东国际机场南面受制于基本农田的问题，只能填海造地，现在填海被严格管控了，发展航空产业的土地还是很紧张的。

航空产业链包括机务维修、飞机改装、飞机制造、零部件生产、测试、开发研究、航线机务、保税业务、仓储、航空食品、各种用品、消费品、报刊、图书、多媒体软件等。

这个产业链可分为两个部分：一是与飞机维修养护制造相关的产业设施，以机库为代表；二是机上用品和消费品，最典型的就是航空食品厂。机场要在做规划时为航空产业链的发展留出空间，留出发展余地，因为这是一个很大的圈子，把这个大圈子做强大了，机场自身也会强大。

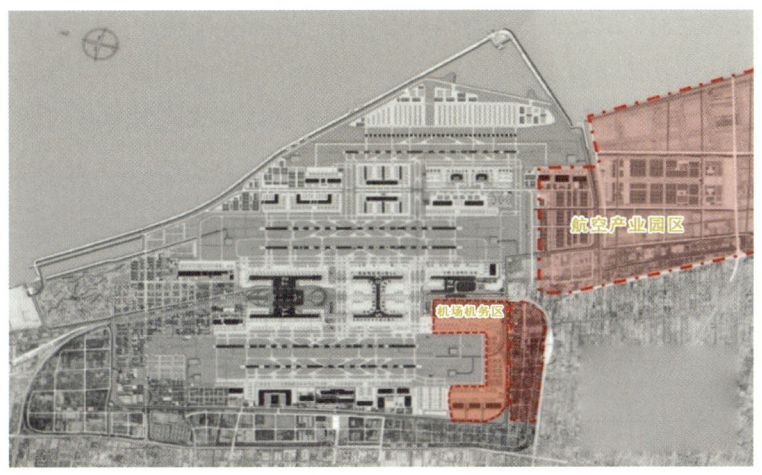

图4-19　浦东国际机场机务区与航空产业园区

图4-20　中国商飞总装基地

> **案例 4-7**
>
> ### 北京大兴国际机场的临空产业园区规划

北京大兴国际机场规划初期，其货运区是放在西面的。我当时强烈建议机场方把货运区和机务区都移到东面去（图4-21），为什么呢？因为西面受京开高速的通道限制，没有临空产业园区发展的空间，只能做一个简单的货运区，那就会影响大兴机场未来的发展壮大，而如果把货运区、机务区移到东面，大兴国际机场的航空产业园区和物流产业就能够与廊坊市的工业园区整合在一起，很快形成一个较大规模的临空产业园区，做大做强机场的圈子。

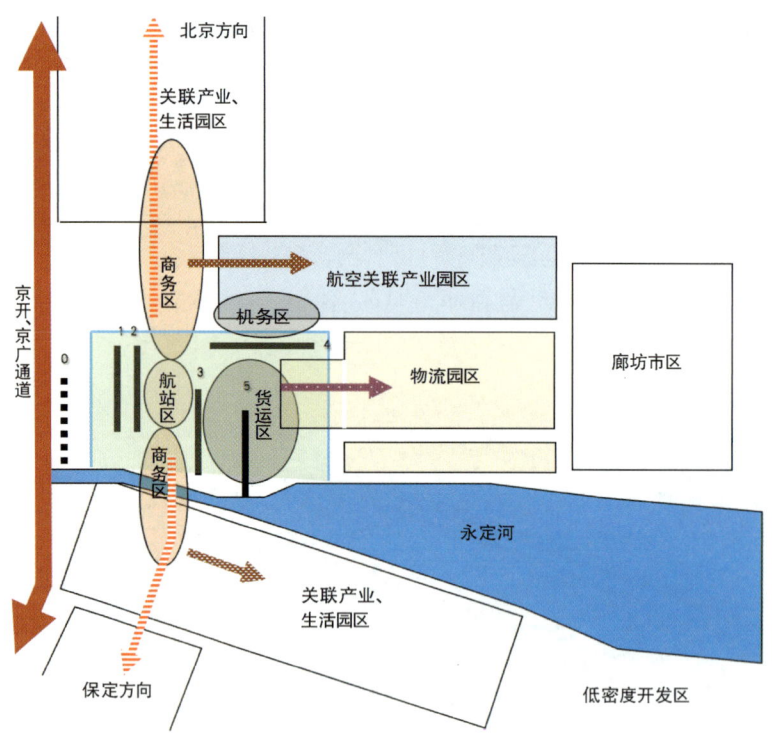

图4-21 北京大兴国际机场临空产业园区规划建议

这种把货运区、机务区和物流园区、产业园区进行无缝对接的规划方案才能最大限度地满足运营管理的需求，对机场的发展也是最有利的。因为越靠近产业链的源头（货运站和机库），机场就越有优势；越远离货运站和机库，就越容易失败。这里所说的远近是指机场投资项目与货运站和机库的生产工艺的联系紧密程度，就是我一再强调的"产业链逻辑"。

有的机场没有能够做好这种紧密对接，就只能专门修一条封闭的专用通道，以连接飞行区和相关物流设施或产业设施，这样会大大提高产品的成本，因为物流的成本中最大的一块就是装卸费用。所以能够避免多次装卸是临空产业园区规划建设中最重要的课题，也是机场运营管理者最关心的问题。大兴国际机场的规划很好地满足了这样的需求，比如从飞机上卸下来的货物用拖车就能够运到货主的厂里或仓库里去，这样物流成本就大大节省下来，客户就愿意来了。如果货物要用卡车运输，客户就不会在乎再远一点，肯定会去找一块离机场远的更便宜的土地，这样机场就没有临空的优势了。

对于机场来说，没有临空园区的发展，运输量是做不上去的。机场要把圈子做大做强，就必须为临空企业的运营管理提供最大的便利。圈子越大越需要做强，做强的本质就是降低成本、提高效益，真正发挥出临空的优势。

临空开发分为小临空开发和大临空开发。小临空开发指机场总体规划红线范围内的土地开发，通常由机场方主导，由于与机场功能区临近，其开发价值较高，机场方有天然优势。大临空开发指机场总体规划红线外的土地开发，更多是要依靠政府才能做好，但其临空产业链的龙头依然是机场的航站区、货运区、机务区和工作区这四大功能区，因此需要有机场方的积极参与，特别要注意临空产业链的一体化开发。

4.4　走港产城一体化之路

"港产城一体化"研究最早是基于海港与港口城市的互动关系展开的。从几百年前大航海时代开始，海运就逐渐发展成为全球贸易和经济全球化的主要物流支撑。现在，我们能看到全球财富的一半集中在沿海港口城市，由此得到的结论就是，一座城市拥有了港口就意味着它拥有了经济社会发展的平台和强大的动力源。港口发展好了就会带动临港产业的发展，必然对地方经济起到支撑作用，地方经济发展好了又会进一步推动港口吞吐量的上升。

1918年，美国邮政建立了世界上第一条定期货运航线，民用航空货运发展的历程就此展开。冷战结束后，航空业迎来了一个迅猛发展的时代。与海运极为不同的是，航空货运专注于价值高、时效性强的货物运输市场，与海运形成了市场错位竞争。经过20多年的发展，大型枢纽机场如今已成为一座现代化城市发展的动力源，为经济社会发展提供了巨大的动能。现代经济和消费模式也使得航空货运在城市发展中的作用越来越突显，航空港对产业链的带动效应越来越受到重视，"港产城一体化"逐渐成为热搜词，大家都在深度研究和关注港、产、城如何展开互融发展，如何推广和复制港产城一体化发展的成功经验。

近年来，我国很多地方政府都在致力于研究以航空港为依托，以临空产业为基础，发展涵盖航空客流、物流及相关产业的城市经济。通过多年来对我国机场发展的研究与观察，我认为航空客运商务产业、货运物流产业是我国城市发展的两大发动机，是能够整合各临空产业链条的动力源，这两条产业链是未来十年最值得我们关注、研究和深度发掘的"金矿"。我们要提高认识，坚持港、产、城互动，集各方之力量，走出一条"以港促产、以产兴城、港产城一体化"的发展之路。

4.4.1 用货运物流产业链整合临空产业园区

对于任何一座机场来说，四大临空产业链或大或小都是存在的。对于新机场、小机场来说，如何尽快地形成良好的发展势头至关重要。但是一座机场受其环境和各种现实因素的制约，真正有条件发展的临空产业链是有限的，四大产业链中能找到一条产业链，甚至是一条产业链的一两个分支就很好了。根据我所接触的机场案例来看，绝大多数机场最早确认的优势产业都出现在货运物流产业链上，而其他产业的门槛都比货运物流产业要高。

货运物流产业链是能够串联起四大临空产业链的，而且非常适合作为产业发展初期重点开发的产业链。在机场的临空产业里，航空货运不像机务和商务那样有较高的门槛，货运的门槛很低，而且任何地方都有对物流的需求，每座机场都可以发展物流产业，都能找到适合自己的物流产业链。从我这么多年对众多机场的规划跟踪来看，物流产业确实是发展临空产业的突破口，绝大多数机场都可以先发展货运物流产业，等到初期发展的良性循环建立起来后，再去拓展、整合更有难度的产业链。

这么看来，为了集聚力量发展临空产业，小机场是不宜在发展初期就搞严格的功能分区的。过于严格的功能分区实际上很不利于集中力量快速发展。因此，小机场需要在发展初期把不同的功能和产业链整合在同一个区域，这样才有利于节约管理成本、运营成本，同时也一定会提升效率。小机场还需要找准初期发展的突破口,这个突破口要便于实施,要门槛低,还要成本低。

那么,怎样去整合产业链呢?有一类设施大家需要特别重视,就是会展设施。会展是四大产业链的交叉点(图4-22),同时属于四大产业链。因此,会展设施是临空产业链整合的突破口。大家不要一讲会展就想到北上广深那些"高大上"的会展设施,不要认为只有发达的大城市才能做会展,其实在发展中地区也是有大量会展需求的。如果认真去研究当地经济特点和产业结构,让会展业面向企业的会展需求,城市就有无限的市场和发展空间。因为会展业也是一个门槛较低的产业,城市在不同的发展阶段都有相应的会展需求。会展设施本身在不同时期也很不同,初期甚至在广场上就可以做,不需要太大的投入。会展刚起步、规模小的时候,机场应该主动寻求合作,一定要相信开放、整合带来的合力。此外,会展设施属于社会公共设施,比较容易得到政府各种政策和资金的支持。

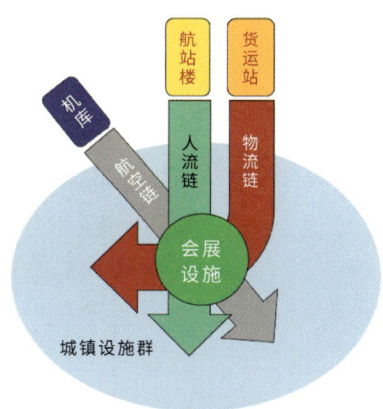

图4-22 会展设施是临空产业链的交叉点

4.4.2 港产城一体化的规划与实践

凌乱的产业链带来的一定是一个混乱的临空地区,而整合后的临空产业链才是航空城空间形态规划的内涵,才能形成航空城规划的逻辑。只有产业链逻辑清晰的时候,才可能有一个优秀的规划方案,才会有航空城的可持续发展。

大型枢纽机场是城市经济发展的动力源,我们应该积极探索把机场和临空产业作为城市发展的支柱产业来建设的规划理论和方法。航空城地区的发展模型(图4-23)是将其发展分为三个阶段的,即1.0时代是机场自身发展的"航空港发展阶段",以机场基础功能设施的规划建设为主;2.0时代是以货运物流业为代表的临空产业集聚与产业链延伸和整合,是"港产联动发展阶段";3.0时代是规模扩大、产业链打通、功能完善、城市公共设施增加、运营高效的"港产城一体化发展阶段"。总的发展趋势就是逐步走向港产城的一体化,不仅仅是航空城自身的一体化,而且是航空城与城市和区域的一体化。

现在的机场选址中有一种倾向,就是要让机场远离城区,认为机场运营对城市发展较为不利,特别是对飞行噪声唯恐避之不及;而对临空产业设施,往往就会单独规划使其形

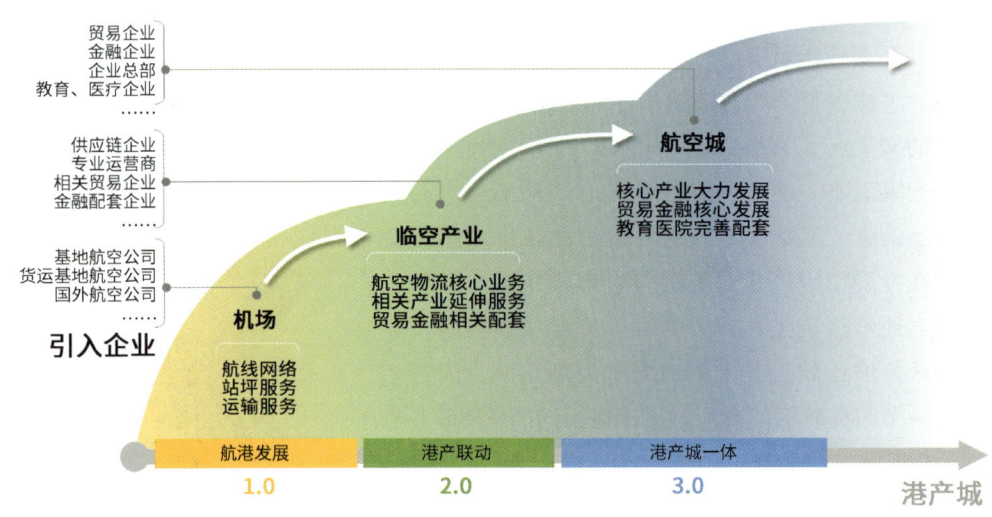

图 4-23　航空城地区的发展模型

成一些孤立的临空产业园区。我认为这种认识和处理办法是不合适的。我们应该利用临空产业，特别是货运物流产业的发展来推进周边土地开发、交通建设和基础设施建设，促进人口集聚，并与城市产业规划对接，与商业服务、文化教育、旅游服务等产业对接，把航空城变成城市的一部分，并逐渐成为城市的核心城区之一。只有这样，才能使机场和临空地区与城市形成良性互动，让城市的发展也反过来促进机场和临空产业的发展，使港产城一体化地区真正与城市融为一体，走上可持续发展之路。因此，港产城一体化地区的规划不仅要满足城市地区控制性详细规划的要求，包括土地使用、环境容量、建筑建造、城市设计引导、配套设施、行为活动等的规制，而且还要满足航空港特有的鸟害、噪声、净空、电磁、烟雾和光污染五个方面的控制要求。

综上所述，"港产城一体化"是以航空港高效运营为前提，以打通临空产业链为基础，以建设高效率、人性化城市地区为目标的开发模式。

尽管多年来大家在一座座大型枢纽机场的航空城规划建设中做了许多艰苦卓绝的探索，但应该说我国的绝大多数航空城地区还处于2.0时代，即港产联动阶段。接下来介绍两个"港产城一体化"的规划建设案例，一个以商务产业链为主干产业，另一个以货运物流产业链为主干产业。

虹桥综合交通枢纽非常有代表性，它是以商务产业链为主干，整合其他产业设施，以港促产、港产联动、产城融合、港产城一体化发展的典型案例。它从项目策划、规划研究、设计施工、运营管理、资产经营、财务管控，以及政策法规、招商引资等方面，都为我们留下来许许多多的启示和借鉴。它的经验教训是我们的宝贵财富。

案例 4-8

虹桥综合交通枢纽地区的"港产城一体化"实践

虹桥国际机场原本处在城市的"盲肠"地区。在2006年的扩建规划中，上海市将京沪杭高铁车站移到了虹桥国际机场即将扩建的二号航站楼门前，并开创性地规划建设了虹桥综合交通枢纽和虹桥商务区，成功地建成举世瞩目的空铁一体化综合交通枢纽，同时这里还一跃成为长三角CBD。

虹桥综合交通枢纽是典型的门户型综合交通枢纽，对外交通有航空、高铁和城际铁路、城际磁浮、长途巴士，城市内集散交通包括城市轨道交通、各种巴士、出租车、各种社会车辆等。枢纽基础设施自东向西依次是二号航站楼、东交通中心、磁浮车站、铁路车站、西交通中心。整个交通枢纽设计日处理旅客110万人次以上。这就是我所说的"港"，即具备强大的枢纽设施、能够提供高效的运营服务。

虹桥综合交通枢纽在规划之初就用很大投入研究了其周边地区的产业发展规律，确定在此重点发展商务产业链，规划建设面向长三角的虹桥商务区。虹桥商务区抓住了长三角交通枢纽的优势和发展机遇，围绕着人流、资金流、信息流集聚拓展产业链；有意识地吸引了总部功能、生产性服务业、金融服务业、专业服务、展览业、会议中心、酒店公寓、创意产业等；迅速集聚了一大批独具特色的企业，做大了这个圈子；同时也成功地实现了"长三角CBD"的目标定位。也正是基于这样堪称优异的发展成果，中国国际进口博览会在虹桥国家会展中心成功拉开帷幕，向全世界宣示中国继续走改革开放道路的决心。国家和上海市都非常重视虹桥商务产业链的发展，相继出台了《虹桥商务区规划建设导则》《虹桥国际开放枢纽建设总体方案》，提出了虹桥商务区在长三角一体化中发挥核心作用，服务国家战略，对标国际一流，打造虹桥国际开放枢纽、国际化中央商务区和国际贸易中心新平台的定位。这就是我所说的"产"，即集聚产业设施，形成产业园区。

上海市已有以人民广场为中心的一个中央商务区和以陆家嘴为中心的一个新中央商务

区,而虹桥综合交通枢纽建成以后,进一步强化了从虹桥国际机场到浦东国际机场的城市商务轴(图4-24)。当然,在这个轴上的各要素是有一定分工的,例如浦东的金融服务、外贸服务、出口加工等加上浦东国际机场,具有明显的外向性特征;虹桥综合交通枢纽建成后,浦西明显地提高了上海服务长三角、服务全国的能级。过去,上海市在提高内需这方面做得不够,从城市结构上看得出来,上海往江浙方面辐射能力的建设一直跟不上长三角高速发展的需求。因此,虹桥综合交通枢纽地区的建设能够起到在整座城市发展上提高上海辐射长三角能级的作用,使城市各中心相互之间形成一定的分工和错位,避免简单的同构,使城市结构得到更加平衡的发展。而随虹桥综合交通枢纽一起发展起来的虹桥商务区,已经在这一过程中很好地融入了上海的东西商务轴,成为上海最重要的城市门户之一;同时它也很好地融入了长三角一体化发展的大潮,成为长三角的CBD。这就是我所说的"城",即枢纽设施、产业设施融入城市。

我们看到,在虹桥地区,上海将上述港、产、城有机地融合在了一起,完美地实现了一体化发展(图4-25)。

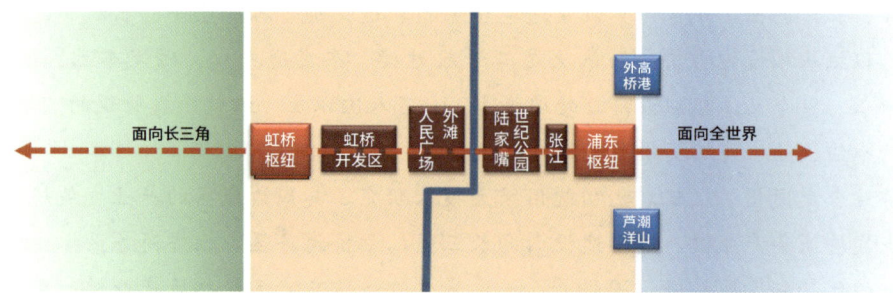

图4-24 虹桥综合交通枢纽对城市结构的完善

图4-25 虹桥综合交通枢纽的港产城一体化

案例 4-9

海口美兰机场地区的"港产城一体化"规划

2018年,国家宣布海南全岛将建设自由贸易试验区,稳步推进中国特色自由贸易港建设。海口是海南省最重要的中心城市,海南岛进出岛的方式,一个是海、一个是天,其出入口都在海口。通过对进出岛交通的管控研究,我们找到了新的发展思路。看看海口的总体规划图,如果把东西两个综合交通枢纽做好,公交优先做到位,海口就可能会闯出一条不同于大陆城市的交通发展道路。具体怎么做呢,我的建议是海口要"开启双港驱动的城市发展新时代"(图4-26)。

图4-26 海口市"双港驱动"示意图

随着"一带一路"倡议的推进,国家赋予海南的自由贸易试验区(港)发展使命不断深入,海口再次进入一个发展的关键抉择期,迎来一个全新的历史发展机遇。这种机遇可以说是空前绝后的,需要做出一系列的规划决策。于是,江东新区的发展规划应运而生。《海口江东新区总体规划》(图4-27)以"开放创新、绿色发展"为总纲,将江东新区定位为"全面深化改革开放试验区的创新区、国家生态文明试验区的展示区、国际旅游消费中心的体验区、国家重大战略服务保障区的核心区",它将贯彻落实新时代国家赋予海南的重大战略和重大决策,引领中国(海南)自由贸易试验区建设,形成我国面向太平洋和印度洋的重要对外开放门户。

美兰国际机场及其临空产业是江东新区的支柱产业,对江东新区的规划建设影响巨大,

图 4-27　海口市江东新区总体规划与美兰国际机场示意

其规划工作自始至终按照"港产城一体化"的理念展开。海南有优越的地理位置，面向东南亚、连接北部湾，适合发展服务于"中国-东盟"自由贸易区的区域性国际航运中心和物流中心。当地产业发展特征独具特色，生态旅游资源丰富，农渔业资源禀赋独特，是热带特色高效农业发展的宝地。另外，海南与周边地区连接渠道基本以空海为主。这些特点使海南形成了以服务业为主导、带动工农业发展的独特模式。美兰国际机场及其临空产业规划既要在优势资源上带动更多产业链，还要借助政策优势和区位优势补足会展产业、商贸产业，特别是要以货运物流产业带动"港产城一体化"的快速发展。江东新区"港产城一体化"发展的内在逻辑如图 4-28 所示。

我们以航空港为核心，围绕机场客货运设施展开临空产业设施规划。美兰机场客运围绕中心向东、西方向发展，货运布置在两翼协调发展，从而形成客货平衡发展的格局。在美兰机场，航空货运物流产业链将带动其他产业链向外拓展延伸，与江东新区连为一片。基于围绕海口美兰国际机场展开的"港产城一体化"规划进行的大量基础性研究，我们希望最终能达到"以港促产、以产兴城、港产城一体化发展的新格局"，也期盼着航空货运物

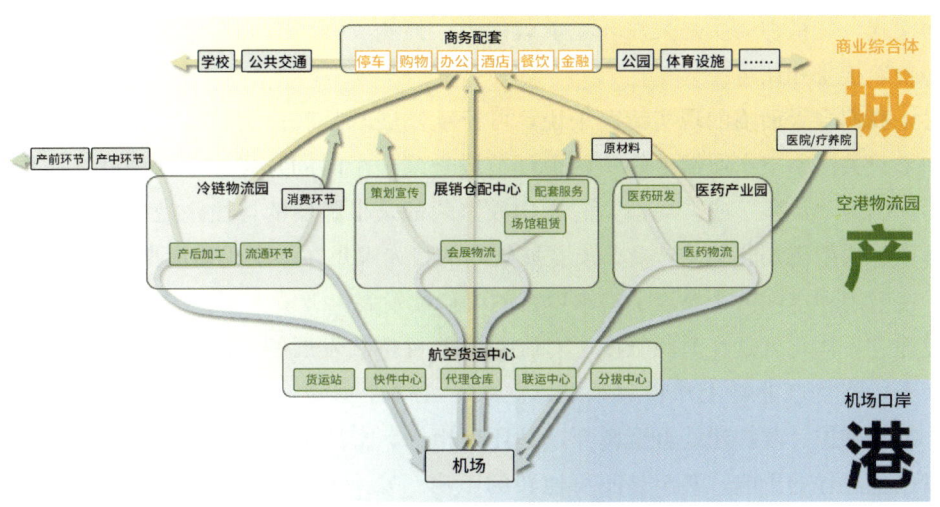

图 4-28　江东新区"港产城一体化"发展的内在逻辑

流产业包括自贸港区的其他产业能够早日启动投资建设，未来一定能够看到"江东·美兰"模式的"港产城一体化"发展的壮丽篇章！

美兰国际机场及其临空产业近期发展规划以北货运区为主体，中期拓展物流产业链、带动其北部江东新区的主城区发展，远期实现"港产城一体化"全面发展。具体实施方案是：首先开展美兰国际机场第三跑道和北货运区的规划建设，沿第三跑道北侧布置若干个不同类型的货运站，包括国际国内普货、跨境电商、快递、冷链等多个一级货运设施。其次，在货运区北侧规划建设航空物流园区，发展各种相关产业设施。最后，物流产业园区在北侧与江东新区的城区规划建设融合为一体，即规划建设一批既与航空物流产业相关，又与城市发展需求相连的金融服务设施、商务设施、商业零售设施、会展设施、生活居住设施、文化娱乐与教育体育设施等城市型综合服务设施。

总之，通过"港产联动"和"产城融合"这样两个阶段，最终完成港产城一体化大业。

4.4.3　走可持续发展之路

1987 年，在世界环境与发展委员会上，挪威前首相布朗特兰在题为《我们共同的未来》报告中提出了"可持续发展"理念。该理念从环境和自然资源角度提出了人类长期发展的战略和模式，其精神实质是关注环境承载能力、强调资源永续利用。这一理念已得到国际社会的普遍接受和认可。

对于我们今天面临的现实情况来说，可持续发展既是我们的目标，其实也是我们的底线。如果只关注临空产业链上的一两个环节或是某一个时间片段，是无法最终实现可持续发展的。因为"片段"或"局部"的成功或繁荣都是很脆弱的，往往是不可持续的，所以我们必须尽快把机场、临空产业、航空城规划的目光聚焦在"全生命周期"和"全产业链"上来，在时间和空间两个维度上追求项目的可持续发展。

投建营一体化就是在时间维度上对临空产业可持续发展的追求。从项目全寿命周期的角度来看，临空产业链上从项目策划、立项、可行性研究、规划、设计、施工，到运行、经营、维修维护、改扩建，直至废弃，是环环相扣、密切相关的，其中任何环节都将对后续阶段产生深远的影响，甚至是不可逆转的影响。另一方面，国内众多机场的临空产业肯定不是处于同一个发展阶段，根据自己所处的发展阶段提前规划好有效突破各种制约因素和发展瓶颈的路径，以最小的代价取得最大的、可持续的发展是大家的共同追求。现在，绝大多数临空产业园区缺乏合格的项目法人，或法人太多，肢解了产业链。我认为投建营一体化是处于不同发展阶段的项目法人们，解决临空产业可持续发展的终极良方。只有进一步优化项目法人制度，走投建营一体化之路，才能实现项目的可持续发展。

港产城一体化则是在空间维度上对临空产业可持续发展的筹划。临空产业链上的各种物理设施非常丰富多样，从站坪、货运站、仓储区、监管区、保税区，到各种加工生产区、综合保税区、自由贸易港区，以至生活服务区、商务区、金融贸易区等，都是临空产业链的一部分，它们之间是有内在逻辑，密切联系的。当然，不同的机场临空地区会处于不同的发展阶段，集聚的设施规模和内容都会有所不同。但大家为了追求更好的收益和可持续发展，都会朝着整合全产业链的方向迈进，即会不约而同地走上港产城一体化的发展之路。打通产业链、整合产业链、强化产业链、拓展产业链，就是临空产业的可持续发展之路。港产城一体化是航空城规划发展的目标，也是自然结局。

因此，临空产业链的可持续发展是项目全生命周期和全产业链的一体化、可持续，也就是通过投建营一体化和港产城一体化，实现临空产业的可持续发展。临空产业链可持续发展的内涵聚焦于三个方面，即环境友好、高效运营和财务状况良好。其中，最硬核的就是"财务可持续发展"，它是往往会被人们忽视的、最重要的内涵！它既是临空产业发展的终极目标，也是底线。因为我们始终相信"一个亏本的企业是不可能提供一流服务的"！

本章小结

机场圈子很大，我们在过去不能全面把握其全局的时候，会用"盲人摸象"的办法探究其真。其实盲人摸象是认识事物的一个过程，是我们从小到大、从局部到整体，认识事物的初期阶段。过去，机场无论是在投资、建设还是运营方面，都处在盲人摸象的阶段，都是在研究局部的、一定时期的问题。就拿机场规划建设领域来说，我们把一座机场拆分成不同的阶段和不同的区块、不同的设施进行规划设计和施工安装。经过一段时间的实践，我们对这种区块划分和阶段划分及其管控的模式变得熟悉和自如起来，于是就会把项目做得越来越大，例如开始有了航站楼总包、飞行区总包等更大的区块划分。接下来我们就会考虑 EPC 的办法、总包的办法、交钥匙工程等办法。当然，社会上也出现了一批能够承担大型项目的承包商。于是我们就能看到机场建设从局部向整体、向整座机场的建设管控方向发展的脉络。机场的投资和运营也基本上是这样一种发展模式。我们在盲人摸象中越摸格局越大，越来越能够掌握机场的全局。

中国机场经过 20 多年的高速发展，现在我们对机场发展的认识已基本上走过了盲人摸象这个阶段，走出了认识机场发展规律的初期阶段。当前，我们应该再跨一步进入认识的第二阶段。我把这个新阶段的特点归纳为两个方面，那就是"投建营一体化"和"港产城一体化"。这标志着我们对机场发展规律的认识，从小圈子、中圈子，到大圈子，完成了一次从分散、局部，向关联、整体的升华。

从局部到整体，这就是人类社会认识事物的普遍规律。很高兴，我们进入了一个新的认识阶段，进入了一个以一体化为特征的阶段。新的时代要求我们必须具备对机场及其周边地区发展的整体的把控能力，也就是说，对事物的认识必须提高到一个更高的阶段。这种更高就是一体化解决问题的方案，只有从时间和空间两个维度上一体化考虑问题，才会带来更好的效率、更高的质量；才会让机场的投资、建设、运营更加贴合我们的需求。因此，一体化是符合机场投资、建设、运营之发展规律的。只有从全生命周期和全产业链出发，以一体化为目标，我们才能做得更好，才能使投资更合理、建设更优质、运营更高效。

从小圈子、中圈子，到大圈子，再到投建营一体化和港产城一体化，进而追求机场与其周边地区以及所在城市的可持续发展，这才是我们对机场发展规律的认识和追求。当前，我们深切地感受到机场、临空产业和航空城正孕育着一场伟大的变革。未来 20 年，让我们共同推动我国的机场、临空产业和航空城领世界之先，走上全生命周期、全产业链一体化、可持续发展之路。

航 空 港 规 划 丛 书

第 5 章

持续的勤奋

如果前面讲的良好的基因、高效的平台、优秀的搭档、强大的圈子这四条都已具备，勤奋就显得特别重要了。也就是说，即使一座机场什么条件都具备，但自己不努力也是不行的。特别是机场的运营部门，有了一个好的舞台，就得努力演好主角这个角色。这种努力一定要是持久的、积少成多的。网上有个著名的公式，说的是每天努力一点和每天放松一点，一年365天下来，结果就会非常不一样，差距巨大：

$$(1+0.01)^{365}=37.8$$
$$(1-0.01)^{365}=0.03$$

这个公式很能启发和教育人，它时刻警醒我们必须持续努力、不能有丝毫的松懈。本章就以这个为主线，讨论怎样"大处着眼、小处着手"，养成良好的工作作风，最终让勤奋成为机场人的本能。

5.1 精益运营，精准考核

精益运营（Lean Operations）是由企业最高层主导的为了实现业绩目标有意识开展的、持久的运营变革，它通过对员工能力、观念、制度和流程的持续改善来实现业绩提升。精益运营的成功要诀在于注重在精益工具、组织支撑、理念共振上三管齐下，缺一不可。精益工具是让资产和资源得到配置和优化，从而创造价值和最大限度地减少浪费的方法，解决的是"如何做"的问题；组织支撑是通过管理资源以便为精益运营提供支持的正式结构、流程和体制，解决的是"谁来做"的问题；而理念共振决定了员工在工作中用精益的理念进行思考和行动，避免不知道"为啥做"的问题。精益运营最大的特点在于全员（特别强调一线员工）参与。这就要求每一个机场人都立足于本职，动脑动手不断地改进工作，改进设施、安全、服务和管理。

有句话叫"细节决定成败"。例如关于航站楼的卫生间设计,我做甲方时就曾对建筑设计院明确提出以下几点要求:

(1) 交通中心、停车场(库)都要有卫生间。

(2) 航站楼的出入口附近要有卫生间,旅客值机后的候机厅要有卫生间,旅客过完海关、边检、出入境检验检疫和安检后的位置要有卫生间。

(3) 航站楼旅客到达层每两个机位要设置一个卫生间,出发层可以减半。

(4) 卫生间不许设门,保持负压,最好进出分离。

(5) 带门的厕位,门内要有能放行李的空间。

(6) 卫生间的设施要单元化,设备要标准化,以利于维修和更换。

(7) 洗手池必须男女分开。我们做过调查,男女旅客的比例基本上是1∶1,女性略少。但是女性如厕的时间要长于男性,因此,厕位数量至少要达到1∶1。女性入厕后往往还需要补个妆,因此女性卫生间洗手池和镜子的数量要比男性卫生间多很多。

(8) 厕位内建议设置坐便器。关于设置坐便器还是蹲便器的问题,我曾经问过机场的保洁人员:"是否需要蹲便器?"他说确实有旅客在坐便器上蹲着如厕,但是他不主张用蹲便器,因为按照虹桥国际机场的服务要求,如果采用蹲便器,几乎旅客每用一次都需要打扫,这会大大增加保洁的工作量。

我想上述就是所谓的"精益规划与运营"吧。

接下来介绍两个精益运营的案例。

案例 5-1

虹桥国际机场的行李手推车服务品牌

虹桥国际机场航站楼的旅客行李手推车服务是一个很小的案例,但是从中可以引申出精益服务的大道理。

虹桥国际机场二号航站楼刚启用时,行李提取厅的手推车是一列列平行摆放的,但很快问题出现了:旅客来取手推车时,只能四个人同时取,甚至两三个人同时取,导致取手推车的地方特别拥挤;而取到手推车的旅客在行李转盘旁等待时,一人一车要占将近2 m^{2}的空间,所以行李转盘旁的空间也显得拥挤,这样就造成行李提取厅秩序比较混乱。因此机场就准备在旅客量增加后对行李提取厅进行扩建。

而负责运营管理的员工们经过无数次研究和试验,找到了解决方案:他们把行李车的摆放由"平行型"改成了"鱼骨型"(图5-1),即中间摆放一列行李手推车、成为"鱼骨",然后"鱼骨"两边再斜着摆放其他手推车,这样摆放后,就有很多旅客都能同时取到行李手推车了。

(a)平行型摆放　　　　　　　　　　　(b)鱼骨型摆放

图5-1　两种不同的手推车摆放方案

行李手推车"鱼骨型"摆放不仅方便旅客能多人同时取得手推车,而且能让从行李转盘上取到行李的旅客转过身来就能非常方便地拿取行李手推车,结果旅客们就不着急事先去取手推车了,他们会先等候在行李转盘旁,等到自己的行李之后再去拿取手推车。这样一来行李提取厅的场景可就不一样了(图5-2),结果是行李转盘周围人车拥挤的状况已不复存在。

虹桥国际机场二号航站楼的手推车采用"鱼骨型"方式摆放以后,行李转盘的处理能力与过去相比翻倍,甚至更多,于是行李提取厅就不用扩建了。所以后来在讨论给发明"鱼骨型"手推车摆放模式的员工们多少奖励

图5-2　虹桥国际机场二号航站楼的行李提取厅场景

时,我就说:"这个发明直接导致我们不用扩建行李提取厅,为虹桥国际机场省了好几个亿,你们给他们奖励多少都不为过啊!"

由此可见,机场人每天努力一点点,结果真的不一样。这个发明被虹桥国际机场推介以后在国内外获得了许多荣誉,2015年,中国质量协会、中华全国总工会、中华全国妇女联合会联合授予这个手推车服务班组"全国用户满意服务之星班组"称号(图5-3)。

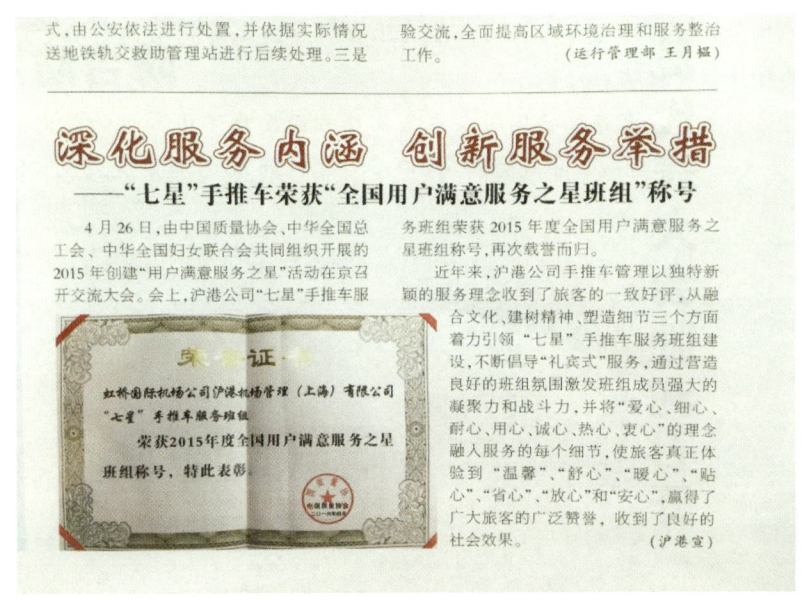

图5-3 虹桥国际机场手推车服务班组获得"全国用户满意服务之星班组"称号

精益运营的另一个方法就是划小核算单位,只有划小了核算单位才有可能做到精准考核。虹桥国际机场在2016年做了一轮划小核算单位的工作,核算单位划到最小之后,每个班组、每一个人的工作目标和责任边界就变得非常清晰,没有人会再说"我不是挣钱的",因为每个单位都有自己的考核目标,成本管控单位"省钱"就是"盈利";而有经营性目标的单位该挣100元的就必须得挣100元,只挣到90元就是"亏损",再也不能自以为挣了钱就是盈利了。所以不管是花钱的单位还是挣钱的单位,其实都是一样的考核思路。划小核算单位是精细化管理、精准考核必须做的基础工作。

案例 5-2

上海机场集团广告公司的考核

2005年以前，上海机场广告有限公司在与德高贝登户外广告有限公司和上海动量广告传媒有限公司合资之前，一直是盈利的。合资成立上海机场德高动量广告有限公司以后，上海机场集团在广告方面的收入分成了两块：一是将广告阵地出租给上海机场德高动量广告有限公司的租金收益；二是上海机场广告有限公司作为上海机场德高动量广告有限公司的股东获得的分红（股权收益）。

合资公司运营之后，上海机场集团在广告收益方面发生了根本性的变化：在合资前是每年2 700多万元，合资后第一年就达到8 400多万元，到2015年则达到5.5亿元，发生了质的飞跃（表5-1）。

表5-1　上海机场集团广告公司合资前后的广告收益变化

年份	股权收益（万元）	租金收益（万元）	合计（万元）
2004	—	—	2 767.19
2005	283.34	8 154.00	8 437.34
2006	2 439.22	8 236.00	10 675.22
2015	42 984.59	12 084.43	55 069.02

说到这里，我就要提出问题了：上海机场广告有限公司在2005年前是盈利呢，还是亏损呢？

我想要说的是：应该盈利100元的，只挣来90元，那就是亏损！

这才是我们所要的考核——"精准考核"。

案例讲评：

针对这个案例，我想说三个问题。

(1) 机场人做广告实在是太不内行了。过去机场做广告，广告中的产品常常自身价值就不高（例如保龄球的广告），那这个广告委托人能付多少广告费给机场呢？合资以后，广告公司的客户发生了改变，奢侈品、银行等的广告开始多起来。其实道理很简单，航空旅客是社会的高端消费人群，针对这一人群机场当然应该做高端品牌、高档商品的广告，这类广告委托人投了广告，机场获取的收益才会多。

（2）机场要改变销售方式，不能坐等客户来做广告，而是要去挖掘客户需求。与上海机场集团合资的这家广告公司，能够运用一些技术手段来记录看过广告的人数，这样一来就知道每块广告一个月有多少航空旅客会看，有了这个数据，找广告委托人投入广告费就有理有据了。例如机场可以为某位广告委托人做一份可行性研究报告，评估一块广告租给这位广告委托人一年会为他增加多少收益，然后跟他洽谈增加的收益如何分成，挖掘了广告委托人的需求，机场自然也就有了更多的收益。所以，机场的广告客户群是相对固定的，机场要做的就是不断地发掘客户的需求、跟踪它们的需求。这样看来，上海机场以前不是做广告，只是卖广告阵地而已，从表5-1可以看得出，卖广告阵地的收益和做广告的收益（分红）是有很大差别的。

（3）出租广告阵地的收入是资产带来的收益，股权收益（分红）才是广告公司经营管理创造的价值。因此，机场不能只是作为广告的场地资源提供者，如果自己不擅长广告经营，那就要交给擅长的人去做。这种模式其实就是机场主要的经营模式，其他领域的运营管理其实也是这样的，即"管理社会化、经营市场化"一定是机场运营管理发展的方向。

5.2 长于改进，流程再筑

第2章讨论了平台的重要性，但是现实中没有一个人是神仙，能够把平台规划建设做到百分之百的满意，并能够适应未来几十年甚至百年以上的需求。在这个高速发展的时代，实际上谁都不知道5年以后会发生什么，所以需要有一个不断改进的机制，需要根据环境的变化和市场的需要，不断地进行流程调整、重筑。

下面介绍三个不断改进、流程再筑的案例。

案例5-3

虹桥国际机场实施近距跑道绕滑运行

虹桥国际机场扩建工程投运9年后，高峰小时起降架次达59架次，几乎每一分钟内都有航班正在起飞或者着陆。虹桥国际机场只有两条近距离跑道，通常的主用模式是"东落西起",也就是位于机场飞行区的东跑道18L/36R用于降落,西跑道18R/36L用于起飞。而根据虹桥国际机场飞行区的规划结构,落地航班进入机场西站坪必须穿越起飞跑道,无形中增加了航空器跑道侵入的概率。

跑道侵入是空管运行的重要危险源之一,未来会有更多的机场存在航空器落地后进入停机坪需要穿越起飞跑道的情况。特别是机场运行高峰期,航班连续落地或密集起飞时,落地航空器必须在起飞跑道外持续等待,直至有时间间隙,并经塔台管制员同意,才可穿越跑道。2019年,虹桥国际机场年旅客吞吐量达4 536万人次,航班起降达27.29万架次,落地航班穿越起飞跑道数量为11.19万架次,近距双跑道系统运行压力持续处于高位。这给管制员的指挥和飞行员的操作都带来了挑战,同时在运行效率、安全度和旅客出行体验提升方面形成瓶颈。如何突破这一造成多重困扰的瓶颈?围绕切实减少穿越起飞跑道的航班数量,从而降低跑道侵入风险概率,以此提升运行效率、确保运行安全,虹桥国际机场启动了规划中的近距跑道绕滑模式项目。

虹桥国际机场在两条近距起降跑道中间的联络道尽头新增绕滑道,使落地航空器在进入二号航站楼区域时,无须在起飞跑道外等待穿越时机,而是改为径直向前滑行、加入绕滑,直至进入站坪。同时起飞跑道也不必为让航空器穿越而空出间隔,因此管制放飞效率的降低得以避免。根据测算,该绕滑模式全面启用后,虹桥国际机场近60%的航班将使用绕滑运行,将极大地改善运行环境,加速航班流量,降低风险概率。对于旅客而言,航班虽已落地、却迟迟不能下机的体验困扰,也将得以解决。这一构想方案于2018年9月正式立项着手落地推进,2021年10月9日南绕滑道投运、12月2日北绕滑道投运。

虹桥国际机场本次新增的绕滑道分别为1 620 m长的南段绕滑道和1 603 m长的北段绕滑道(图5-4),宽度均为23 m。两条绕滑道的道面强度及宽度均能满足目前虹桥国际机场起降的所有机型使用,但考虑到起飞爬升面及机场外围界安全距离影响,目前只开放翼展不超过36 m的C类机型,也就是国内旅客出行最常搭乘的波音737和空客A320等机型能够正常使用。

绕滑道运行的启用,在中国是一次重要的突破,极大降低了航空器跑道侵入的可能。以往,当离场航空器流量较大时,落地的航空器只能在起飞跑道外长时间等待,此时塔台管制员也需要分配更多的精力及时确认,并防止、纠正机组错领指令的情况,反过来又容易使得航班放飞效率进一步降低。启用绕滑道是一次安全与效率上的多赢,既降低侵入风险,又有效提升起飞跑道放飞效率,连续落地滑行也更顺畅平稳。以高效精细运行、致力

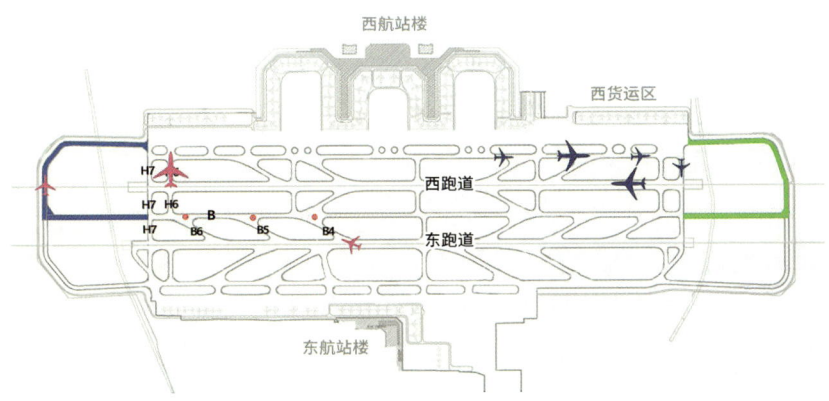

图 5-4 虹桥国际机场南绕滑道和北绕滑道位置示意

创新而享誉民航的虹桥国际机场和华东空管局的此次探索,在绕滑模式上创下行业之先,有望为全行业、为更多机场和管制单位提供值得借鉴的新范例。

以下是绕滑运行的具体流程重筑之技术细节。

1)绕滑的运行

(1)以向南运行为例说明绕滑路线:C 类(含)以下航空器落地右转脱离东跑道 18L 后沿 B 滑行道、南绕滑道至 D 滑行道。D 类(含)以上航空器落地右转脱离东跑道 18L 后沿 B、H6 穿越西跑道 18R 至 C 滑行道。H7 不再作为跑道主用联络道使用。

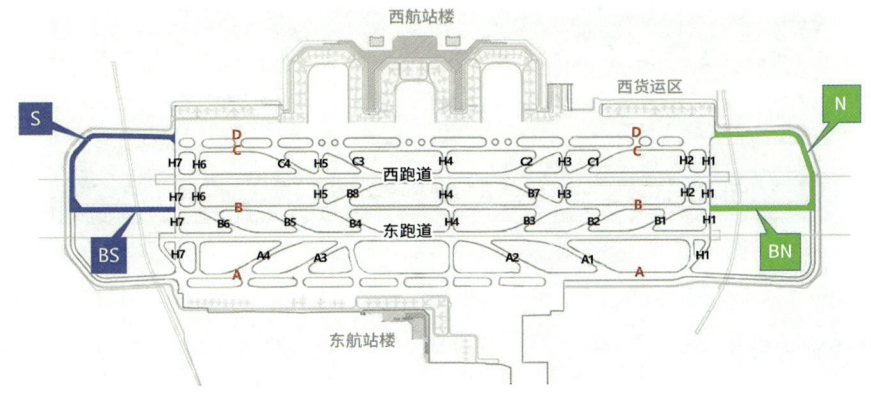

图 5-5 绕滑运行模式

(2)绕滑的强制等待点：在 B 滑行道 H2/H6 前设置强制等待点 HP1/HP2，航空器滑行至上述位置时需强制等待并与管制员沟通进一步指令。航空器沿北绕滑道滑行至 D 滑行道 H1 前设置强制等待点 HP3；沿南绕滑道滑行至 D 滑行道 H7 前设置强制等待点 HP4。

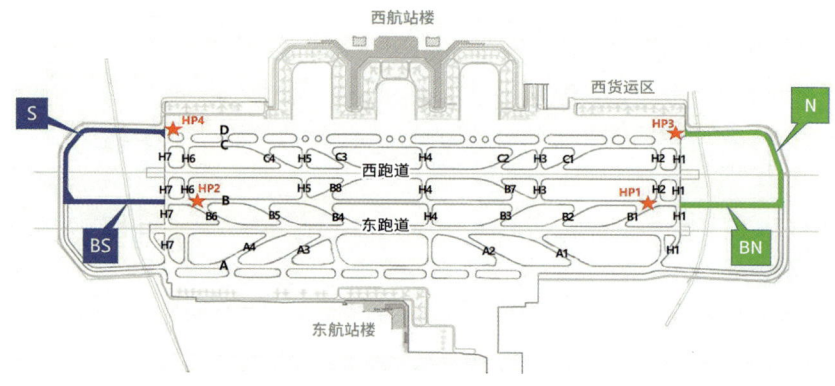

图 5-6　绕滑的强制等待点示意

(3)目视遮蔽物：为了避免使用绕滑道的航空器影响西跑道 18R/36L 起飞的航空器驾驶员判断，在西跑道 18R/36L 两端延长线上距跑道物理端 388 m 设置了目视遮蔽物（图 5-7）。

图 5-7　使用绕滑道的飞机和目视遮蔽物

2)绕滑的限制

(1)机型的限制：鉴于净空障碍物面中起飞爬升面的要求，绕滑区域只允许机身高度（垂直尾翼）≤13 m 的航空器使用；理论上只支持 C 类（含）以下机型使用绕滑道。为了同时满足起飞爬升面的要求和航空器与机场外围围界的安全距离，绕滑区域只允许翼展＜36 m 的航空器使用，地面会有醒目标志。E 类航空器进入绕滑区域需引导车引导，翼展≥65 m 的航空器进入绕滑道，需原地关车待拖车拖曳。

（2）跑道末端内移 150 m。中间绕滑道主要受起飞爬升面的限制，如按照绕滑航空器为 C 类机，垂直尾翼高度按 13 m 控制，现有的中间绕滑道无法投入使用。道面上有关于绕滑机型限制的提示。西跑道 18R/36L 末端内移 150 m 后，绕滑的限制达到 C 类机的 13 m 限制；H7/H1 理论上属于起飞跑道末端以外，在离港航空器起飞滑跑期间，航空器不得在 H7/H1 跑道外等待。

3）注意事项

原则上虹桥国际机场 24 h 使用绕滑；绕滑仅限机场使用东落西起主用模式时使用；当夜间本场全部起飞航空器结束后，可以使用穿越跑道模式；当南、北绕滑道因道面等一些特殊原因不能使用时，转用穿越跑道模式；机场处于低能见度运行时，使用穿越跑道模式；机场跑道运行方向转换时，使用穿越跑道模式；塔台可以根据实际运行情况选择穿越模式。

案例 5-4

虹桥国际机场二号航站楼的品牌大道

虹桥国际机场二号航站楼每年需要处理 4 000 万人次的旅客量，规划时设计了 25 万 m² 的总面积，但为了尽量多做近机位，四个指廊拉得比较开，总共有 42 个近机位，这样做下来总面积就不够了，于是航站楼的中部就留了四处没有楼板、不算建筑面积的空间（图 5-8），以减少航站楼的总建筑面积，达到了不超过工程可行性研究报告要求的目的。

等到验收结束开始运营以后，负责航站楼和商业服务工作的沪港机场管理（上海）有限公司（简称：沪港公司）就想把这四处不算建筑面积的空间利用起来，改建成"一线名牌大道"，这在建筑结构上是可行的。但沪港公司提出的改建方案倒是让我有些困惑：这几处空间改造成为两层，不仅在旅客出发层设计了商店，在旅客到达层也设计了商店，这样面积虽然增加了，但下面那一层商店位置不佳，旅客是不会去的，但沪港公司说：没关系，下层的租金我们也能收到，有人愿意租的。等到改建完成，我到现场一看就明白过来了。如图 5-9 所示，下一层的商店确实没有什么人，但这里有大量的到达旅客通过，非常适合做广告,广告面积大,广告费收入不少;而且,这里的广告是实体的(图5-10),还有动态,偶尔还有两三个人在里面走动,这样的广告就变成活的了,效果真是太好了!

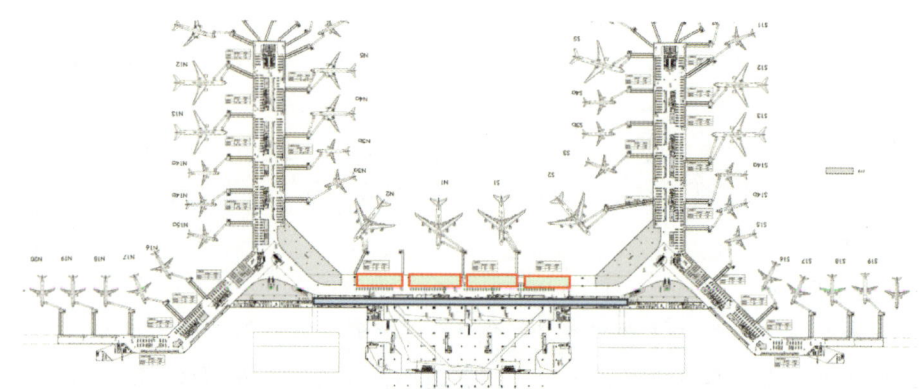

图5-8　虹桥国际机场二号航站楼内的四处不算建筑面积的空间位置示意

图5-9　虹桥国际机场"一线品牌大道"上的品牌店

图 5-10　虹桥国际机场"一线品牌大道"上很有创意的实体广告

这样一来，这个地方原来的照明用灯都不用开了，这些广告的亮度已经足够，这还为机场节约了照明的成本。所以说我们在商业、广告的经营方面还是有很多需要学习和努力的地方。我很佩服香港人在商业经营方面的敏感和执着，这个地方可以租，那个地方可以卖，到处都能找到商机。

案例 5-5

虹桥国际机场二号航站楼的旅客俱乐部

虹桥国际机场二号航站楼的屋面是钢筋混凝土结构的，屋顶上做了两栋办公楼和一个员工食堂。当时考虑的是一般旅客上到航站楼的屋顶是有安全隐患的，员工在这里用餐则方便管理。员工食堂运营以后反响很好，就连有些市领导乘飞机前也要跑到这里来吃碗面条，因为看着机场港湾里的这些飞机感觉很舒服，有食欲啊！在候机楼通常是很难有这个视角的。

后来虹桥国际机场的领导说，这个地方只是作为员工食堂太可惜了，于是机场就决定挤出一半面积做一个旅客俱乐部（图5-11），就是现在的"21米层"。为什么叫"21米层"呢？因为旅客俱乐部位置是在航站楼屋顶上，设计人员在图纸上标注的楼层标高是21 m，于是大家就用"21米层"指代旅客俱乐部，结果时间一长就叫习惯了，"21米层"这个名字得到了大家的认可,因为这个俱乐部不在旅客流线上,不好找,叫"21米层"倒是挺好的,一听就知道在屋顶上21 m高的地方。

图5-11　航站楼屋顶上的旅客俱乐部

"21米层"实际上是一个常旅客服务区,设有各种贵宾休息室、会议室、中西餐厅等(图5-12,图5-13),其引进的店铺全是会员制的,店名写在会员手册上,客户的针对性很强,所以店面隐蔽不好找不是问题。机场把航站楼里的电梯延伸上来,并设置了安检通道,这样一来,旅客一进门就可以办好机票,在里面安心休息了。所以在遇到航班延误时,这

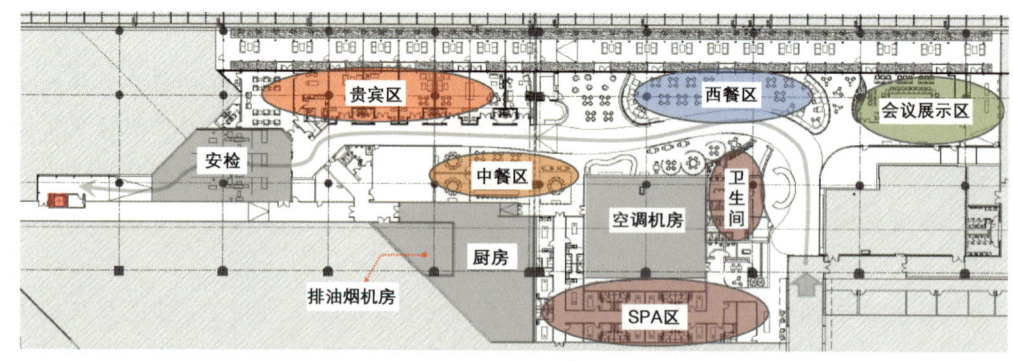

图5-12　旅客俱乐部(21米层)平面图

图 5-13　旅客俱乐部（21 米层）实景

个旅客俱乐部的生意就特别好。例如苏浙汇餐厅起初进驻这里时，仅仅是为了打品牌，因为租金比较贵，盈利预期并不高，但经营一段时间以后告诉我：没想到机场航站楼这个地方是一天 24 小时都有生意做的。苏浙汇在市区的店一般每天就重点经营一顿晚餐，但在"21 米层"一天可以翻多次台面，直到航班结束。

机场的员工很可爱，他们觉得"21 米层收益这么好，那我们吃饭就远点吧，把好地方腾出来"。于是机场就准备把员工食堂搬走，把旅客俱乐部再扩大点。结果东航看上了这个地方，说这个规划挺好，想把另一半租下来作为其常旅客俱乐部。这样一来，机场把这个地方租出去也很好，都不用承担经营风险了。

案例讲评：

上面三个案例都是运营管理人员不断根据市场需求对现有设施进行改造，精益求精拓展经营收益的故事。实际上规划建设者们不是神仙，他们不可能把未来运营中的需求都考虑好，所以需要运营管理者们不断根据运营需求的变化进行改造提升。

浦东国际机场最早的规划是建 4 座航站楼，后来机场总体规划修订时改为 3 座航站主楼加2座卫星厅，现在网上值机发展以后，其实2座航站楼就够了，于是机场又修订了总体规划，原计划建第三座航站主楼的位置建了两个宾馆，共有1 000多间客房，整个交通中心得到了进一步的提升。后来机场发现交通中心的商业设施中没有旗舰型设施不够吸引人，于是就增加了大型商业和餐饮设施。总之，浦东国际机场的总体规划是在不断地修订升级，主要是大数据、云计算、移动互联等带来了航站楼的巨大变化。因此我认为国内机场的运营维护费用总是偏低是不行的，因为没有一个设施能够建成以后好用20年的，评价最好的设施其实是不断改造提升的设施。所以说虹桥国际机场公司管得挺好，就是因为他们所做的改造更新比我预期的还要多，比如虹桥国际机场的商店一直在变换，一旦知道哪样东西不好卖了，就赶快换。所以又回到第1章的问题，即市场问题。机场必须紧跟市场的变化，不断地优化、改造、升级，这就是我们需要努力的地方，这与机场的建设、运营都有关系。

5.3　与时俱进，适时转型

　　与时俱进，意思是行动和时代一起进步，出自1910年初蔡元培撰写的《中国伦理学史》。针对清朝末年中国思想文化界抱残守缺、固步自封的局面，蔡元培通过中西文化对比，把散见于中国古书中的"与时偕行""与时俱化""与时俱新"等激励人的说法概括综合为"与时俱进"。与时俱进是指准确把握时代特征，始终站在时代前列和实践前沿，始终坚持解放思想、实事求是和开拓进取，在大胆探索中继承发展。

　　所谓转型是指资源配置和经济发展方式的转变，包括发展模式、发展要素、发展路径等的转变。从国际经验看，不论是发达国家还是新型工业化国家，无一不是在经济转型升级中实现持续快速发展的。

　　同理，面临新技术高速发展的中国民航机场，也需要与时俱进、抓住机遇、适时转型。

5.3.1　智慧机场建设将彻底改变旅客服务模式

　　我们处在工业化时代的后期和信息化时代的初期。工业化时代的一个特点就是"集中产生效益"，反映在机场就是不断地把各种流程上的设施集中在一起，如设计了集中的车道边、集中的值机大厅、集中的安检、集中的海关与边防及检验检疫、集中的商业设施等；

在系统方面也是这样，机场把行李集中起来自动分拣，行李自动分拣系统越来越大。这就是工业化时代的特点：越集中越产生效益，单位成本越低。机场设施的集中带来的是运营成本的降低和运营效率的提高。今天，我们虽然身体还处在工业化时代的后期，但是有一只脚已经踏进了信息化时代。信息化时代的特点就不同了，它是"去中心化、去中间层次"的，与之相对应，机场系统就应该是"分布式"的。分布式系统是一个硬件或软件组件分布在不同的网络计算机上，彼此之间仅仅通过消息传递进行通信和协调的系统。

2006年启动规划设计、2010年建成的虹桥国际机场二号航站楼就很好地融入了分布式的理念，大大降低了设施规模。比如该航站楼只规划了80个值机柜台（但今天看来柜台数还可以更少），因为80%以上的电子值机率已经成为虹桥国际机场的现实。虹桥国际机场之所以在15年前就敢把值机柜台做得这么少，是因为当时看到了未来机场的值机功能将会在网上完成、在交通中心完成，不需要集中到航站楼里来。我们深刻理解了信息化时代机场的特征是服务个性化、管理无人化、设施分散化，旅客的真实需求是机场的陆侧交通与飞机的登机口要尽可能便捷地对接。

今天，大数据、云计算、移动互联、智能化和物联网等技术的发展，已经给机场，特别是航站楼带来了翻天覆地的变化。以旅客的出发流程为例，从购票、值机、托运行李，到海关、边检、检验检疫、安检、登机，以及在机场航站楼内的购物、休息等，这些流程的操作基本上已经被人工智能所代替或即将被代替。许多旅客流程上的环节被移到了网上或云端。

航站楼旅客流程一般都有十多个不同的环节，但最核心的是值机、身份识别和安检。2014年，我在加拿大温哥华国际机场看到其改造后的航站楼，拆除了原来的值机岛，只保留了行李输送皮带的通道口，并将有行李旅客和无行李旅客的自助值机设备整合布置在原来的值机大厅内（图5-14）。旅客从航站楼入口进入大厅就可自助值机（国际旅客自助核查签证），无托运行李的旅客完成自助打印登机牌后，就可以直接去安检、登机。有托运行李的旅客完成自助打印登机牌和行李牌后，到交行李区域提交托运行李。托运行李交运处有一名工作人员监督行李是否合格，并提供必要的服务。显然，该岗位的工作量不大，因为多数旅客是具备良好的个人素质的。

采用各种自助值机技术后，航站楼值机大厅内的值机人员和值机设施都将大规模减少和分散（可分散至陆侧交通中心和停车楼），未来的航站楼主楼就不需要建得那么大了。虹桥国际机场二号航站楼2019年处理了约4 000万人次旅客量，仅有80个值机柜台就够用

图 5-14　温哥华国际机场国际航班值机大厅实景

了，好像还有裕量，所以东航设置了很多贵宾柜台（图 5-15 中铺红地毯的部分）。因此，大家一定要注意：过去常常用来代表城市门户形象的、"高大上"的机场航站主楼，恐怕要变成"鸡肋"了，食之无味、弃之可惜啊！

图 5-15　虹桥国际机场二号航站楼值机大厅实景

旅客航站楼内，安检、边检、海关、检验检疫等环节都要做身份识别，其实他们做的是同一件事，只是由不同的单位在实施。如果机场内各相关单位能够共用一个识别信息，那么旅客只需要做一次身份识别就可以了。当然这个识别设备可以将旅客身份信息提供给所有需要的单位使用，包括提供给航空公司在值机柜台、登机口和行李分拣时使用。事实上，自助身份识别设备在世界各大机场使用得已经非常普遍。

未来，如果身份识别技术和机场安检技术结合在一起，那么对机场航站楼的影响将会非常大，至少国内旅客就可以在安检后直接登机了。而对于国际旅客来说，一次身份识别的信息可以同时提供给安检、边检、海关、检验检疫和航空公司使用，哪个管理部门认为旅客或者行李有问题,都可以在安检或登机口找到旅客进行进一步的检查。图 5-16 为国内某机场使用中的自助身份识别设备。

2014 年底,我在美国考察学习时发现美国机场近些年来对安检的持续投入已经产生效果,主要有以下几方面的改变:

(1) 安检效率提高,旅客排队时间明显减少。安检工作人员的数量已大幅度减少,且劳动强度在降低。有两个做法值得我们借鉴:一是旅客随身物品检查用的小筐增加,放这些小筐的长条桌加长,更多的旅客可以在排队时将自己的所有随身物品放入小筐中(包括皮带和鞋子),从而大大减少人工核查量;二是不在每个安检通道设身份验证岗位,所以每个通道只需要 2 个岗位。

(2) 全面采用了全身扫描技术。全身扫描技术的设备经过多次更新,效率已经很高。最早的设备对人体进行一次扫描需要 10~20 s,现在只要 1~3 s,这个速度已使人

图 5-16　国内某机场
使用中的自助身份识别设备

身安检不再成为安检的瓶颈,现在已经是两个旅客随身物品安检通道共用一个人身安检设备了。旅客随身物品安检太慢的问题因此显现出来,看来这是下一个课题的研究方向。

另外,对人体全身扫描的图像侵犯个人隐私的问题已经解决。在显示器上看到的不再是扫描的图像,而是一个经过处理的人体外轮廓和疑似有问题需要人工核查的部位提示。试用中的国产毫米波安检门也解决了相关技术问题(图 5-17)。

(3) 利用大数据、云计算技术,机场将国民安全档案与安检信息系统整合在一起,将乘客分为不同的安检级别,从而实现了针对不同旅客设置不同的安检级别,提高了安检效率。

通常,机场安检信息系统只包含身份识别、图像的采集与处理、实时监控等模块,当然还会与航班信息、离港、广播、时钟等信息系统对接,好的机场还会建立自己的违禁品信息库和旅客信息库。美国的机场安检信息系统则实现了与 FBI、CIA 的个人安全信息系统的对接。FBI、CIA 根据每个人的出身、民族、宗教、前科、党派、社团,以及工作与生活环境、思想动态、朋友圈等,将国民分为几个不同的级别,区分出需要重点检查的对象,

这就大大提高了安检的效率。图5-18所示为美国旧金山机场的自助安检现场。很明显，我们已经一只脚踏入旅客自助安检的时代了。

图5-17　试用中的国产毫米波安检门

图5-18　美国旧金山机场的自助安检现场

基于上述关键技术的成熟应用，我们来设想一下，在不远的将来，旅客的航空出行体验也许是这样的（图5-19）：

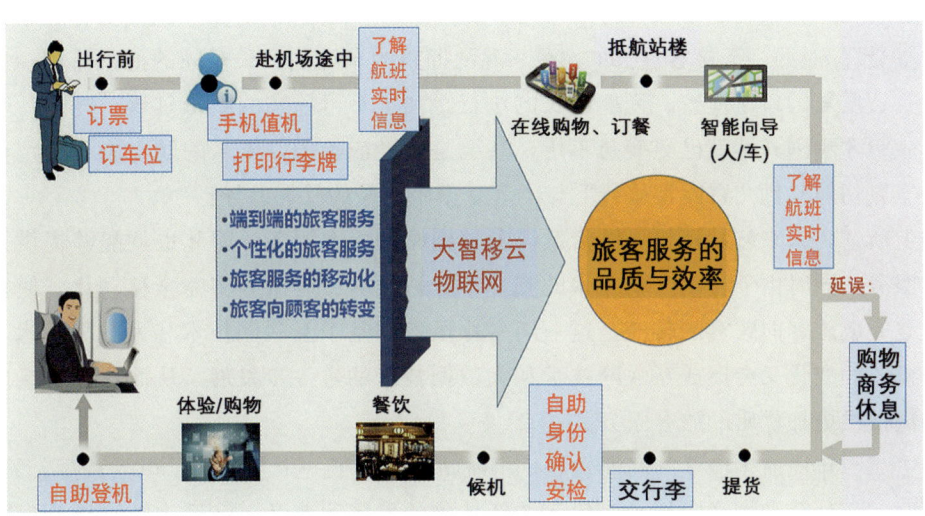

图 5-19　移动互联支撑的乘机体验

出行前，旅客会通过手机、电脑等设备在网上订购机票。订好机票后，他的智能手机会收到被推送来的停车位预约信息和专车预约信息。如果他准备自驾去机场，就可以马上预定到机场的停车位，系统会为他预约离其登机口最近的停车位。当然，他也可以预约专车上门接送。如果他是一位工作、生活计划周密的人，还可以将自己的行李交给专业快递，让他们在其指定的时间送到预定好的宾馆的房间里。

到了旅行当日，他会在手机上完成自助值机。如果需要托运行李，还可以在家打印好行李牌或扫描他的常旅客行李牌。在去机场的路上，他会得到航班的实时信息，可以根据航班是否准点来调整行程安排。当然，他也可以悠闲地在线购物和订餐。

到达机场后，智能导航会引导他到达预约好的车位；进入航站楼之后，智能向导会告诉他应该到哪里去提取在线购得的商品、到哪里去托运行李、到哪里去等待安检。当然，身份识别和安检都是自助的。然后，他就进入了隔离区，可以悠闲地候机、用餐、购物，直至航空公司宣布开始登机。登机当然也是自助的。

同样，当他从其他城市飞来，到达机场从飞机上走出时，就会收到推送来的信息，告诉他行李在哪里提取。当他自助通过一关三检和行李验证后，就会发现事先约好的专车驾驶员已在迎客大厅等着他了。当然，他也可以自己去乘地铁或乘出租车回家。

由上可见，未来的航空旅行将不再是一场未知的"冒险"，而是一次一切尽在掌控中的轻松"享受"。对照一下旅客过去的感受：混乱拥挤的车道边、长时间的值机排队、繁琐的安全检查、反复的口岸检查、无趣超长的步行距离、不可预知的航班延误、托运行李的丢失等，旅行才刚刚开始就已经疲惫不堪，甚至是无助或绝望，未来的航空旅行一定会让每一位旅客真切体验到"冒险型旅行"与"享受型旅行"的巨大差异！

综上所述，未来航站楼将提供信息设备端到端的旅客服务，因此也就能够提供个性化的旅客服务；同时由于移动互联技术的支撑，航站楼内旅客服务将完全移动化，使机场的客户最终完成旅客向顾客的转变。这一切变化虽然都基于互联网技术和大数据技术，但旅客服务模式的变化又会促成互联网技术和大数据技术的进一步发展，从而保证机场能够在航站楼内提供更加优质的旅客服务。

过去二十年民航运输业的高速发展，将航站楼带入了一个新时代。以大数据、智能化、移动互联、云计算和物联网技术为代表的新技术的发展和普及，已经为航站楼开启了新一轮的发展。过去的机场，特别是航站楼中，已经引进了大量的新技术、新设备，进行了大量的智能化改造，但是我们很少看到谁能够拿出机场整体智能化改造的愿景和机场层面的"架构方案"。

在汽车出现之前，人类社会的交通主要使用马车，结果最早出现的那辆汽车就长得非常像马车，那是因为人类在认识汽车的过程中，很大程度上受到了前面这种交通方式，即马车的限制。那个时代人们是绝对不可能想象出今天所看到的流线型汽车造型的。现在，我们处于从工业化向信息化变革的时代，需要打破那些禁锢思想的条条框框，要思考机场航站楼在新的时代里工艺流程应该是什么样的，然后再研究这种新的流程需要什么样的硬件设施与之相适应。比如前面我所谈到的"航站楼的值机大厅将变弱变小，将与陆侧交通方式便捷对接"，这就很有可能会带来航站楼硬件设施的巨大变革，甚至是不需要航站主楼了，或者是值机与陆侧交通中心结合了，因为这种变化对旅客更加舒适便捷，对机场的运行更加有益高效。

如果机场只是在现有工艺流程的每一个节点上用机器替代了人，那么可能就是通过信息化手段，把过去的那个工艺流程固化了。但这是非常要命的事情，它会使后人的改革更加困难。其实，一个没有"人"的机场肯定不是我们所追求的人文机场。因此在智慧机场建设的时代，我们首先要从机场工艺流程的整体架构上做好顶层设计，需要机场总体层面上的"架构师"。我们需要把智慧机场建设的重心放在机场的工艺流程上，放在努力使工艺流程简洁高效上来，不要让过去的东西束缚了今天的思维。虽然我们还身处工业化时代，但是机场"架构师"一定要描绘好信息化时代的每一座机场的智慧愿景，弄清楚智慧机场发展的真实需求，设计好机场创造更高效率和更多财富的实施路径，而不至于使刚竣工的机场很快就不得不面临大规模改造，甚至被拆掉。因为，我们已经一脚踏进了信息化时代。

未来已来、将至已至，我们准备好了吗？

5.3.2　新冠肺炎疫情正改变着机场的商业经营模式

2020年年初突如其来的新冠肺炎疫情对机场商业、服务业的冲击是前所未有的。哪怕在疫情缓解、结束后，机场的运营思路也不可能回到疫情之前了。从现状来看，疫情期间机场商业发生的一系列改变，也许会彻底改变机场的未来。以下是我对疫情之后机场商业、服务业发展趋势的几点想法：

（1）云端运营，实体店会减少。疫情期间，云端销售的方式得到了比较快速的发展，许多线上的销售方式应运而生。疫情结束后，商家会发现那些价值较高、体积较小、重量较轻的所谓高附加值产品，也就是机场里常见的零售产品也是可以在网上销售的，旅客也会发现在网上消费更方便，于是机场里的实体店需求就会萎缩。

（2）"跨境电商+自贸区"使免税店的面积需求萎缩。疫情期间，国际航线几乎"全军覆没"，我们发现免税商品销售转到网上去了，特别是海南自由贸易岛以及各地自由贸易区的运营，丰富了免税商品的购买渠道。再加上跨境电商、市内免税店等的兴盛，疫情结束后，人们有了更多的购买免税商品的渠道。随之而来的，就是国际机场免税店的需求会进一步萎缩，中免、日上等免税商品销售商将会压缩机场的免税店店面规模。

（3）体验式销售、服务店将会增加。对于金融产品、电子产品，各种体验式店铺将会得到快速发展，甚至传统的服装定制、茶叶烟酒等产品和服务亦是如此。例如商务旅客中有人会在登机前抓紧研究、咨询自己关心的股票，挂出买或卖的价格后登机，飞机着陆后再看结果，如果券商在候机楼内提供相关服务，一定会受到欢迎。如果能在候机厅内，为忙碌的商务人士利用登机前的闲暇，量身订制一套西服、一件衬衫，也会有不错的生意。"品尝+购买"模式的茶馆、雪茄吧、红酒吧的需求也会增加等等。

（4）出行效率提高，品牌店将更受欢迎。疫情期间，人们养成了不在或少在公共场所聚集的习惯，旅客在机场停留的时间也越来越短，特别是对于一些商务旅客来说，他们在机场停留的时间已经被压缩到一个小时之内。这样一来，旅客在机场内购物的时间就很少了。这就促成了两种新的购物模式：一是旅客没有时间精挑细选，会直接走向自己信赖的品牌，于是对品质可靠、知名度高的品牌店的需求就增加了；二是商店推出"网上订购、机场付款、取货，然后快速登机或离开"的模式，这种模式可大大提高旅客的出行效率，相信在疫情结束之后依然会保留下来。这种销售模式在一些商务旅客较多的机场还会得到进一步的发展壮大。

（5）礼品高端化。疫情期间，云端服务增加、电商服务介入，使机场零售的礼品发生了比较大的变化。中低端礼品基本上到线上销售了，高端礼品由于价值高，顾客对"欺诈"非常敏感，所以需要在现场确认和销售担保之后才肯购买，因此机场销售的礼品就开始高端化了。

（6）机场土特产销售店将会萎缩。疫情期间，属于中低端产品的土特产的销售几乎全部转到了网上销售。疫情结束以后，这部分产品估计很大一部分不会再回到机场的零售店来。因此，疫情之后机场的土特产实体店会进一步萎缩。

（7）机场餐饮业进一步快餐化。疫情使人们减少了在外餐饮的次数和就餐时间，于是快餐成为疫情期间旅客在机场最常见的选择。疫情结束后，简餐、分餐、套餐依然会占据很大市场，机场餐饮业进一步快餐化将不可逆转。

下面，我们看看虹桥国际机场在应对疫情中所做的努力。

案例 5-6
虹桥国际机场如何在疫情中打造"最潮商圈"

为了使疫情中的商业能够复兴，早就以区位优势、智慧便捷、周到服务而赢得旅客广泛点赞的虹桥国际机场，付出了无数艰辛的努力。二号航站楼正在形成一线大牌水准的、高端的、好玩的、气质则仿佛迪士尼乐园的机场商业群落。听听它的故事，想想我们能做些什么吧。

1）引进潮牌名店，荟聚打卡新地标

虹桥国际机场的餐饮服务，素来以品牌与业态水准出色且"同城同价同质"广受认可。二号航站楼新增的"南三角"餐饮区（图5-20）就有好几家顾客喜欢的品牌入驻，其中包括著名的%ARABICA咖啡店，而机场商业部之前与其洽谈招商时，一度谈了3年没有成功。

将上海作为进入中国市场的第一站、首店设在上海衡复历史文化风貌区的%ARABICA

咖啡，早在2017年就被纳入虹桥国际机场商业部的招商名单，没想到接洽之后，对方却拒绝了，%ARABICA咖啡的管理层觉得，入驻虹桥国际机场的咖啡品牌都是类似星巴克这样的标准商业化连锁品牌，商圈的餐饮业态品牌特征与其潮牌创意气息不合，所以谢绝了邀请。这一拒，就是3年。

2020年虹桥国际机场二号航站楼完成了"北三角"餐饮区改造，在民航复工复产的优势、虹桥良好的区位优势、"北三角"餐饮区打造的"最潮"优势等的加持之下，国际知名网红汉堡品牌SHAKE SHACK境内机场首店（图5-21）、网红饮品店"彦悦山"国内机场首店等具有潮牌特色的餐饮店纷至沓来，整个"北三角"餐饮区成为诸多旅客既喜欢前来用餐，也乐于打卡自拍的潮流地（图5-22）。

图5-20　虹桥国际机场二号航站楼"南三角"餐饮区的"潮店"

图5-21　国际知名网红汉堡品牌SHAKE SHACK境内机场首店

图 5-22　虹桥国际机场二号航站楼"北三角"餐饮区美食广场

　　SHAKE SHACK 的入驻使虹桥国际机场的"北三角"在社交媒体上赢得了广泛关注,吸引了%ARABICA"回心转意",他们表达了进驻虹桥国际机场的意愿:"我们的品牌创始人说,他在纽约留学时常去 SHAKE SHACK,感受到这个品牌的品质定位与%ARABICA 咖啡十分相似,所以我们也希望进驻虹桥机场。"

　　如今,%ARABICA 虹桥国际机场二号航站楼店是该咖啡品牌的全国机场首店,与之比邻迎客的是著名的意大利百年巧克力品牌 Venchi 等餐饮店家（图 5-23）。于是,又一处美味与创意潮流兼备的餐饮高地亮相虹桥国际机场航站楼。虹桥国际机场的餐饮业态从"性

图 5-23　意大利著名巧克力品牌 Venchi 的虹桥机场店

价比低、品种单一"的传统模式，逐渐转变为"选择丰富，品质领先"的类购物中心模式。在疫情保障和生产经营的压力下，虹桥国际机场商业并没有停下脚步，反而在经营品质上不断求新、突破。

2021年底"南三角"美食区又划出500多平方米的区域，引入美式快餐、日式面点等餐饮店，与北侧综合餐饮形成相呼应的"机景位"美食区。目前，首次进驻虹桥国际机场的餐饮商户已达24家，占总餐饮店铺的43%，包括上述人气汉堡SHAKE SHACK，网红咖啡%ARABICA，以及知名小笼包品牌鼎泰丰。

2）为各商家经营提供最好的平台和环境

现在，虹桥国际机场航站楼候机区内最具人气的位置就是正对安检通道出口、大牌云集的"一线品牌大道"（图5-24），它已经成为虹桥机场最为耀眼的标志。在这里，爱马仕、卡地亚、万宝龙等品牌店一字排开，大牌密度堪比上海市区一线品牌最为集中的恒隆广场、国金中心等高端商业中心。然而，与市区商场相比，这些品牌店在虹桥国际机场一线品牌大道的开张落户、布局装修等方面的要求要高出许多，因为这些位置必须满足严格的空防安全要求和航站楼规划设计标准。

图5-24　虹桥国际机场二号航站楼的一线品牌大道

例如路易威登（LOUIS VUITTON，简称LV）这样的国际品牌，对店铺有大量的设计构想、品牌要求，希望能在机场店一一落地，而机场的空防和楼内规划要求同样不容有失，因此需要相关各方参与，共同寻求兼得之道。在LV着手筹备开店的2020年，恰逢新冠疫情，导致其所在的LVMH集团总部团队无法来华现场沟通，双方诚意十足、又严谨认真地开了一整年的视频会,终于敲定了彼此都认可的方案。为让设计方案、店铺营业及时落地,虹桥国际机场公司团队又安排专人,贴身服务店家的进驻、装修,让LV比通常周期提前半个月顺利完工,及时迎客(图5-25)。

图5-25　LV虹桥国际机场二号航站楼店

在虹桥国际机场一线品牌大道逐渐崛起为大牌商业高地的进程中,LV店绝非孤例。全球一线羽绒服品牌之一的MONCLER进驻时,向机场提出,其店铺须采取黑色配色,而虹桥国际机场要求一线品牌大道店家的外墙必须通透,双方反复沟通,终于选中一款以黑色但能透光的玻璃为主要材质的设计方案。为满足店家设计的旅客体感温度,机场特地配合MONCLER的需求,把这家店内的空调制冷效果调节得尤为强劲。类似地,为与爱马仕店设计风格保持一致,一线品牌大道在这一区域的座椅风格、配色方案也专门做了调整。

虽然虹桥国际机场一线品牌大道国际大牌云集,但高额租金收益并非机场打造这一商业区域的唯一目标。因为虹桥国际机场作为一座高舱位、高端旅客占比极高的机场,旅客在机场商圈确有相当显著的一线品牌购物需求,而相反,有些并不为这些旅客需要的品牌,哪怕愿意多出2~3倍的租金,机场为了整体商业氛围的营造和旅客需求的贴合,还是会谢绝它们进驻一线品牌大道,这样的情形也绝非罕见。

3)在一线品牌大道引领下,机场迎来"首店集群"

新冠肺炎疫情以来,虹桥国际机场引入餐饮、奢侈品牌、零售等各类业态的"首店"30余家,其中全球知名一线品牌达10余家。"首店"业态在虹桥国际机场航站楼的落户,特别是通过品牌相互影响实现集群落户,已蔚为潮流。

两年来，路易威登（LOUIS VUITTON）、古驰（Gucci）、香奈儿彩妆（CHANEL Beauty）、乔治阿玛尼（GIORGIO ARMANI）、迪奥（DIOR）等品牌相继与虹桥国际机场完成签约，即便在疫情对民航业造成巨大影响的逆境中，仍然有越来越多的一线大牌汇聚于虹桥机场这座百年门户之下，组成机场商业的新版图（图5-26）。如今，一线品牌大道的18家品牌中，"首店"占比达33%。大牌云集的结果，带来了规模经营效益的持续递增，甚至超过了品牌引入前的消费预期，截至2021年9月，一线品牌大道的营业额相比2019年上涨91%。

图 5-26　虹桥国际机场一线品牌大道云集了诸多国际大牌

一线品牌大道两端更是客流较集中的黄金标段。为给旅客营造更加多元化的购物体验，虹桥国际机场先后引入7家国际一线香化彩妆独立门店，打破了原先香化类商品"组合柜台式"的销售方式，实现了香化品牌独立店铺集聚效应。精品独立门店的入驻进一步丰富了商品品类，显现出虹桥国际机场强劲的品牌引流效应，同时也让一线品牌大道与两侧指廊商业标段连成一片，形成国内机场领先的香化彩妆类"购物专区"。其中不少知名彩妆品牌更是作为国内机场"首店"相继入驻，实现了商业形象及资源价值的同步提升。

不仅是香化，类似的资源与品牌撬动作用也彰显在大牌专卖店的入驻中。就在LVMH集团的LV虹桥国际机场店敲定之后，其他奢侈品牌集团也主动接洽虹桥机场，表示要把旗下的品牌开进一线品牌大道。"机场版迪士尼"项目背后同样有类似的故事。此前，虹桥国际机场已经率先在二号航站楼引进了两家上海迪士尼度假区直营专卖店，不同于城市商圈里的普通迪士尼官方商店，位于虹桥国际机场的门店是与上海迪士尼乐园内商店同样级别的"迪士尼乐园店"，也是国内机场仅有、开在迪士尼乐园之外的"迪士尼乐园店"。依托多年深厚合作基础，才有了首家"机场版迪士尼"落户虹桥。2021年4月23日新冠疫情期间，全国首个由机场与迪士尼合作打造的儿童游乐区——"奇乐妙妙家"儿童游乐区亮相虹桥国际机场二号航站楼（图5-27）。虹桥国际机场又一次与全球知名品牌合作，打造出"机场版迪士尼"商业服务设施。

图5-27　全国首个"机场版迪士尼"落户虹桥机场

统计数据显示，截至2021年年底，虹桥国际机场入驻的国际大牌专卖店已达64家，各餐饮品牌达50家，各类"首店"达37家。虹桥国际机场凭借自身区位优势、品牌效应，持续打造时尚、精致、个性化的国内机场消费氛围，创造出最潮、最具含金量、最能呼应旅客需求的机场商圈，让航空旅客在出行候机的同时尽情享受这一商圈的独家魅力。

5.4　资产增值，财务可持续

第2章2.4节中介绍了固定资产规模决定机场运营成本的理论，因此，对资产的经营管理在项目的规划阶段就开始了。机场必须在规划建设阶段对建设投资实施高水准的管控；在运营阶段，进一步控制机场运营成本，特别是人力成本。除此之外，要使机场的资产保值增值，主要有两个途径：一个是开展有效的资产经营，提高资产的效益；另一个是增加经营性资产，提高经营性资产的收益。

"开展有效的资产经营，提高资产的效益"，需要机场建立起自身的资产经营管理体系。

这对民航机场来说"比较困难",因为绝大多数机场还没有资产经营的概念。机场高管们应该尽快在头脑中建立起资产经营的理念,但这需要政策机遇和实践平台。国家发展改革委在"十四五"期间力推的基础设施领域不动产投资信托基金(REITs),就提供了一个很好的学习和实践的机会。

2020年4月30日,中国证监会、国家发展改革委联合发布了《关于推进基础设施领域不动产投资信托基金(REITs)试点相关工作的通知》,同时,证监会就《公开募集基础设施证券投资基金指引(试行)》(征求意见稿)公开征求意见,拉开了我国在基础设施领域建设公募REITs市场的大幕,万亿市场即将启航。上述文件认为:"基础设施REITs也是国际通行的配置资产,具有流动性较高、收益相对稳定、安全性较强等特点,能有效盘活存量资产,填补当前金融产品空白,拓宽社会资本投资渠道,提升直接融资比重,增强资本市场服务实体经济质效。短期看有利于广泛筹集项目资本金,降低债务风险,是稳投资、补短板的有效政策工具;长期看有利于完善储蓄转化投资机制,降低实体经济杠杆,推动基础设施投融资市场化、规范化健康发展。各相关单位应充分认识推进基础设施REITs试点的重要意义,加强合作,推动基础设施REITs在证券交易所公开发行交易,盘活存量资产、形成投资良性循环,吸引更专业的市场机构参与运营管理,提高投资建设和运营管理效率,提升投资收益水平。"

请注意:在我国REITs将被运用于公共基础设施领域,包括交通基础设施,而民用机场资产优质、现金流充足,特别适合!基础设施REITs是盘活存量资产、促进投资良性循环的一项重要举措。实际上REITs为我国机场的资产运营体制改革提供了一个全新的平台,这个平台就像是为民航机场量身定做的一样。接下来就需要我们努力参与到这一创新性实践中去,希望很快能够看到一批优秀的民用机场REITs项目得以实施完成。

案例5-7

揭阳潮汕国际机场综合交通枢纽项目策划

粤东地区的揭阳、潮州、汕头三市,位于粤港澳大湾区与海西经济区之间的中心位置,是我国东南沿海非常富庶的地区。2019年揭潮汕三市人口约1 500万人,实现生产总值5 875亿元。全球潮汕籍总人口达4 500万人以上,主要分布于我国广东、香港、澳门、台湾及东南亚等地。过去该地区的航空旅客流量大多被厦门机场、深圳机场、广州机场吸走,随着这些机场的旅客吞吐能力趋于饱和，揭阳潮汕机场迎来了一个高速发展期。

揭阳潮汕国际机场位于揭阳、潮州、汕头三市的地理中心位置，距离揭阳22 km、汕头28.5 km、潮州市区24 km，是粤东联系世界的门户，广东第四大国际机场，广东机场集团下辖的第二大机场。它辐射闽西南、赣东南部分地区，直接服务人口达3 000万人左右。2011—2019年，年均旅客吞吐量增长率为15%，2019年达到735万人次。根据机场总体规划，2025年揭阳潮汕国际机场的年旅客吞吐量将达到1 450万人次、2040年达到2 800万人次。同时机场周边交通便利，甬莞高速公路与汕昆高速公路在此交汇，已建成并于2019年10月通车的广梅汕高铁在航站楼前设有机场高铁站，厦深高铁站距机场8 km。另外，规划中的揭潮汕城际铁路将设揭阳潮汕机场站、潮汕站、汕头站等，以这些交通枢纽为中心，揭潮汕中心城区将实现30 min互达。随着旅客吞吐量的快速增长，机场周边有望发展成为三地交汇的新城区，成为揭潮汕地区的CBD。这些都为揭阳潮汕国际机场综合交通枢纽项目带来商业、住宿等业态发展的巨大市场空间。

揭阳潮汕国际机场综合交通枢纽项目位于揭阳潮汕机场航站楼正前方，规划总建筑面积约13.7万 m^2（其中地上部分面积约9.4万 m^2，地下部分面积约4.3万 m^2，另含项目室外工程），造价估算约人民币8.77亿元（其中地上部分约4.87亿元，地下部分约3.9亿元，地下为航站楼相应配套的人防设施）。综合交通枢纽实际上是一个综合体，主要包括综合换乘中心、停车库、旅客过夜用房和商业配套办公四大部分。作为航站楼的配套服务设施，其主要功能是为航站楼进出港的旅客与地面各种交通工具（高铁、公交、旅游大巴、出租车及私家车）换乘。其中综合换乘中心为该项目的核心空间，发挥了衔接航站楼、高铁站及道路交通的枢纽作用。该综合体位于机场的最核心位置，往来机场航站楼和高铁站非常便捷。综合体地下一层和地上一层均与航站楼和高铁站直接连通，地上三层的旅客过夜用房大堂与航站楼三层（出发层）直接连通（图5-28）。

该项目的主要业态有三大部分，分别为旅客过夜用房、停车库和商业配套（图5-29）。旅客过夜用房位于综合体的三至六层，规划面积为22 442 m^2，共设房间416间，主要为过夜航班机组和有过夜用房需求的旅客提供客房及餐饮服务。停车库建筑面积为113 442 m^2，位于综合体的一至二层以及地下一层的人防地下室，为机场和高铁站旅客、过夜用房及商业设施提供配套停车位，初期设计车位共2 700个。商业配套位于综合体的地下一层和地上一、二层，面积约2 034 m^2，包括购物、餐饮、娱乐、文化、休闲、展示、办公等设施，为旅客、航空公司工作人员提供配套办公、餐饮、广告等全方位服务。

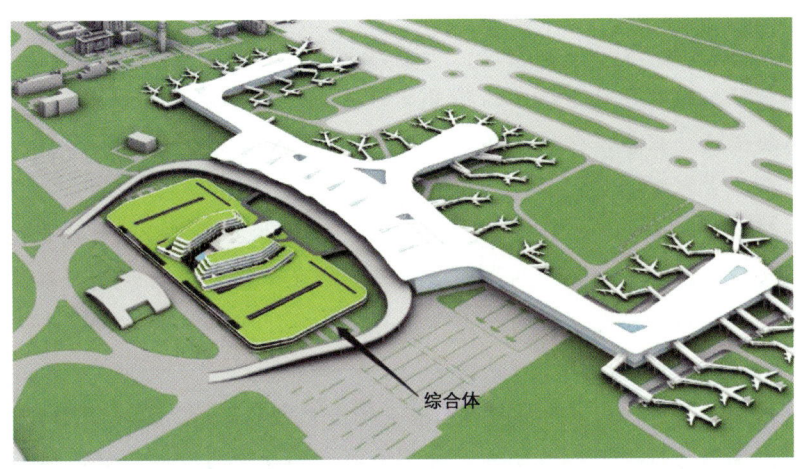

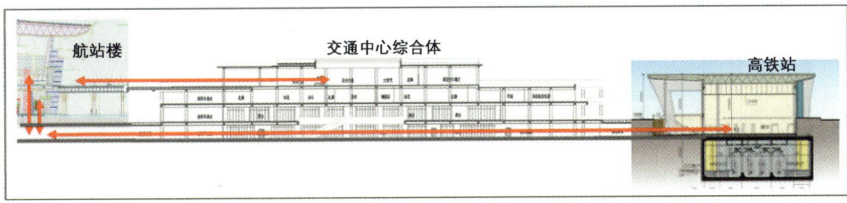

图 5-28　揭阳潮汕国际机场综合交通枢纽

图 5-29　揭阳潮汕国际机场综合交通枢纽的功能构成

投融资方面，广东机场集团可以与合作方以股权合作方式成立合资公司，由合资公司负责该项目投资、建设和运营。公司注册资本为人民币 4.87 亿元，各方以现金出资。

根据详细的市场调研和财务分析，预计该项目在 2022 年（运营第 1 年）实现盈亏平衡。随着运营成熟，项目利润总额将保持稳定增长。预计该项目当期现金流将在 2022 年（运营第 1 年）回正，累计现金流将在 2037 年（第 16 年）回正。合资公司可以在土地等资产注入后进行资本运作，包括但不限于产业基金、公募 REITs 等资本运作方式。

案例讲评：

揭阳潮汕国际机场综合交通枢纽的项目策划持续做了5年，在这个不断谋划、不断克服困难、不断推进的过程中，我们看到了广东机场集团对科学和市场的尊重，以及开放的胸怀。他们做得非常睿智、非常成功。

该项目的规模和复杂程度，对于一座不足1 000万人次年旅客量的机场来说，是有很大难度的。广东机场集团及早谋划、充分调动市场上的资金为自己的发展服务，高水平地完成了国内首个小机场的综合交通枢纽综合体，并且抓住了市场机遇，占得了民用航空市场先机。这是一个借船出海的典型案例。

同时，该项目从投资效益分析指标来看，其财务内部收益率、资本金财务内部收益率、资本金财务现金流动态回收期、项目投资财务净现值等各项指标均较好，具有较好的投资收益。建成投运后，该项目将是一个绝好的REITs标的。

"增加经营性资产，提高经营性资产的收益"，需要我们在产业链上发力，拓宽、拓长机场业务链。拓宽，是指要以已有的业务为起点向周边相关业务拓展。例如机场过去只做某设施的运营，那现在就可以考虑拓宽业务面，做该设施的项目策划、立项、可行性研究、规划、设计、施工，到运行、经营、维修维护、改扩建，直至废弃，为它提供全生命周期的服务。拓长，是指要以机场功能设施为起点向下游相关产业设施拓展。例如从机场货运站、货运区，到物流园区、产业园区，到监管区、保税区、综合保税区、自由贸易区，再到自由港，在这样的全产业链上发力。

经过这些年的探索，作为机场的规划与运营者，我们明白：空间形态、物理设施的规划只是表象，其根本还是公司治理问题和运营管理问题。要实现高效的机场运营，需要在设施和治理这两个维度上发力。我们必须在这两个维度上把各环节都密切地联系起来，并理顺其逻辑关系，做好机场与临空设施的"港产一体化"，并进一步推进产城融合，最终实现"港产城一体化"。只有这样，机场才能真正高效运营，才能真正成为社会经济发展的"动力源"，从而实现自身的可持续发展。

机场可持续发展是指机场全生命周期和全产业链良性发展，最硬核的就是"财务状况良好"。要实现财务可持续，机场必须"努力利用客货流量扩大非航收入，并用其反哺航空主业，使其不断地提高安全与服务水平，迎来更大的客货运量；然后又进一步挖掘客货流量带来的市场，进一步扩大非航收入，再进一步反哺航空主业……"只有形成了这样的良性循环，机场公司的财务才是可持续的，机场的可持续发展才是可以期待的。为此，我们需要努力提高经营性设施的收益，并适时增加新的经营性设施，也就是不断地拓展临空产业链。

案例 5-8

北京首都国际机场、上海浦东国际机场非航业务收入大幅增长

2018 年，北京首都国际机场（HK.00694）、上海国际机场（SH.600009）两大机场上市公司陆续发布了年度成绩单，两大机场 2018 年净利润总额超过 71 亿元。其中，首都国际机场收入最高，全年实现营业收入 112.63 亿元，同比增长 17.6%；实现归属于上市公司股东的净利润为 28.72 亿元，同比增长 10.4%。上海国际机场净利润最高，全年实现营业收入 93.13 亿元，归属上市公司的净利润达到 42.31 亿元，同比增长 14.88%。

在机场运营方面，2018 年首都国际机场的飞机起降架次达 61.4 万架次，同比增长 2.8%；旅客吞吐量首次突破 1 亿人次，同比增长 5.4%。上海浦东国际机场保障飞机起降 50.48 万架次；旅客吞吐量突破 7 400 万人次，同比增长 5.72%，旅客吞吐量连续三年全球排名第九。

值得一提的是，非航收入逐渐成为机场盈利的重要方式。2018 年首都国际机场和上海浦东国际机场的非航收入均超过当年营业收入总额的 50%。其中，首都国际机场非航收入达到 59 亿元，同比增长 33.1%，占总营业收入的 52.85%。由于 2018 年 2 月起，机场免税业务执行了新的免税经营合约，业务收入分成提高，零售业务营收达到 27.7 亿元，同比猛增 83.2%。上海浦东国际机场方面，非航收入达到 53.4 亿元，同比增长 23.18%。区别于首都国际机场的高零售收入，上海浦东国际机场商业餐饮收入占比最高，达到 39.86 亿元，占到总营业收入的 42.8%。

以上摘编自 2019 年 5 月 10 日界面新闻，由于各股份公司所辖机场资产的情况不一，这里的统计口径会有差异，仅供大家参考。

本章小结

真正的勤奋有三层含义：精神的勤奋、大脑的勤奋和身体的勤奋。当一个人的精神、大脑、身体都勤奋，并且持之以恒的时候，天道才会酬勤。机场人就是要把勤奋变成每日的"饮食"，变为生活的必须，变成每一个人的本能。

机场人的勤奋体现在机场规划与运营上，就是精益运营、长于改进、适时转型，就是要在不断的变革中成长和升华，最终达到资产增值的目标，让机场走上可持续发展之路。

机场不停，勤奋不止。唯有勤奋，才能证明机场人存在的意义。唯有机场人的勤奋，才能让城市拥有更精彩的机场。

第 6 章

结 语

简单回顾一下，关于"如何成就一座五星级机场"，怎样做到"机场建设运营一体化"，都有哪些要点。

第一，是**基因**问题，这是机场成功的最关键、最根本的问题。对于机场的规划与运营来说，这是最前期的工作，是对机场项目和机场公司的顶层设计。对机场基因影响最大的是公司治理结构，但公司治理是由融资模式决定的。当然，公司 CEO 的性格和作风也是公司基因的重要组成部分。

第二，是**平台**问题，这是一大重点。机场有空侧平台、陆侧平台和系统平台，但解决平台问题的出路是投建营一体化。平台的成功与否很大程度上是由固定资产投资管控的水平来决定的。

第三，是**搭档**问题，即航空运输的组织问题。包括"天上一张网"和"地上一张网"的编制，以及两网结点之航站楼与交通中心作为新型空地枢纽的规划与运营。

第四，是**圈子**问题。我提出了一个叫作"区分策划"的理论和方法，提倡大家对航站楼的功能和机场的设施进行区分。这一部分重点对四大临空产业链展开了讨论，指出了未来机场地区港产城一体化发展的方向。

最后，是**勤奋**问题，持续不断努力非常重要。这一部分明确了精益运营、与时俱进、可持续发展才是我们追求的目标。同时指出，即使具备了各方面的条件和优势，如果个人不努力，那也不可能走到成功。只有勤奋成为每一个机场人的本能，我们才有可能打造出一个可持续发展的"五星级机场"。

我认为基因、平台、搭档、圈子、勤奋是机场规划与运营工作最需要关注的五个方面，是机场建设运营一体化的五大支柱。这五个方面又可以进一步分解为不同层面的评价指标，形成一个机场规划与运营一体化要素评价体系，如表 6-1 所示。

表 6-1　机场规划与运营一体化评价指标

五星指标		指标类型	评价指标	评分
1	良好的基因	1.1　基于市场的功能定位	客货运市场研究	3
			合理的功能定位	2
		1.2　融资模式与公司治理	多元化融资	3
			公司治理模式的高效运营	5
		1.3　CEO 的性格和作风	领导班子的工作作风	3
		1.4　基因改良	改革方案	2
			改革方案行动计划与考核	2
★		评分小计		20
2	高效的平台	2.1　空侧平台的规划与运营	飞机平均地面滑行时间	5
		2.2　陆侧平台的规划与运营	旅客平均步行距离	2
			旅客平均换乘时间	2
		2.3　系统平台的规划与运营	系统集成度	2
			系统实用度	2
			系统故障率	2
		2.4　平台建设的关键是投资管控	投资管控目标的达成 (规划建设对运营收益的筹划)	5
★		评分小计		20
3	优秀的搭档	3.1　空中网络的构建	网络规划	2
			网络规划实施计划与考核	5
		3.2　地面集疏运系统的构建	集疏运系统规划 (小时交通圈覆盖市场规模)	2
			集疏运系统实施计划与考核	2
			集疏运系统运营水平	3
		3.3　航站楼与交通枢纽的一体化	一体化实施计划与考核	2
			枢纽一体化运营水平	3
			商业服务功能的提升	1
★		评分小计		20

（续表）

五星指标	指标类型	评价指标	评分
4　强大的圈子	4.1　航站楼小圈子	功能区分	2
		同创共建、服务承诺	3
	4.2　机场中圈子	设施区分规划建设	3
		机场一体化运营水平	2
	4.3　临空大圈子	商务园区	2
		物流产业园区	2
		其他设施（会展等）与园区	2
	4.4　港产城一体化之路	投建营一体化	2
		港产城一体化	2
★	评分小计		20
5　持续的勤奋	5.1　精益运营，精准考核	精益运行、贴心服务	2
		运营管理考核体系的完善度	3
	5.2　长于改进，流程再筑	对平台、制度的改进	2
		对工艺流程的优化	2
	5.3　与时俱进，适时转型	智慧机场建设规划与行动	2
		商业服务的改进	2
	5.4　**资产增值，财务可持续**	成本控制（人工、摊销、运维）	2
		收益增长	5
★	评分小计		20
★★★★★		评分合计	100

　　表6-1中的评价指标可以根据需要做进一步细化、量化。但是，我想强调的是表中的五个红色指标，即：基因植入的核心是"公司治理模式的高效运营"；平台建设的关键是缩短"飞机平均地面滑行时间"和固定资产"投资管控目标的达成"；搭档的任务是编制"网络规划实施计划与考核"；机场人要通过自己持续的勤奋达到"资产增值、财务可持续"的目标。

　　也许有人会问："为什么没有安全指标？"我的回答是：首先，安全指标是一个一票否决的指标，与上表中的指标放在一起没有意义；其次，上表中的所有规划与运营指标都是安全运营的基础，均是得分越高对机场安全运营越有利的；最后，保障安全是机场规划与运营的及格线，不应该是最高要求。

　　总之，一座机场的成功就是规划引领、精益运营、与时俱进，走可持续发展之路。具体来说，就是做好基因工程、完善顶层设计；搭建五星级平台、管控好固定资产投资；成就搭档双方、缝合空地网络；拓展临空产业链、建立强大的朋友圈；把勤奋变成每一个机场人的本能，坚持精益运营、流程再筑、创新转型，坚持走可持续发展之路。

　　机场的规划与运营是一个永恒的课题，机场人的初心和目标就是"打造枢纽功能、服务区域经济"。中国机场已经过 20 多年的高速发展，我们对机场发展的认识基本上走出了摸着石头过河的阶段，亦即走出了认识机场发展规律的初期阶段。接下来，我们应该进入认识的下一个阶段，其特点归纳为两个方面，那就是"投建营一体化"和"港产城一体化"。完成这次跨越，标志着我们对机场发展规律的认识完成了一次从分散、局部，向关联、整体的升华。这是一个以全面、系统和一体化为特征的阶段。这个新阶段要求我们从时间和空间两个维度上推进一体化进程。只有这样，才会给机场带来更高的效率、更高的质量和更好的效益，才会让机场的投资、建设、运营更加贴合机场不断发展的需求。

　　从局部到整体，进而追求整体的和谐与可持续发展，亦即打造枢纽功能、服务区域经济，走投建营一体化和港产城一体化之路，这才是我们对未来机场规划与运营规律的认识和追求。

案例索引

第 1 章　良好的基因

案例 1-1　厦门机场的功能定位与规模研究 / 17

案例 1-2　大连机场的功能定位与规模研究 / 19

案例 1-3　青岛新机场的市场范围研究 / 21

案例 1-4　西安机场的功能定位与规模研究 / 23

案例 1-5　某机场集团多元化融资模式及推进路径研究 / 29

案例 1-6　上海国际机场股份有限公司上市与融资 / 36

案例 1-7　上海波音航空改装维修工程公司 / 39

案例 1-8　浦东国际机场佳美航空食品配餐有限公司 / 40

案例 1-9　浦东国际机场运营管理体制的改革 / 41

案例 1-10　上海浦东国际机场货运站有限公司的基因改良 / 45

案例 1-11　上海国际机场股份有限公司的基因改良 / 48

案例 1-12　上海机场广告有限公司的基因改良 / 50

第 2 章　高效的平台

案例 2-1　虹桥国际机场二号航站楼出租车接客系统 / 54

案例 2-2　虹桥国际机场二号航站区站坪滑行道的规划与运营 / 60

案例 2-3　浦东国际机场二号航站楼的站坪设计优化 / 63

案例 2-4　可转换机位与组合机位 / 65

案例 2-5　浦东国际机场一体化交通中心 / 69

案例 2-6　浦东国际机场二期工程信息系统平台 / 75

案例 2-7　浦东国际机场的陆侧交通信息系统平台 / 78

案例 2-8　两座机场的不同土石方工程方案 / 83

案例 2-9　浦东国际机场二号航站楼设计方案的选择 / 87

案例 2-10　旅客捷运系统的投资管控和运营成本管控 / 88

案例 2-11　北京大兴机场商务区开发策划 / 90

案例 2-12　虹桥国际机场二号航站楼旁的中航泊悦酒店 / 92

案例 2-13　浦东国际机场卫星厅的经营性资源最大化 / 93

第 3 章 　优秀的搭档

案例 3-1 　洛杉矶国际机场的空中网络组织 / 101

案例 3-2 　巴黎戴高乐机场与法国航空公司的合作 / 103

案例 3-3 　上海机场的空中运输组织思路 / 107

案例 3-4 　浦东国际机场二号航站楼的旅客中转 / 112

案例 3-5 　兰州中川国际机场的空铁联运 / 117

案例 3-6 　上海机场面向长三角的地面集疏运系统 / 118

案例 3-7 　虹桥国际机场二号航站主楼与交通枢纽的一体化规划与运营 / 123

案例 3-8 　上海航空枢纽的空地两网规划与枢纽设施建设 / 130

第 4 章 　强大的圈子

案例 4-1 　浦东国际机场二号航站楼功能设施群及其不同圈子 / 135

案例 4-2 　虹桥国际机场二号航站区设施群圈子内的区分策划 / 139

案例 4-3 　史基浦机场以航站楼为龙头的临空产业链 / 150

案例 4-4 　法兰克福机场的临空商务区 / 151

案例 4-5 　浦东国际机场西货运区规划与运营 / 153

案例 4-6 　浦东国际机场的航空产业园区 / 154

案例 4-7 　北京大兴国际机场的临空产业园区规划 / 155

案例 4-8 　虹桥综合交通枢纽地区的"港产城一体化"实践 / 160

案例 4-9 　海口美兰机场地区的"港产城一体化"规划 / 162

第 5 章 　持续的勤奋

案例 5-1 　虹桥国际机场的行李手推车服务品牌 / 171

案例 5-2 　上海机场集团广告公司的考核 / 174

案例 5-3 　虹桥国际机场实施近距跑道绕滑运行 / 175

案例 5-4 　虹桥国际机场二号航站楼的品牌大道 / 179

案例 5-5 　虹桥国际机场二号航站楼的旅客俱乐部 / 181

案例 5-6 　虹桥国际机场如何在疫情中打造"最潮商圈" / 192

案例 5-7 　揭阳潮汕国际机场综合交通枢纽项目策划 / 199

案例 5-8 　北京首都国际机场、上海浦东国际机场非航业务收入大幅增长 / 203

图表索引

第 1 章 良好的基因

图 1-1　现在基因科学研究方兴未艾 / 14
图 1-2　厦门新机场市场分析示意图 / 17
图 1-3　大连新机场市场分析示意图 / 20
图 1-4　青岛新机场市场分析示意图 / 22
图 1-5　西安机场总体规划图（原方案）/ 23
图 1-6　西安机场总体规划图（最终获批方案） / 25
图 1-7　民航机场的开发利益循环模型 / 27
图 1-8　机场集团的三大融资平台 / 28
图 1-9　机场集团的业务体系 / 32
图 1-10　机场集团的资产体系 / 33
图 1-11　机场集团的管控体系 / 33
图 1-12　机场集团专业板块的平台公司体系 / 34
图 1-13　机场集团多元化融资模式与推进路径的战略框架 / 35
图 1-14　上海国际机场股份有限公司在证券市场的融资 / 36
图 1-15　上海国际机场股份有限公司的资产增值过程 / 37
图 1-16　位于浦东国际机场机务区的波音机库 / 39
图 1-17　上海浦东国际机场佳美航空食品配餐有限公司 / 40
图 1-18　浦东国际机场"区域化管理＋专业化支撑"模型 / 42
图 1-19　浦东国际机场"以客户为导向的运营管理"理念 / 43
图 1-20　浦东国际机场运营指挥平台体系 / 44
图 1-21　上海浦东国际机场货运站有限公司融资模式 / 46
图 1-22　浦东国际机场西货运区公共货运站 / 47
图 1-23　上海浦东国际机场西区公共货运站有限公司融资模式 / 47
表 1-1　基于集团战略的业务分层与管控策略 / 30
表 1-2　股份公司注入项目建议 / 31
表 1-3　上海国际机场股份有限公司股权结构（2004 年，前十大股东）/ 49

第 2 章 高效的平台

图 2-1　出租车接客系统示意图 / 55
图 2-2　蓄车场的香樟树和出租车"梳形"排队 / 56
图 2-3　虹桥国际机场二号航站楼前的出租车联络通道 / 56

图表索引

图 2-4　虹桥国际机场二号航站楼前的出租车接客处 / 57

图 2-5　虹桥国际机场二号航站楼出租车接客处运营现场实景 / 58

图 2-6　虹桥国际机场二号航站楼港湾站坪 / 60

图 2-7　虹桥国际机场二号航站区站坪运行方案 / 61

图 2-8　指廊端的飞机滑进与推出 / 62

图 2-9　虹桥国际机场二号航站楼北港湾站坪机位分组 / 63

图 2-10　浦东国际机场二号航站楼站坪滑行道规划 / 64

图 2-11　浦东国际机场二号航站楼的可转换机位 / 66

图 2-12　浦东国际机场二号航站楼可转换机位的固定端 / 66

图 2-13　三层式的浦东国际机场卫星厅可转换机位剖面 / 67

图 2-14　组合机位的四种组合方案 / 68

图 2-15　浦东国际机场卫星厅的组合机位和可转换机位 / 69

图 2-16　浦东国际机场一体化交通中心剖面示意 / 70

图 2-17　浦东国际机场一体化交通中心的地面层车道边 / 71

图 2-18　浦东国际机场一体化交通中心6m层连廊商业设施布局（涂颜色部分） / 72

图 2-19　浦东国际机场一体化交通中心的旅客过夜用房 / 72

图 2-20　网上航站楼的功能不断提升 / 74

图 2-21　浦东国际机场二期工程信息系统总体规划架构图 / 76

图 2-22　上海机场多机场集成信息系统规划图 / 77

图 2-23　浦东国际机场一体化交通中心信息系统平台 / 79

图 2-24　浦东国际机场陆侧交通运营指挥中心 / 80

图 2-25　"无效资产"示意 / 83

图 2-26　某机场高程规划建议 / 84

图 2-27　西安咸阳国际机场规划鸟瞰 / 85

图 2-28　洛杉矶国际机场的单元式航站楼 / 86

图 2-29　航站楼规模与市场需求的关系 / 86

图 2-30　浦东国际机场二期工程国际方案征集中的两类方案 / 87

图 2-31　上海机场集团将旅客捷运系统的建设和运营管理移交上海申通地铁集团 / 89

图 2-32　北京大兴机场综合交通枢纽与商务区开发策划效果图 / 91

图 2-33　北京大兴机场商务区分区分期开发策划 / 91

图 2-34　虹桥国际机场二号航站楼旁的中航泊悦酒店 / 92

图 2-35　浦东国际机场卫星厅商业服务设施分布示意 / 94

图 2-36　浦东国际机场卫星厅的商业共享大厅实景 / 94

图 2-37　"负资产"概念说明图 / 95

表 2-1　某机场集团成本构成及五年变化 / 81

第 3 章　优秀的搭档

- 图 3-1　网球双打中的搭档队友 / 98
- 图 3-2　民航最常见的两种运输组织方式 / 99
- 图 3-3　美国航空公司在美国的枢纽-辐射式航空运输网络 / 100
- 图 3-4　洛杉矶国际机场的航空运输网络情况 / 101
- 图 3-5　洛杉矶国际机场客运量前五大航空公司的旅客吞吐量 / 102
- 图 3-6　洛杉矶国际机场各航空公司客运量占比 / 102
- 图 3-7　巴黎戴高乐机场的航班波 / 103
- 图 3-8　巴黎戴高乐国际机场的航空运输网络结构 / 103
- 图 3-9　法国航空公司在戴高乐国际机场的年座位容量和市场份额 / 104
- 图 3-10　浦东国际机场规划的航班波 / 106
- 图 3-11　上海"一市两场"的功能定位 / 108
- 图 3-12　浦东国际机场总体规划 / 109
- 图 3-13　虹桥综合交通枢纽总体规划 / 109
- 图 3-14　上海两机场之间轨道交通和快速道路系统规划 / 110
- 图 3-15　上海机场的运输组织 / 111
- 图 3-16　浦东国际机场二号航站楼旅客中转流程分布 / 113
- 图 3-17　浦东国际机场二号航站楼中转厅旅客流程 / 114
- 图 3-18　民用航空旅客组合出行的"一日交通圈" / 116
- 图 3-19　兰州中川机场综合交通枢纽剖面图 / 117
- 图 3-20　沪宁、沪杭甬的每个车站都是一座虚拟机场 / 118
- 图 3-21　东方航空公司与上海铁路局推出"空铁通" / 119
- 图 3-22　各城市推出了"空巴通" / 120
- 图 3-23　昆山市的上海机场城市航站楼 / 120
- 图 3-24　无锡市的上海机场城市航站楼 / 121
- 图 3-25　虹桥综合交通枢纽在长三角和上海市的定位 / 124
- 图 3-26　虹桥综合交通枢纽的设施布局 / 124
- 图 3-27　虹桥国际机场二号航站楼前交通枢纽的南北向剖面 / 126
- 图 3-28　虹桥综合交通枢纽各自独立的集疏运道路 / 126
- 图 3-29　虹桥综合交通枢纽中的轨道交通规划 / 127
- 图 3-30　虹桥综合交通枢纽的信息系统规划 / 128
- 图 3-31　虹桥综合交通枢纽 / 131
- 图 3-32　浦东国际机场一体化交通中心 / 131
- 表 3-1　虹桥综合交通枢纽换乘客流预测 / 125

第 4 章　强大的圈子

- 图 4-1　浦东国际机场二号航站楼出发、到达各层 / 136
- 图 4-2　浦东国际机场二号航站楼国际、国内旅客流程 / 136
- 图 4-3　浦东国际机场二号航站楼商业服务设施集中设置区 / 138
- 图 4-4　虹桥国际机场二号航站区总平面图与设施区分图 / 140

图 4-5 公益性设施 / 140
图 4-6 准公益性设施 / 140
图 4-7 准经营性设施 / 141
图 4-8 经营性设施 / 141
图 4-9 虹桥国际机场二号航站区设施布局策划方案 / 144
图 4-10 虹桥国际机场二号航站区交通中心投资运营方案 / 144
图 4-11 虹桥综合交通枢纽的周边开发 / 146
图 4-12 虹桥国际机场的功能区与临空产业园区 / 148
图 4-13 机场周边的四大临空产业链 / 150
图 4-14 史基浦机场空港商务区 / 151
图 4-15 法兰克福机场临空商务区（改造前）/ 152
图 4-16 法兰克福机场临空商务区（改造后）/ 153
图 4-17 货运区与物流产业园区关系图 / 153
图 4-18 浦东国际机场货运物流产业园区规划布局 / 154
图 4-19 浦东国际机场机务区与航空产业园区 / 155
图 4-20 中国商飞总装基地 / 155
图 4-21 北京大兴国际机场临空产业园区规划建议 / 156
图 4-22 会展设施是临空产业链的交叉点 / 159
图 4-23 航空城地区的发展模型 / 160
图 4-24 虹桥综合交通枢纽对城市结构的完善 / 162
图 4-25 虹桥综合交通枢纽的港产城一体化 / 162
图 4-26 海口市"双港驱动"示意图 / 163
图 4-27 海口市江东新区总体规划与美兰国际机场示意 / 164
图 4-28 江东新区"港产城一体化"发展的内在逻辑 / 165
表 4-1 航站区基础设施的区分与运营管理 / 143
表 4-2 虹桥综合交通枢纽投资平衡与运营费用平衡表 / 147

第 5 章 持续的勤奋

图 5-1 两种不同的手推车摆放方案 / 172
图 5-2 虹桥国际机场二号航站楼的行李提取厅场景 / 172
图 5-3 虹桥国际机场手推车服务班组获得"全国用户满意服务之星班组"称号 / 173
图 5-4 虹桥国际机场南绕滑道和北绕滑道位置示意 / 177
图 5-5 绕滑运行模式 / 177
图 5-6 绕滑的强制等待点示意 / 178
图 5-7 使用绕滑道的飞机和目视遮蔽物 / 178
图 5-8 虹桥国际机场二号航站楼内的四处不算建筑面积的空间位置示意 / 180
图 5-9 虹桥国际机场"一线品牌大道"上的品牌店 / 180
图 5-10 虹桥国际机场"一线品牌大道"上很有创意的实体广告 / 181
图 5-11 航站楼屋顶上的旅客俱乐部 / 182
图 5-12 旅客俱乐部（21米层）平面图 / 182
图 5-13 旅客俱乐部（21米层）实景 / 183

图 5-14　温哥华国际机场国际航班值机大厅实景 / 186

图 5-15　虹桥国际机场二号航站楼值机大厅实景 / 186

图 5-16　国内某机场使用中的自助身份识别设备 / 187

图 5-17　试用中的国产毫米波安检门 / 188

图 5-18　美国旧金山机场的自助安检现场 / 188

图 5-19　移动互联支撑的乘机体验 / 189

图 5-20　虹桥国际机场二号航站楼"南三角"餐饮区的"潮店" / 193

图 5-21　国际知名网红汉堡品牌 SHAKE SHACK 境内机场首店 / 193

图 5-22　虹桥国际机场二号航站楼"北三角"餐饮区美食广场 / 194

图 5-23　意大利著名巧克力品牌 Venchi 的虹桥机场店 / 194

图 5-24　虹桥国际机场二号航站楼的一线品牌大道 / 195

图 5-25　LV虹桥国际机场二号航站楼店 / 196

图 5-26　虹桥国际机场一线品牌大道云集了诸多国际大牌 / 197

图 5-27　全国首个"机场版迪士尼"落户虹桥机场 / 198

图 5-28　揭阳潮汕国际机场综合交通枢纽 / 201

图 5-29　揭阳潮汕国际机场综合交通枢纽的功能构成 / 201

表 5-1　上海机场集团广告公司合资前后的广告收益变化 / 174

第 6 章　结语

表 6-1　机场规划与运营一体化评价指标 / 207

参考文献

第1章

[1] 刘武君.中国式机场集团融资模式与公司治理[M].上海：上海科学技术出版社,2018.

[2] 赵启正.浦东逻辑：浦东开发与经济全球化[M].上海：上海三联书店,2007.

[3] [英] Darrin Grimsey,[美] Mervyn K Lewis.PPP革命——公共服务中的政府和社会资本合作[M].北京：中国人民大学出版社,2016.

[4] 顾承东.机场融资[M].上海：上海科学技术出版社,2014.

[5] 邓淑莲.中国基础设施的公共政策[M].上海：上海财经大学出版社,2003.

[6] 黄奇帆.资产经营——理论与实践[M].上海：上海科学技术出版社,1997.

[7] 王辰.基础产业融资论[M].北京：中国人民大学出版社,1998.

[8] 汪永成,马敬仁.香港政府的公共物品供给模式及其对内地城市政府的启示[J].城市发展研究,1999,6(3)：7.

[9] 肖云.城市基础设施投资与管理[M].上海：复旦大学出版社,2004.

[10] Canadian Council for Public Private Partnerships. The public sector comparator[R]. 2003.

[11] European Investment Bank. Public–private partnerships for transport infrastructure projects[R]. EIB, 2003.

第2章

[12] 刘武君.航空港规划[M].上海：上海科学技术出版社,2013.

[13] 刘武君.重大基础设施建设设计管理[M].北京：中国建筑工业出版社,2020.

[14] 吴念祖.上海空港系列丛书[M].上海：上海科学技术出版社,2008.

[15] 吴念祖.上海空港虹桥系列丛书[M].上海：上海科学技术出版社,2010.

[16] 景逸鸣.上海民用机场建设百年[M].上海：上海三联书店,2003.

[17] 陈江,施新颜,刘晏滔.虹桥国际机场2号机坪飞机推出程序化研究及应用[M]//上海空港(第12辑).上海：上海科学技术出版社,2011.

[18] 邓亚娟,等.需求不确定的枢纽辐射式航线网络设计[J].交通运输工程学报,2009,9(6)：69-74,79.

[19] 中国城市规划设计研究院.上海虹桥综合交通枢纽功能拓展研究[R].2006.

[20] 刘武君,倪小川.新技术与未来航站楼[M]//

上海空港.上海：上海科学技术出版社，2015.

[21] 秦灿灿.机场衔接城市：大型机场集疏运体系规划研究[M].北京：中国建筑工业出版社，2010.

[22] 刘武君.虹桥国际机场规划[M].上海：上海科学技术出版社，2016.

[23] 刘武君.浦东国际机场规划故事[M].上海：上海科学技术出版社，2019.

第3章

[24] 刘武君.航空枢纽规划[M].上海：上海科学技术出版社，2013.

[25] 中国城市规划设计研究院.虹桥综合交通枢纽功能定位研究[R].2006.

[26] 中国城市规划设计研究院.虹桥综合交通枢纽详细规划[R].2008.

[27] 吴念祖.图解虹桥综合交通枢纽——策划、规划、设计、研究[M].上海：上海科学技术出版社，2010.

[28] 上海机场建设指挥部.虹桥综合交通枢纽开发策划[M].上海：上海科学技术出版社，2010.

[29] 吴念祖.虹桥综合交通枢纽综合防灾研究[M].上海：上海科学技术出版社，2010.

[30] 董润润.建设虹桥枢纽 服务区域经济——上海虹桥综合交通枢纽的规划与运营[J].城市规划，2011，35(4)：55-60.

[31] 牟凯，等.高铁背景下我国枢纽机场的现状及发展[J].民航管理，2020(5)：54-57.

[32] 秦灿灿，等.长三角空铁联运实时策略研究[M]//上海空港(第9辑).上海：上海科学技术出版社，2009.

[33] 刘武君.综合交通枢纽规划[M].上海：上海科学技术出版社，2015.

[34] 刘武君.重大基础设施建设项目策划[M].北京：中国建筑工业出版社，2020.

[35] 方正证券.交通运输行业专题报告：全球机场商业史之欧洲篇[EB/OL].(2018-08-20).https：//ishare.iask.sina.com.cn/f/8Bg8p0kPZqM.html.

[36] 倪海云.从法航和戴高乐机场及其合作看枢纽机场建设[EB/OL].中国民航资源网(2018-07-28).http：//news.carnoc.com/list/109/109056.html.

[37] 网易航空.法航戴高乐机场枢纽运营20年日均客流10万人[EB/OL].(2017-02-15).https：//www.163.com/air/article/CDAIFP4U000187H8.html.

第4章

[38] 刘武君.航空城规划[M].上海：上海科学技术出版社，2013.

[39] 杨云鹏，等.上海自贸区空港物流功能与流程再造必要性分析[J].物流工程与管理，2014，36(6)：1-2.

[40] 刘雪妮，等.首都机场临空产业集群的评估分析[J].软科学，2008，22(3)：41-44.

[41] 寇怡军，等.航空货运物流规划[M].上海：同济大学出版社，2020.

[42] 曹允春.临空经济演进的动力机制分析[J].经济问题探索，2009(5)：140-146.

[43] 刘武君.大都会——上海城市交通与空间结构研究[M].上海：上海科学技术出版社，

2004.

[44] 刘武君,等.国内机场"投建营一体化"模式研究与对策建议[EB/OL].机场发展(2020-09-07).https://mp.weixin.qq.com/s/_AYrXA_B4WR5tJFNzCggcw.

[45] 刘武君.21世纪航空城——浦东国际机场周围地区开发研究[M].上海:上海科学技术出版社,1999.

[46] 刘武君.机场"港产城一体化"发展研究[J].交通与港航,2021,8(2):2-9.

[47] 刘武君,等.济宁市空铁新城发展规划与项目策划[EB/OL].机场发展(2021-05-24).

[48] 栗占勇,刘武君.设想成立"京畿新区"自贸区[N].燕赵都市报,2013-12-23.

第5章

[49] 刘武君.航站楼规划[M].上海:上海科学技术出版社,2017.

[50] 上海机场建设指挥部.绿色机场——上海机场可持续发展探索[M].上海:上海科学技术出版社,2012.

[51] 刘继未,等.上海机场节能减排工作的探索与实践[M]//上海空港(第17辑),上海:上海科学技术出版社,2017.

[52] 樊重俊,等.机场可持续发展评价指标体系研究与设计[J].交通与运输,2013(12):126-128.

[53] 钱擘,等.机场商圈2020迎来多家首店 虹桥推出跨年迎新购物季[N].中国民航报,2020-12-18.

[54] 李德润,等."十二五"上海机场的转型发展之路[EB/OL].民航资源网(2011-05-11).http://news.carnoc.com/list/190/190680.html.

[55] 李德润,等.上海机场集团拟采取输出管理的方式进行扩张[N].上海商报,2009-10-22.

[56] 孟进,等.上海机场盈利能力行业领先的秘密[N].中国民航报,2014-09-10.

[57] 钱擘,等.全国首例:华东空管在虹桥国际机场实施近距跑道绕滑运行[N].中国民航报,2021-10-09.

[58] 钱擘,尚机轩.中国民航首套跑道端绕滑道在虹桥国际机场全面投用[N].中国民航报,2021-12-03.

[59] 刘武君.疫后机场商业随感[EB/OL].机场发展(2021-03-30).https://mp.weixin.qq.com/s/OpRHA5zVvEJBEhi8rJ2rRg.

[60] 刘武君.交通强国战略与上海机场发展之路[J].交通与港航,2018,5(3):5-10+2.

[61] 秦汉,徐晗璟,王秉毅,薛敏,等.虹桥国际机场如何在疫情中打造"最潮商圈"[N].中国民航报,2021-05-06,2021-11-18.

后记

在过去十年中,我以"机场规划与运营""机场建设运营一体化""怎样成就一座五星级机场"等为题,在中国民航管理干部学院和多个机场集团,向大家汇报了我对机场规划建设与运营管理的理解和体会,得到了多次与大家研讨的机会,获得了大家的许多指正。2018年,上海机场集团培训学院的王奕、黄巍老师根据讲座的录音,整理出"机场规划与运营:怎样成就一座五星级机场"的课程讲义。去年开始,我对该讲义进行了修订,补充了一些内容和新的案例,看上去就有些书的感觉了。在老师们、朋友们的鼓励和同济大学出版社胡毅编辑的帮助下,我决定抛砖引玉把这本书出版出来,作为大家批判的靶标,希望能够引起大家对机场规划与运营相关课题的讨论。

机场问题复杂且多变,新技术、新商业模式、新治理理念等都要在机场这个平台上演绎新时代的故事,广大的机场人总是在与时俱进、开拓创新。当前,机场已经进入一个重大的发展变革期,众多机场规划建设和运营管理的课题摆在我们的面前。在这新旧交替之际,希望本书的出版能够给我带来更多与机场同仁们交流学习、共克难题的机会。

我自1993年涉足民航机场规划设计,到今年已经三十年了。历经三十年的生命历程,三十年的尘烟往事,三十年的膜拜探寻,今天我对民航机场的发展事业愈发虔诚与执着。机场,特别是大型枢纽机场就像一部厚重的史书,娓娓道来、潺潺而去。你根本没有可能去改变它的发展轨迹,你只能耗尽终生去阅读、理解、体会、感叹、唏嘘……

后 记

　　在本该知天命之年，我依然在求学的道路上。在本书中，我所谈的仅是我对机场规划与运营的心得体会，希望我能离自己初心所求之"真实的机场"和"机场的真实"越来越近，离自己长期所追求之"机场的可持续发展"也越来越近。不妥之处，欢迎各位读者批评指正！

　　在本书面世之际，我要特别感谢王奕、黄巍、胡毅、陈立、李起龙、李胜、唐炜、黄翔等各位朋友和同事为本书的出版作出的大量无私奉献。感谢上海机场（集团）有限公司、重庆机场集团有限公司、中国民航管理干部学院、同济大学复杂工程管理研究院、上海瑞科同航工程管理咨询有限公司、美国SPS机场规划咨询有限公司（Strategic Planning Services Inc.）、上海觐翔交通工程咨询有限公司、航港（上海）机场运营发展有限公司、中国民航机场建设集团有限公司发展研究中心、中国城市规划设计研究院、上海建科集团股份有限公司、上海机场建设指挥部、上海磁浮交通发展有限公司、同济大学出版社等单位的朋友们。感谢大家无私地为本书提供了相关资料、图片，以及宝贵的修改意见和方方面面的支持和帮助。

　　谢谢大家！

刘武君

2022年3月6日　于上海世博花园